中浦院书系·大讲堂系列

总主编 冯俊

资源节约型、环境友好型社会建设

燕乃玲 朱远 编

人民出版社

《中浦院书系》学术顾问

殷一璀　中共上海市委副书记、中国浦东干部学院第一副院长
李书磊　中共中央党校副校长
周文彰　国家行政学院副院长
叶小文　中央社会主义学院党组书记、第一副院长
孙学玉　中共中央组织部干部教育局局长
黄书元　人民出版社社长
李小三　中国井冈山干部学院常务副院长
陈燕楠　中国延安干部学院常务副院长
林安西　中国大连高级经理学院院长
袁治平　中共中央组织部全国组织干部学院院长
奚洁人　中国浦东干部学院原常务副院长

《中浦院书系》编委会

主　任　冯　俊
副主任　王金定　崔玉宝　陈伟利　夏健明

委　员（按拼音排序）
陈伟利　成旦红　崔玉宝　冯　俊　何立胜
姜海山　刘靖北　宋　今　王洪水　王金定
夏健明　萧炳南　燕乃玲　翟　强　张生新
赵荣根　赵世明　郑金洲　周曦民

《中浦院书系》总序

中国浦东干部学院（简称中浦院，英文名称为 China Executive Leadership Academy, Pudong, 缩写为 CELAP）是一所国家级干部教育院校，是由中共中央组织部管理的中央直属事业单位，地处上海市浦东新区。2003 年开始创建，2005 年 3 月正式开学，上海市委、市政府对于学院的建设和发展给予了大力支持。学院按照胡锦涛总书记提出的"努力把学院建设成为进行革命传统教育和基本国情教育的基地、提高领导干部素质和本领的熔炉以及开展国际培训交流合作的窗口"、"联系实际创新路、加强培训求实效"的办学要求，紧紧围绕党和国家的工作大局，依托长三角地区丰富的革命传统资源和现代化建设实践资源，把党性修养与能力培养、理论培训和实践体验相结合，紧扣改革开放的时代精神、经济社会发展的重大问题和干部工作的实际需要，着力推进自主选学制、课程更新制、案例教学制、社会师资制建设，着力提高培训质量，增强培训的针对性和实效性，走出了一条具有自身特色和优势的培训新路，从而在国家级干部教育培训格局中发挥着不可替代的独特作用，得到广大干部的好评和社会的广泛认可。

《中浦院书系》是基于学院办学特点而逐步形成的，也是过去几年教学成果的积累。为适应干部教育培训改革创新的要求，学院在培训理念、教学布局、课程设计、教学方式方法等方面进行了一系列的新探索，提出并构建了"忠诚教育、能力培养、行为训练"的教学布局。忠诚教育，就是要对干部进行党的理想信念教育和世界观、人生观、事业观教育，教育干部忠诚于党的事业，忠诚于国家和人民的利益，忠诚于领导者的使命和岗位职责，围绕马克思主义中国化的最新成果开展基本理论教育。能力培养，就是要着力培养干部领导现代化建设的本领。建院以来，学院着力加强领导干部推动科学发展、促进社会和谐能力的培训，尤其在改革创新能力、公共服务能力、社会管理能力、国际交往能力、群众工作能力、应急管理能力、媒体应对能力等方面形成了独具特色的系列课程。行为训练，就是通过必要的角色规范和行为方式训练，对领导干部进行岗位技能、行为品格、意志品质和心理素质的训练，比如时间管理技巧、情绪控制方法、媒体应对技术等，通过采取近似实战特点的行为训练，提高学员的工作技巧和岗位技能。学院在办学实践中逐步构建起课堂讲授、互动研讨、现场教学三位一体，案例教学、研究式教学、情景模拟式教学等相得益彰的培训特点。

《中浦院书系》包括了学院在教学科研过程中形成的如下几个系列。

"大讲堂系列"。对学院开设的讲座课程进行专题整理，形成了《改革开放实践与中国特色社会主义理论体系》、《干部教育培训的改革与创新》、《经济全球化与对外开放》、《资源节约型、环境友好型社会建设》等专题。学院特别强调开放式办学，坚持"专兼结合、以兼为主"的原则，从国内外选聘具有丰富领导经验的官员、具有较高学术造诣的专家学者以及具有丰富管理经验的企业家作为学院的兼职教师，尤其注重聘请那些干过事情、干好事情的人来培训正在干事情的人。目前，学院已形成500余人的相对稳定、不断优化的兼职教师队伍，成为培训的主力军。大讲堂系列所选入的专题讲座，只是部分专、兼职教师的精彩演讲，这些讲座内容不仅对广大领导干部的学习具有参考价值，而且对那些热衷于思考当代中国社会热点问题的人也有启发作用。

"案例系列"。案例教材是开展案例教学的基本条件。为促进案例教学，学院立足于构建有中浦院特色的案例教学模式和干部教育的案例库。目前已经完成了包括《领导决策案例》、《高效执行案例》、《领导沟通案例》、《组织文化案例》、《组织变革案例》、《危机管理案例》、《教育培训案例》、《领导者心理调适案例》八本案例集。建院五年来，学院非常重视开发、利用和积累鲜活的和富有中国特色的案例，把案例开发和教学紧密结合起来，初步形成了案例开发与应用的新机制。学院通过公开招标，设立了十多个教学案例研究开发课题，并将案例及时运用到教学中去，"危机决策流程模拟"等一批案例教学课程受到学员普遍欢迎。2009年，学院设立了"改革开放经典案例研究"专题项目，"基层党建优秀案例征集与评奖活动"，采取与社会各方面力量合作的方式，进一步丰富了学院教学案例库。

"论坛系列"。学员在干部培训中的主体地位越来越受到重视，在各专题班次上我们组织学员围绕主题展开讨论，变学员为教员，成为中浦院课堂的主角，形成了具有中浦院品牌特色的"学员论坛"。比如，省部级干部"应对金融危机、保持经济平稳较快增长"专题研究班，"建设社会主义新农村"专题班，"现代城市领导者"专题培训班，还有西部开发、东部振兴、中部崛起等区域经济社会发展专题研究班，面向中央直属机关机要人员、档案局长的密码工作、档案工作专题培训班，等等。参加这些特色专题班的学员，熟悉其所在领域的工作，对问题有独到的见解，他们走上讲坛，作出精彩的演讲，既活跃了学院培训工作的氛围，也为学院今后的相关培训提供了鲜活的素材。

"研究报告系列"。学院提出"科研支撑和服务教学"的发展战略，鼓励教师积极参与科研工作，组织了系列研究报告的编撰工作。如：《中国领导学研究（2006—2008）》、《中国干部教育培训发展报告·2009》、《公共危机管理典型案例·2009》等，这些研究报告是我们追踪学术前沿，进行理论探索的结晶。

在我们未来的发展中，也许还会增加国外学术成果的翻译系列和当代中国研究的英文系列，待成熟之后逐步推出。

总之,《中浦院书系》是一个开放式的为干部教育培训服务的丛书系列,是体现中国浦东干部学院特色的学术成果集。参与书系编写工作的不仅仅是中浦院的教研人员,而且包括社会各界关心中浦院发展的领导、学者和实践者。当然,还有学院的学员、兼职老师以及很多关心支持中浦院工作的人士,他们为书系的出版也做了大量工作,不能一一列举,在此一并致谢。这项工程得到了人民出版社领导、编辑的大力支持,他们为书系出版付出了辛勤的劳动,在此表示衷心的感谢。

中国浦东干部学院常务副院长

冯　俊

2010 年 1 月

《中浦院书系·大讲堂系列》序

　　站在中浦院大讲堂上的，是一批从国内外选聘的具有丰富领导经验的政府官员、具有较高学术造诣的专家学者、具有丰富管理经验的知名企业家以及为我国经济社会发展作出突出贡献的先进模范人物。目前学院已形成了500余人的相对稳定、不断优化的兼职教师队伍，90%的讲座课程由兼职教师担任。正是这些专家型的领导和领导型的专家，在中国浦东干部学院这个创新型干部教育培训院校的大讲台上，展现了他们对推动科学发展和构建和谐社会的高度关注、深度思考、积极探索和深入实践，其中部分精彩演讲汇辑成了这套《中浦院书系·大讲堂系列》丛书。

　　《中浦院书系·大讲堂系列》丛书围绕改革开放进程中的重大理论与现实问题，集中反映了我国经济社会发展的新理论、新知识和新实践。丛书涉及中国特色社会主义理论、科学发展的问题与实践、国企改革与发展、金融改革与风险防范、自主创新政策与实践、循环经济与低碳经济、城市规划与城市建设、政府职能转变与社会发展、依法治国的理论与实践、党建改革与创新、区域协调发展政策与实践、城乡一体化与新农村建设、社会主义文化发展与繁荣、产业经济发展与创新、国际形势与国家安全、经济全球化与对外开放、干部教育培训的改革与创新、领导力提升与建设等多个专题，既是对我国改革开放和各项事业发展实践的梳理和经验总结，又是对我国经济社会发展重点、难点、焦点问题的理论探索和理性分析，对今后改革开放的实践活动具有一定的指导和借鉴意义，同时也为干部教育培训提供了非常宝贵和重要的辅助教材。

《中浦院书系·大讲堂系列》中的每一个专题和每一篇文稿，都是根据演讲人的现场录音整理出来的，因此具有较强的可读性。阅读其中的段落和文字，就如同坐在中浦院的教室里，倾听大师、领导、专家和先进模范人物们娓娓道来，聆听他们的真知灼见，体会他们的真情实感，感受他们的深度思考，学习他们的实践经验。

感谢曾经站在中浦大讲堂上的每一位领导、专家和战斗在一线的实践者，感谢他们为我国干部教育培训事业作出的贡献。特别要感谢人民出版社为出版本系列丛书作出了大量的卓有成效的努力。

丛书中如有不当之处，敬请批评指正。

中国浦东干部学院常务副院长
冯　俊
2010 年 1 月

目录

001　中国资源利用的现状、问题与对策　冯　飞

043　中国的气候与环境演变　秦大河

063　中国能源可持续发展战略与政策要点　谢伏瞻

089　我国生态文明社会建设的背景与对策　高吉喜

119　如何用法律手段推进循环经济发展　孙佑海

153　环境问题是个综合问题　潘　岳

171　能源安全与经济可持续发展战略　徐锭明

199　论循环经济　冯之浚

225　建设资源节约型和环境友好型城市　诸大建

中国**资源利用**的
现状、问题与对策

冯 飞

演讲时间： 2007 年 10 月 18 日

作者简历： 冯飞，现任国务院发展研究中心产业经济研究部部长。

1991 年之前，连续接受系统教育，直至获得博士学位；1992 年 9 月至 1993 年 11 月，在清华大学电机工程系博士后流动站工作；1993 年 11 月进入国务院发展研究中心技术经济研究部工作；1994 年曾赴加拿大多伦多大学经济系和卡尔顿大学贸易政策和法律中心做研究访问；1994 年被聘任为副研究员；1995 年和 1997 年先后被任命为研究室副主任、主任；1998 年 11 月调入产业经济研究部，担任现职。

内容提要： 分析了国际能源资源节约问题的历史背景，介绍了国际上能源资源节约的做法和对我国的启示。探讨了我国资源能源利用的现状和面临的形势，用两句话来概括，第一是能源、资源的利用效率有了明显的提高，第二是问题依然突出，即能源、资源利用效率还不高。重点分析了当前我国能源资源利用方面的几个相关政策，指出结构节能、技术节能和制度节能的三个途径。

各位领导，非常荣幸能到这个班来交流我研究的一些体会。

资源问题是一个全社会高度关注的问题，2006年年底非常有幸就建设资源节约型社会为中央政治局第37次集体学习做了一次主讲人，内容是这个内容。但是，我今天交流的内容和那个有些不一样。今天讲课的主要内容还是从研究的角度，多了一些研究的色彩，多了一些数量的分析。那么，今天向各位领导汇报三个方面的内容。

第一，国外在节约能源资源方面的一些主要的做法，这个可能是领导和同志们非常关心的一个问题，看看国外在怎么做。

第二，我国在能源资源方面所面临的形势和对于问题的一些基本的把握和基本的判断。

第三，介绍一下我在研究当中由政策性问题引起的一些思考和我个人的观点。

一 国外在节约能源资源方面一些主要的做法

就国外来看，提出来能源节约、资源节约这个问题，有三个重要的历史背景。特别是在节约能源方面，有三个非常重要的事件决定了世界各国对于节能、节约资源高度的关注。

第一个历史事件是在上个世纪70年代发生的两次石油危机，一次是1973年，一次是1979年。石油危机使得世界经济出现了严重的衰退，这我给了一点数据。第一次石油危机的时候，1973年美、日、英、德GDP增长率分别下降了5.2%、8.6%、9.1%和7.4%。有些国家出现了经济的负增长，经济严重衰退。特别是日本，它下降了8.6%，是比较高的。当时日本在实行一个叫**重化工业化**的战略。它是从1955年开始实施重化工业化战略，力图战后的经济复苏，实现经济增长。当时日本认为它的经济发展，特别是居民的生活、消费结构已经到了加速发展重化工业的时期，因此从国家、政府的角度明确提出重化工业化战略。经济增长对于能源和资源的依赖性是很强的（在那个时期），发生石油危机之后对日本的经济打击是非常大的。第二次石油危机对世界经济的打击同样大。我这儿没给这个数据，数据和第一次石油危机差不多，比第一次石油危机影响略小一点。

面对着出现的全球性的石油危机，美国在1978年首次颁布了《能源政策法》。这是整个法律体系当中的第一部节能专项法，这是美国1978年颁布的。1979年美国成立了能源部（DOE），而日本是1979年颁布了《节约能源法》，将节能作为日本能源政策的核心内容，欧洲也同样采取了一系列的对策。从各个国家的反应来看，第一次和第二次石油危机对整个全球的能源的走势、能源的政策起到了非常重要的作用。

第二个能源领域的历史性事件是气候变化问题。上个世纪的90年代，气候变化问题引起了全球的高度关注，大家知道今年的G8会议上气候问题再一次被提出来，特别是讨论后《京都议定书》时代，即2012年之后全球的温室气体减排问题，提出了到2050年要**削减一半**的这样一个目标，全球温度上升控制在**2度**。这是2007年在G8会议上刚刚达成的。那么上世纪90年代的具体的事件是1992年的联合国环发大会，通过了环境与发展宣言及其行动计划《**21世纪议程**》。在这个会上提出了一个非常重要的概念，叫可持续发展，sustainable development，这个概念1980年代就提出来了，1992年被国际社会所接受、所认可，并成为人类发展的一个新理念，这是可持续发展的概念。在这个问题上，中国的行动也比较快，通过了

重点提示

重化工业与轻化工业相对，泛指生产资料的生产，包括能源、机械制造、电子、化学、冶金及建筑材料等工业。它为国民经济各产业部门提供生产手段和装备，被誉为一个地区经济的"脊梁"。具有增长速度快、增长周期长、技术含量较高、产业牵动性强、消耗能源较多等特点。重化工业化是日本首先提出的概念，1955到1975年实施重化工业化战略，优先发展重化工业。

重点提示

八国集团，指当今世界八大工业领袖国的联盟，包括法国、美国、英国、德国、日本、意大利、加拿大和俄罗斯。八国首脑每年举行会议，被称为八国集团高峰会议（G8峰会）。

重点提示

《京都议定书》是1997年12月在日本京都签订的国际条约，旨在限制发达国家温室气体排放量以抑制全球变暖。《京都议定书》是《联合国气候变化框架公约》的补充，后者鼓励发达国家减排，而前者强制要求发达国家减排，具有法律约束力。

> **重点提示**
>
> 削减一半，指的是2050年温室气体排放量在1990年的基础上削减50%。

> **重点提示**
>
> 指的是以1990年为基准年，全球增温控制在2度。根据科学的测算，地球平均气温升高控制在2度，所带来的气候变化仍是安全的或者说是可控的。

> **重点提示**
>
> 《21世纪议程》是1992年6月联合国环境与发展大会通过的行动纲领，载有2500余项关于可持续发展的行动建议。没有法律约束力。中国于1994年通过《中国21世纪议程》，即《中国21世纪人口、环境与发展》白皮书。

> **重点提示**
>
> 附件一国家，指具有先行减排义务的国家。

> **重点提示**
>
> 未来发电计划，该项目计划建造世界上第一座实现零排放的最洁净的燃煤电厂。

《中国21世纪议程》，成立了与可持续发展相关的组织。

1997年的时候，按照《京都议定书》，控制温室气体排放，规定了发达国家温室气体减排的责任，特别是**附件1国家**都规定了减排的责任，这是第二个非常重要的事件。那么，温室气体减排影响到全球能源资源的利用方式、政策，甚至现在提出来一些非常重要的新的理念，在国际上比较热的叫Low Carbon Economy（低碳经济）。现在又把这个低碳经济的概念进一步扩展了，叫Low Carbon Society（低碳社会），最近（从2007年开始）我们正在规划面向2050年的中国的低碳经济发展道路。

第三个非常重要的历史事件就是近几年的石油安全问题凸显。石油价格大幅度攀升，威胁到全球的经济稳定与发展。中东等主要产油地区政治动荡，严重威胁石油安全。这就是两个威胁的问题。那么，在这样一个背景下，各国围绕着油气资源在全球范围内的争夺日趋激烈，动用政治、经济、军事、外交等手段确保能源的安全，另外一方面也制定、修订相关的法律政策，提出了"节能为最大的能源"这样更高的目标。在国外有这么一个提法，就是节能是取之不竭的能源，像美国提出来的叫**未来发电计划**（Futrue Power），它认为节能是最大的一个电源。

下面谈谈美、日、欧制定的最新的节能目标和能源政策。首先是美国，2005年8月份提出来的叫《能源政策法》。刚才我谈到的就是美国1978年制定的第一部能源政策法，其后修订了若干次，最新一次的修订是在2005年的8月份。它在这个

《能源政策法》中明确提出节能目标。但是节能只是约束了政府机构。提出来的目标：2015年联邦建筑，就是联邦政府所拥有的这些建筑，能源消耗比2005年降低20%，十年时间降低20%。它对工业部门单位产品能耗也做了一些规定，在2007—2016年，每年至少降低2.5%，这是美国政府在《能源政策法》中提出来的节能目标。

美国的《能源政策法》是2001年开始组织人编写、修订，历时四年，这部《能源政策法》可以说是整个美国立法史上最宏大的一部法律，这部法律能拆出多少页？就是这个页数：1720页，这么一部鸿篇巨著。这部法律是极具操作性的。那么日本是2006年5月份提出来新的《国家能源战略》。它的目标是2030年单位GDP能耗比2005年至少降低30%，就是2030年比2005年，25年要降低30%。刚才说的就是日本在遭遇了石油危机之后，迅速地采取政策，采取对策，日本内阁紧急召开会议，掀起了"全民节油行动"，特别是调整经济结构。比如说我刚才说的1955—1975年，日本实施重化工业化战略，遭遇石油危机以后马上要调整经济结构。当然，见效不会这么快，但是从政策上是非常快地做出调整。日本发展以家电、汽车为代表的高附加值的产业。从1973—2003年这30年间单位GDP能耗累计下降了37%，就是日本是世界能效水平最高的国家，用了30年时间累计下降37%。现在，它又提出来进一步的目标，就是再利用25年的时间使得单位GDP能耗再下降30%。我国提出来"十一五"节能20%的目标，那么从国际经验来看，日本是用了30年时间实现了37%，我们要用5年的时间实现20%，所以任务是相当艰巨的，挑战也非常大。

日本的2005年《节能法》做了第八次修订。欧盟依据在2006年的3月份颁布的《能源政策绿皮书》以及10月份根据绿皮书提出的目标，制定了《能源效率行动计划》。它提出来：2020年将能源消费降低20%。指的是，按照趋势照常的一种分析，就是说按照目前的能源消费的增长速度，比如说百分之一点几的增长速度到2020年有一个消费量，那么它的目标就是把这个预期的消费量降低20%，而不是在现有的基础上降低20%。这样计算总的节能量是3.7亿吨标油，降低二氧化碳排放是7.8亿吨。这个可以看出来二氧化碳排放和能源消费量之间的关系，欧盟是2（倍）的这样一个关系，即每节省1吨标油的能源消费可以减少二氧化碳排放2吨。我们国家呢？是按标煤算的，我们现在的折算系数大约零点四几，因为它跟能源结构也有关系，你煤多一点，二氧化碳排放就会多一些，油气多一些，二氧化碳排放就会少一些。以上这是能源领域提出的节能的三个历史背景。

再从水资源节约来看，不像能源这么清晰，这种能源历史事件比较清晰。水资源是一个比较持续的过程，全球高度重视水资源。特别是上个世纪50年代以来，世界人口增加了1倍，地球人多了1倍，而人类用水却增加了4倍。那么，从现在总的情况来看呢，就是工业化国家、发达国家用水的增长率基本上是平的，但是，居高不下，用水量下不来。另外一个方面呢？随着发展中国家的经济的快速发展，人民生活水平的提高，用水在持续增长。所以，出现了人口增加了1倍，而用水却增加了4倍这样的一个情况。

因此，在1977年的时候，1974年不是石油危机吗？1977年联合国的水会议向全球发出了警告，说继石油危机之后的下一个危机就是水。尽管水的危机全球范围内没有发生。但是，因水而发生的一些局部战争现在看还是有的。进入到90年代全球水资源短缺的状况进一步加剧。现在，联合国列了43个国家，认为他们这些国家面临着水危机。当然，中国没在这个水危机国家之列，全球是有6大水资源国，中国是其中之一。但是，中国的人均水资源占有太少。

从水资源的情况来看，是不是水短缺或者是严重短缺出现危机，全球有两个标准。第一个标准是人均的水资源占有，如果人均水资源占有低于1700m³的话，就说这个国家面临着水资源危机。我们现在是1900m³，在几年前我们是2000多m³，每年的人均水资源占有，我们是呈快速下降的趋势。当然，一方面是人口的增加，另外一个方面是水资源的过度开发和利用，那么这就意味着提出第二个指标。联合国提出的第二个指标，就是水资源的开发利用率，如果超过40%的话，水资源就不可持续利用。那么，我们国家按照水利部的预测，到2020年，中国水资源开发利用率将达到40%，到了水资源开发利用的上限，这是中国的情况。

1991年的时候**国际水资源协会**警告说水可能成为战争的导火索，2003年的时候第58届联合国大会通过决议宣布2005—2015年为生命之水的国际行动十年。世界水日现在每年都在举办，这是第二个方面水资源问题的提出。

> **重点提示**
>
> 国际水资源协会，是以水资源为研究对象的国际非政府间的学术组织，1972年在美国成立。其宗旨为推动水资源的研究，在水资源领域内开展国际协作等。

第三个是提出循环经济的历史背景。从循环经济来看，世界上两个国家做得不错，一个是日本，一个是德国。当然日本在全球来看，在循环经济方面是趋于领先的。20世纪全球创造了极大丰富的物质财富，另一方面也形成了大量生产、大量消费、大量废弃的经济社会，产生了各种环境问题。以日本为例，要在21世纪继续保持世界经济强国的地位的话，必须将传统的经济发展模式转向循环经济发展模式，当然对于日本这样一个资源小国来讲，资源的问题始终是制约日本经济发展的一个重要的因素。所以，它必须要克服资源短缺问题。在循环经济方面日本是走在前面的，要形成可持续的生产和消费方式，建立一个通过有效利用资源，控制自然资源消耗，降低环境负荷的循环型社会，日本提出了一个循环型社会的概念，不仅仅是循环经济了，大到社会的概念，循环社会的概念。

2000年的时候，日本通过了推动循环型社会形成的基本法，以2000年作为循环型社会建设的元年，经2001年的修订，叫《资源有效利用促进法》，提出了推进循环型社会形成的"3R"原则，现在我们一直讲这个"3R"，循环经济的"3R"，Reduce、Reuse、Recycle，减量化、再利用、资源化，这样一个"3R"选择，它不仅提出来一个原则，日本还提出来三个定量的目标。一个目标是2010年与2000年相比，资源生产率提高40%。什么叫资源生产率？下面我也给了一个注释，叫做一次资源消费总量为分母，GDP为分子，就是单位一次资源消耗创造的GDP，叫资源生产率。那么什么叫一次资源呢？日本定义了15种资源，包括能源资源、包括金属矿产资源，还有非金属资源，还有沙石等等。那么要提出这个一次资源的资源生产率很不简单，因为它涉及非常多的基础数据，要进行物质流的测算，就是你这个国家经济社会发展这一年，物质流是怎么流的。

比如说能源资源，从开发出来、加工转换、利用、多少废弃等等，要在很多环节上进行物质流的分析，全过程进行分析。从全球来看只有三个国家做了物质流分析，日本、德国，还有一个是芬兰，这个东西很难做。那么，日本按照这个一次资源的定义，这15种（资源）的定义，日本经济社会发展一年所需要的一次资源的投入量在20亿吨左右。中国，当然我们没有做物质流测算了，我也问了发改委、环资司，负责相关管理的部门，跟日本的定义类似，我们推算大概中国一年60亿吨左右。当然我们的人口要多得多，但是经济总量日本还是比我们大，它一年要20亿吨，我们大概要60亿吨左右，所以日本提出来一个资源利用率提高40%的指标，它叫入口指标，这是第一个指标。

第二个是资源循环利用率要提高4个百分点，循环利用就是Recycle这个环节，叫做过程指标。

第三个就是出口指标，就是物质流、资源，到最后出去了，作为废弃物要填埋了。这个出口指标提出来要降低约50%，这是日本提出来的到2010年的指标。我最近看了一个报告，日本2003年的实际情况用三个指标来衡量，那么2003年资源生产率提高了百分之十几，资源循环利用提高了一点几个百分点，而最终填埋量降低了25%。三年的时间，资源的填埋量，就是废弃物的填埋量，完成了目标的一半。

具体的国外的做法，第一个是加强立法。特别是能源立法，由世界能源理事会统计，统计了48个国家，作为它的成员国，有14个国家有专门的能源法，虽然一些国家没有专门的节能法，但是在相关的能源法律当中把节能置于一个非常重要的位置。从立法的情况来看，首先，操作性强是发达国家立法非常重要的特点。还是美国《能源政策法》的例子，1720多页，有420多条。美国的《能源政策法》颁布以后对中国震动很大，当时外交部驻美使馆连续给国内打了几个报告，我们国内的法学界也上书国家领导人要重视能源立法。温家宝总理在两年前就指示要研究制定中国的能源法，成立能源法起草小组，有十几个起草组成员，我是其中之一。按照现在我们的这个工作稿，中国能源法的工作稿的草稿有 30 多页，美国是 1720 多页，当然我们的立法体系跟美国不一样。

其次，是根据形势变化不断地调整法律内容。比如说日本的《节约能源法》，大的修订是 5 次，还有 3 次小的修订，等于说 27 年当中有 8 次修订。

最后，是有完整的法律体系。刚才讲的日本的循环型社会提出法律体系，它的三个层次。即推进循环型社会的基本法、资源利用的法和一些专门的立法。比如说对于汽车、对于废弃的家电等等进行专门的立法。

第二个国外非常重要的做法是财税激励政策，经济激励是它非常重要的手段。

从具体做法来看，一是公共财政预算。国外公共财政预算指的是有专门的预算安排用于支持节能。现在讲，中国新时期有三个基本国策，叫控制人口、保护环境和节约资源，三项基本国策。从财政安排来看，环境保护有专门的预算，计划生育也有，对于节约资源还没有专门的预算安排，近几年刚刚开始重视起来。二是设立专项的基金，各国专项基金的来源有所不同，一般是来自于专项的税收收入，电价的加价等等。也有来自政府资金的，比如说美国有 25 个州通过电价加价 2%—3% 设立节能基金。三是政府采购。特别是美国的能源之星，时间关系我不展开讲了。

税收政策：第一个是加速折旧、税收抵扣、税收减免，非常多非常细的。第二个是燃油税和车辆税。燃油税我们国家也是讨论了十几年了，还没有开始颁布实施，那么车辆税，我给大家稍微展开一点。车辆税在国外是一个非常重要的税收调节的一个手段，鼓励、引导消费者购买小排量的汽车、节能环保汽车。我们国家从车辆税的税收来看，我们交两个税，第一个税是 3%—20% 的消费税，基于排量的，1L、1.4L、1.6L、1.8L、2L 的不一样。第二个税是 10% 的购置税，两个加起来税收比例不低。国外车辆税的设置比较先进的是叫基于燃效（燃油效率）设置，比如说同样是 2L 排量的汽车，混合动力汽车，就是日本丰田的混合动力汽车，油电混合，百公里油耗 4L 左右，和你现在一般的汽油车百公里油耗 9L、10L 左右，燃油效率完全不同，差两倍多，那么基于排量征收的话就不会考虑到这样的差别。那么就没有一个有效的财税激励这个方向。所以，这是我们现在面临的问题。

第三个是资源税。资源税有几种，就是产出型资源税，基于产量的；利润型资源税，基于资源溢价的；财产型资源税，是基于价值量的。我们国家现在基于产量征收（资源税），先不说资源税低的问题，基于产量征收就有一个什么问题？你不管资源是多少，你挖出来多少我才征你的税。比如我们的煤炭，煤炭的采收率，平均采收率30%，70%扔掉的。那么，我们资源税征收只征收这30%，扔掉那70%是无成本扔的，这叫基于产量的征收，这是不合理的。那么，我们再考虑一个资源溢价的问题，就是你这个价格，石油价格都在涨，我看昨天的报告是88美元一桶。那么，不管你的价格怎么涨，税是一样的。现在是基于产量收，国外叫从价征收，就是根据你的价格的变化来进行征收。那么，中国是从量计征，还有一个资源溢价，就是利润型资源溢价的问题，就是资源溢价的利润你给谁的问题。比如我就在那儿躺着睡觉，一觉醒来一桶石油就涨了8美元，现在国际市场上是88美元一桶，我们是原油和国际市场接轨的，88美元一桶，中国的平均石油开采成本15美元一桶，我们在石油方面征的税是1吨20多块钱。20多块钱1吨，吨和桶的关系是什么关系？7桶油等于1吨油。88乘以7是多少，600多美元，700美元，700美元你再乘以人民币7.7，5000块钱，一桶20多元的资源税。美国的资源税比例在33.3%，1/3，中国比例很低。

资源溢价完全被垄断性公司所独占，现在就是这个问题。现在几家石油、石化的利润抵我们国有企业总利润的1/3左右，就是等于超额垄断利润了，就是资源溢价，我什么都不干，经营、创新什么都不干，管理都不干，就是资源涨价了我就可以产生很多的利润，这个资源溢价带来的利润分配问题，公平分配问题，是很大一个问题。这个资源税在国外是妥善处理，征收暴利税。我们国家刚刚实行的叫特别收益金，按特别收益收税。

近几年欧洲部分国家实施了专门的能源税和环境税，这是整个发展的方向，叫能源税和环境税。全球现在看有12个国家实行了能源税或者环境税。什么叫能源税呢？是根据热值来征收。比如煤炭我们叫做4500大卡（发热量），石油9000大卡，天然气10000大卡，按照发热量在征收能源税，来抑制对于化石能源的消费，这是能源税。环境税。比如说碳税，二氧化碳排放1吨征收多少这叫环境税、碳税。

为什么说这个方向？特别是瑞典，如果大家有人去瑞典访问的话可以考察它们的叫绿色税收制度，它进行了整个税收结构的大的改革。当然税提得太高的话，会影响一个国家的经济竞争力，因此要考虑到税在整个国民经济中、GDP中的比例，这个比例大致上维持不变，以保持经济的竞争力。但是它在结构上要变，面向绿色、面向可持续发展的税收体制，这是整个一个大的税收转型，我认为是一个方向性的。

欧盟试图在欧盟范围内推行，但是由于欧盟各个国家经济发展的千差万别，能源消费的千差万别，没有推行下去，但是现在看越来越多的国家实行专门的能源税和环境税。

第三个做法就是完善管理措施。一是加强重点用能单位的管理。日本新的《节约能源法》明确了两类指定工厂。第一类，还有第二类的指定工厂，什么意思呢？就是把这些指定工厂作为重点用能单位来进行管理，这个数量现在是1.3万家企业，而且覆盖的面是工业的所有点，还包括交通、建筑，建筑我记不清楚了，大概是2000平米以上的建筑物都作为重点用能单位来管理，我们这个楼在日本可能就作为重点用能单位管理。每年对你的建筑能耗进行评估，超过能源利用数量的话就让你提出整改措施，并且向全社会公布。

二是强制性能效标准。在国际上来看有三类能效制度。一个是最低能效标准，就是设一个最低的门槛，你满足它之后才能够对市场销售。第二个是等级能效标准，1、2、3、4、5。中国实行等级能效标准，有最低的要求，最高的能效可以引导消费者购买高能效的产品。三是日本的领跑者计划（标准），所谓领跑者标准是指你这个企业的，如果它的能效在行业当中最高的话，那它就是这个产品的能效标准，而且要求所有的其他的这些企业3—5年之内（不同的行业要求的时限不一样）必须达到这样一个能效标准。这是一个很强的激励，叫领跑者标准。在全球来讲，是日本标准。日本为什么做得好，能效领跑者标准是一个非常重要的激励手段。日本现在在12个产品当中实行了叫Top Runner，就是领跑者标准。

> **重点提示**
>
> 世界能源理事会（WEC）是一个综合性的国际能源民间学术组织，于1924年7月在伦敦成立，原称"世界动力大会"。

三是实施能源审计。现在能源审计是政府实施过程监管的一个有效的手段，它是指的对企业的用能情况，用能的设备的效率、能耗、消费、成本指标来进行分析、评价，提出改进措施和改造方案。目前，**能源理事会**的成员当中，有41个国家对工业企业开展了能源审计，而我们现在试图来建立一个能源审计制度，但是这个审计办法和审计队伍存在比较大的制约。

四是推进技术创新。各个国家都在推行技术创新。日本在1974年提出的叫"阳光计划"，后来叫"新阳光计划"，就是1973年石油危机后，日本要解决能源的问题，要在技术上下功夫。1974年实施"阳光计划"。"阳光计划"的主要内容是：一是开发太阳能光辅电池，搞太阳能发电，持之以恒到现在30多年的时间，日本已经是全球太阳能发电领域应用规模最大的国家，大约全球一半左右的光辅电池发电在日本。中国当然也是一个太阳能利用的大国，主要用于热水，太阳能热水，我们现在在全球能够占到1/3左右。二是明确技术创新的重点。三是组织实施重大的技术创新项目。四是大力度的经费支持。美国1986年开始实施洁净煤技术示范计划。洁净煤技术对中国同样重要，因为中国以煤为主的能源结构改不了。我们现在在做2050年的国家能源战略。国家能源办在组织2030年的国家能源战略，组织了（在全国权威的学术研究机构）22个题目，花了好几千万，一个非常大的研究课题。但是面向2050年的国家能源战略，从总体来考虑，到2050年我们煤在整个能源消费当中的比例恐怕也在50%左右，或者说接近50%，中国以煤为主的这样一个能源结构改不了。那么，洁净煤技术的利用，就是中国现在面临的一个比较大的技术上的问题。刚才说了，美国在1986年，20年前开始实施洁净煤计划，政府投入了24亿美元，那么，大家可以看到，中美经济战略对话当中，能源领域洁净煤技术，是中美之间合作的一个重要的领域。因为，美国有20年的经验，中国现在是以煤为主，对洁净煤技术需求很大。

五是重视先进技术的推广和应用。比如说刚才讲到的日本从1974年开始实施"阳光计划",进行太阳能光辅电池的开发,一直到 1994 年太阳能光辅电池才初步具备了商业化应用的条件(20 年的时间),日本政府就开始补什么呢?不是补研发,是补应用。安装太阳能光辅电池的居民可以获得政府 50% 的补贴,开始补应用。这里面相应的例子有很多,我不展开讲。

六是健全的能源管理体制。美国 1979 年成立 DOE(能源部),还有一个叫联邦能源管制委员会(FERC—Federal Energy Regulatory Commission),是专门的节能实施机构。日本专门的节能实施机构是两个,一个叫日本的节能中心,还有一个叫综合技术开发机构。日本经济产业省的环境资源厅是作为管理机构,实施机构就是节能中心和综合开发这两个机构。中国现在的管理机构,我们一直是持这样一个观点,不健全。美国的能源部 1.5 万人,联邦政府雇员,当然包括国家实验室的部分雇员,光是管理人员就超过 1 万人,中国的能源管理机构,发改委能源局 20 多人,关于节能的 3 人。我们的能源消费总量仅次于美国,13 亿人口,所以从管理机构设置上,人员的设置上来看,能源在中国还有比较大的问题。

七是提高全民的节约意识。国外有很多很多的做法,时间关系不具体讲了。

最后我们看国外做的效果怎么样,通过实施这一系列的战略、一些具体的做法,它的效果怎么样。美国采取了一系列的政策,那么使得美国的能源利用量有了明显的下降。日本也是,2003 年日本 GDP 是 1973 年的 2.19 倍,能源消费为 1.47 倍,在此期间单位 GDP 能耗下降了 37%,其中工业部门下降了约 50%。

二 我国资源、能源面临的形势和一些基本看法

资源环境总的形势来看,我们用两句话来讲,第一句话是我们的能源、资源的利用效率有了明显的提高,第二句话我们的问题依然突出,能

源、资源利用效率还不高,跟发达国家相比还不高。就是纵向来比,我们的进步明显,但是横向来比我们的效率仍不高,浪费的现象也十分严重。因为在座的都是领导干部,所以我主要是讲问题,多一点问题可能更能引起思考。

从现在面临的挑战来看,我总结了几个,第一个是工业化、城镇化进程加快,使得资源供需矛盾更加突出。城镇化、工业化两个化进程加快,十五期间我们的钢材、水泥、平板玻璃等高耗能产品分别增长了187%、79%和119%,工业能耗五年增加了6.3亿吨标煤,这个标准煤我稍微做一点解释。可能不做能源研究的话对这个词比较陌生,就是我们的能源品种有好多,比如说煤炭、石油、天然气、电、核、可再生资源等等有很多。那么,不同的能源它的发热是不一样的,因此,我就要用热量这样一个指标来折算,使这些不同的能源形式可叠加,最后它消耗了多少,你得有一个计量标准,这个就是标准煤的概念。标准煤是1吨标煤发热量7000大卡,我们国家煤的平均发热量现在是按5000大卡算的。所以,我们看这个能源统计的数据,去年,23.8亿吨的标煤,整个的能源消费量,煤炭的消费量就22亿吨,可是你的能源统计数据下来,煤炭是占到69%。那是怎么回事?就是因为发热量不同,标煤是7000大卡,煤是按5000大卡来算。

我们现在看到的是高载能产品的增长速度,又是什么原因导致的这些高载能产品增长速度这么快?我们产业部当时提出来一个观点受到了批评,不是受到批评,就是引起了争论。我们当时提出来叫中国进入了"工业化中期",以重化工业加速发展为特征的工业化中期阶段,就是作了这样一个判断。当然,我们不是说必须要发展什么重化工业,就是经济进入到了一个以重化工业加速发展为特征的工业化中期阶段,当时引起了学术界、社会很大的争议,包括我们非常尊重的学者吴敬琏先生就不同意我的观点。但是,我们并不是说鼓励发展重化工业等等,而是把这种经济发展的一些阶段性特征拿出来。那么,阶段性特征讲了一个工业化的进程的话,当然有不同的阶段了,在这儿我们不是把产业经济作为重要的内容来介绍,我稍微顺带的说一下,就是工业化的不同的发展阶段。但是有一个，怎么样进行阶段性的划分，中期阶段怎么来的，有一个非常有名的定律，叫**霍夫曼定律**，是德国经济学家提出来的。他提出来投资品和消费品的比例，说：如果投资品大于消费品，就是在整个国民经济比例当中，就标志着你的工业化进程进入到了中期阶段。当然库兹涅茨等等也有类似的提法，但不像霍夫曼给出这么一个明确的定义。

> **重点提示**
>
> 霍夫曼定律是衡量经济发展程度的理论，它认为，随着工业化的发展，消费品部门与资本品部门的净产值之比是逐渐趋于下降的。

在我们国家，比如说制造业、重工业，所占的比例70%多，远远大于轻工业的比例，远远大于消费品的比例。远远超过霍夫曼比例，标志着中国的工业化进入中期阶段。那么，为什么进入到中期阶段，背后什么原因呢？就是消费结构升级，就是我们的工业化进程，我们的工业化战略，原来叫重工优先发展工业化战略（学苏联），改革开放以后我们的工业化战略提出来一个叫消费导向型的工业化战略（1979年），1978年党的十一届三中全会，1979年中央制定了一系列政策加速发展轻工业的政策。这意味着我们的工业化调整到消费导向型的工业化战略。那么消费导向型的工业化战略由此出现了一个消费结构决定经济结构和产业结构的格局。包括上世纪80年代的纺织、服装、食品为主的这种消费领域，进而出现了经济结构变化和纺织、服装、食品这三个行业增长速度很快。90年代到"用"为主的阶段，家电等等要用，现在是以"住、行"为主要消费热点升级方向，这样一个情况。

那么，消费结构的升级推动了产业结构的变化，消费结构推动了供给结构的变化。现在看从消费导向型工业化战略实施之后，基本上呈现这样一个规律。当然外需你也可以考虑。那么，近些年出现的高耗能产品的快速增加背后是消费结构的升级，消费结构升级主要是两个方面，住和行。就是城市人均住宅面积增加了28.8%，这五年的时间，达到了26平方米，百户城市家庭汽车量增加了5.7倍。当然，我们现在百户城市的家庭拥有量跟世界上来比还差得很多。这是十五期间的重要的能源密集型产品的增长速度，包括钢铁年均增长22.4%，十种有色金属年均增长17.5%。这是

> **重点提示**
>
> 经济合作与发展组织，简称经合组织（OECD），是由 30 个市场经济国家组成的政府间国际经济组织，旨在共同应对全球化带来的经济、社会和政府治理等方面的挑战，并把握全球化带来的机遇。

第一个方面，就是城镇化、工业化加快。

第二个是粗放型的增长模式加剧了资源瓶颈约束。那么，怎么样来评价经济增长方式的粗放程度呢？是粗放还是节约，怎么样评价？有很多评价办法。有很多领导部门同志讲话中愿意用单位 GDP 能耗来跟其他国家来比，我觉得这样比的话很不科学。单位 GDP 能耗跟美国比、跟日本比、跟欧盟比、跟 OECD 国家平均水平来比的话不科学。比如说按照单位 GDP 能耗，我们是日本的 11 倍，就是我们比日本高很多，是日本的 11 倍，是美国的 7 倍，是 OECD 国家平均水平的 9 倍，就是说按单位 GDP 能耗来算。但是，这里为什么不科学，两个方面的问题。第一个方面的问题就是币值估算，按什么估算，按官方汇率估算，还是按照购买力平价来估算，按官方汇率估算的话我们是刚才说的那个数据，但是国际上有很多研究是按照购买力平价来计算中国的能效水平。

如果按购买力来计算的话，我们是 OECD 国家平均水平，OECD 国家，都是发达国家，我们是经合组织国家的平均水平。但是按照购买力来计算我们的单位 GDP 能耗的话，明显对我们的能效高估了，我们没这么好。但是，按照官方汇率来计算的话，明显对我们国家的能效水平又估低了，我们节能潜力没那么大。有很多同志觉得好像我们潜力很大，我们跟日本差了 11 倍了。20% 的目标不很容易就完成了吗？潜力大。我说没那么简单，我们一个一个的产品来比，跟国际上来比我们差多少，不是 11 倍的关系，这是第一个方面的问题，就是按照单位 GDP 能耗来跟国外比的话，存在第一个问题，就是币值的问题。如果我们不采取提高能效的政策，我们就把汇率提高一点，我们单位 GDP 能耗不就下来了吗？跟国外来比的话就下来，但那不是能效提高了。

那么第二个方面的问题，按照单位 GDP 能耗比较的话，存在的问题就是结构性的问题。就是中国以工业为主的经济结构，和美国服务业占到 80% 的经济结构不具有可比性，跟日本也不具有可比性。

比如**钢铁综合能耗**里面，中国是 700 多公斤，国际上比较先进的是

600多公斤。那么钢铁它怎么来的呢，美国的钢铁一半是电炉钢，所谓电炉钢就是废钢，50%的电炉钢比例，中国15%的电炉钢比例。就是我们要炼1吨钢是从铁矿石开始炼起，长工艺、长过程，这样一个能效水平显然不同，这种是阶段性差异的。我们钢铁积蓄量没有这么多，还到不了循环利用废钢占到50%这样的水平，到不了。所以，一些阶段性的东西我们不好比。怎么样来比，怎么样来评价粗放？我就用了一个产品能耗来比，而不是用的GDP能耗来比，用产品能耗。就是你炼1吨钢跟国外来比，而且是可比综合能耗，把电炉钢这些因素剔除出去，可比综合能耗。供电煤耗，发1度电，你300多克，国外是280克、270克等等，这样来比。那么，我们的单位产品能耗比世界先进水平高40%左右，就是8个主要耗能工业占工业的70%，工业能耗占全世界能耗的70%，七七四十九，这八个主要耗能工业占全社会能源消耗的50%左右，占一半。那么这一半的能源消耗，8个主要耗能工业要比国际上高40%。那么再看我们的资源回收率，矿产资源的平均回收率30%，比国外低了20%，农业灌溉用水有效利用系数0.4，许多国家已经达到了0.7、0.8，还有从回收利用的情况来看，我们每年约有500万吨废钢铁，200万吨废有色金属，1400万吨的废纸还没有回收利用，可回收利用，但是没有回收利用的再生资源达到300亿元以上。当然这个数据出来以后有人问，现在中国这么多破烂王，有点东西不都给你收了卖了？北京现在收破烂的穿的衣服上都写着叫资源回收，蹬着三轮车满城跑。但是，总的来看我们的回收利用还是不好。

再看矿产资源状况，就是影响到中国经济社会发展的矿产资源有45种，45种的重要战略资源。到2020年面临着严重短缺的9种，面临着短缺的10种，就是45种战略资源中有19种面临着短缺或者严重短缺。

还有一个问题就是我们的可供资源储量的保证程度，就是多少国内可以提供，多少进口。研究发现，我们到2020年面临严重短缺的需要大规模进口的资源，美国现在已经在大规模进口，就是在全球范围内对这些矿

> **重点提示**
>
> 钢铁综合能耗，以生产1吨合格钢为基准，分摊在每吨钢上的能耗量之和，一般使用的单位是：千克标煤/吨钢。

产资源的争夺，特别是大国之间的争夺不可避免。所以，2005年，中采办在组织一个叫资源国际化战略，当时我们参加了这个资源国际化战略的研究，也提出了一些新的观点。比如说怎么样来发挥战略买家的作用，中国叫战略买家，就是超大规模市场优势，它的重要的优势就是我们的市场需求量大，这是一个大买家。但是，我们现在大买家怎么样转向一个战略买家这一点非常重要。因为，从能源安全来讲，对于我们进口国来讲，消费国来讲，我们面临着一个供应安全的问题，就是怎么样来保障供应。那么对于石油的出口国、生产国来讲，它有一个需求安全的问题。特别是它经历了上世纪80年代、90年代初石油价格在全球价格持续走低这样的情况，它怎么样稳定需求，能够使它的资源转成美元，变成石油美元，这是它关心的问题，就是需求安全问题。

供应安全和需求安全问题现在是国际上非常关注的一个问题。比如俄罗斯，它的能源战略为什么调整，不光是送到欧洲去，现在考虑到和中国的关系，才有安大线的出台。考虑到中国，考虑到日本和韩国，甚至是要到美国去，它觉得需求战略对他而言是国家利益最大化。当然，我们提一个叫战略买家的作用。

比如说像中东，科威特、沙特这些国家，它希望产油升级，不光是卖原油，还要进行油品的加工，石化工业等等。那么，我们采取一个办法就是欢迎他们到中国来投资，在中国建炼油厂、建石化厂，那么现在有很多项目，大家看到沿海有很多，跟中石化的合作、跟中石油的合作、跟中海油的合作，建了很多。那么，建的好处是什么，它作为资源国，它作为投资方，首先关注资源的供给问题，它会保证你资源的稳定供应。

从我们的资源量来看，煤炭资源量1万亿吨，这个是讲的地质储量。如果扣除已开采及采矿损失后的保有储量，也是1万亿吨，我们在全球煤炭资源的总量当中的比例是4.2%，不太高。当然，这是地质储量，地质储量我们还要考虑到经济可开采的量有多大，考虑到你要乘以一个30%的采收率，要扔掉70%，还要刨除已经开采掉的煤炭，按照一年20多亿吨的开采量来看的话，我们大概煤炭的储采比在80—100年，就是说我们煤炭资源是全球第三大（煤炭资源国），但是我们的人均煤炭资源储量仍然很低，占全球人均水平的55%。我们的后备储量和优质资源严重不足。

石油。石油也是，我这个数字稍微老一点，没做更新，但是石油的剩余可采储量大家记住一个数就行了，24亿吨。什么叫剩余可采储量，就是地质储量这么多，然后可采量也这么多，石油的平均采收率30%，再刨去一个已经开采的石油资源量，那么就得出一个剩余可采储量24亿吨。24亿吨，我们一年，比如2006年的产量1.9亿吨的生产量，我们一算，十几年就用光了。其实它不是这样一个概念，因为我们还可以发现新的石油资源、天然气资源。这个剩余可采储量24亿吨的情况，上世纪80年代实际上就是这样的，就是我们的储采比基本上维持在14、15这样子。就是你开采出来一部分，我还能发现新的油气资源，比如说最近在曹妃甸又发现了10亿吨的资源量。10亿吨资源量，折算到一个可采储量中不算太高，大概1亿吨左右，就是在我们24亿吨的基础上再加3亿吨，27、28亿吨。我们的石油资源，特别是人均的油气资源占有量很低。石油对外依存度的情况，比如说2000年的时候美国59%（石油对外依存度），就是59%是从国外进口的。去年是68%左右；日本几乎是百分之百，英国也是60%左右，法国也几乎是百分之百的石油对外依存度。中国现在是48%、49%，到2020年肯定要超过60%，这是我们前几年做的一个分析，现在看要突破60%，估计要到65%，甚至到70%也有可能。

从石油消耗来看，我们当时做了一个到2020年中国石油消耗总量4.5亿吨的预测，3年前提出的。当时发改委也是作为一个推荐的指标，作为一个控制指标到2020年4.5亿吨的石油消耗量。国内最大的产量1.8亿—2亿吨，就意味着2.5亿吨要进口，现在看到2020年我们的石油消耗量可能会超过5亿吨，甚至有人讲到5.5亿吨都有可能，那么2亿吨的国内产量，就是3.5亿吨要进口，石油对外依存度要高得多。

耕地变化的情况，我这儿不讲了，就是18亿亩红线不能动，这是耕地变化的情况。2004年我们的人均耕地和其他国家比较，特别是和印度，同样作为发展中大国，印度的人均耕地还是我们的2倍，比我们多1倍，中国的人均耕地少这样一个现实是我们的基本国情。

水资源。水资源最大的特点是分布不均，南北分布不均，长江以北国土面积占了64%，水资源量不到20%，南方地区降水量要比北方大得多，北方年降水量是50—800mm，南方是800—2000mm，缺水。全国正常年份缺水量在400亿m^3。中国水能资源还是比较丰富的，居于世界第一，全国水能蕴藏量是不到7亿千瓦，占世界总量的1/6，经济可开发的容量是4亿千瓦左右，当然现在也在调整，做了一些水能资源的评估，大约现在经济可开发的最新数据是5亿千瓦左右。年发电是1.72亿千瓦时。水能资源可建特大型水电站的容量占总量的50%，比例还是比较大的，就是中国的水能资源还是可以的，这个我不讲了。

第三个挑战就是严峻的生态环境形势制约资源开发利用的困境，就是谈环境容量的问题。

环境容量。现在做环境容量研究的当然有很多不同的结论，争议也比较大，我就只给一个指标，就是二氧化硫的环境容量，我们现在十一五提出来二氧化硫减排10%的目标。二氧化硫是影响我们国家一个比较大的污染源，主要影响到酸雨、土地酸化这样的一个问题。那么，二氧化硫按环境容量来看，我们有两个指标，一个叫城市大气质量满足国家二级质量空气标准，这是一个指标。再一个指标就是二氧化硫下到土地上可降解这样一个指标。用这两个指标来衡量我国二氧化硫的环境容量是在1500万—1800万吨，就是960万平方公里的土地上，我们从环境的这个角度能容纳1500万—1800万吨二氧化硫。2006年，二氧化硫的排放总量2549万吨，远远的超过环境容量，出现环境透支的问题。

那么我们再看二氧化碳，全球最关注的温室气体排放，气候变化这样一个问题。我们2004年的二氧化碳量超过47亿吨，在美国之后列世界第二，人均排放量3.65吨，接近全球4.18吨的平均水平。当时我们在1997年《京都议定书》谈判的时候，有两个谈判砝码，一个是总量排放还不是第一的，我们比美国少得多，第二个是我们的人均排放比全球要低很多。十年以后不一样了。比如说现在讲二氧化碳排放总量，有的分析说2007年或者是2008年中国有可能超过美国成为世界第一。当然，这个是IEA（就是国际能源署）发布的，就是这个报告出来以后，在全球引起很大的震动。中国成为老大了，排放的老大，美国现在大选之后很多人估计，民主党上台之后,《京都议定书》肯定要重新签,履行减排的义务。那么,中国肯定是出头鸟了,排放最大,减排责任再不明确的话肯定是大家首要的目标。我们原来谈判的砝码人均二氧化碳排放远低于世界平均水平这样一个命题也不成立。今年已经是达到全球的平均水平。当然,我们现在在对外谈判当中,在履行减排温室气体当中明确提出来,就是共同有区别的原则,就是我们承担责任,但是有区别,就是发达国家和发展中国家有区别的,当然有区别。因为,全球温室气体的排放量是你发达国家在工业化过程当中累计排放了这么多,发展中国家在经济发展中再增加一点就不允许我们增加吗,还有一个发展权的问题。1994年的时候,《京都议定书》有附件1国家,所谓附件1国家就是履行减排义务的,就是明确减排目标的这些国家,还有一些非附件1国家,就是122个。我们在122个非附件1国家当中,我们温室气体排放占到1/3以上,我们在全球排放的份额占到将近15%。考察一下全球碳排放的情况,如果以1990年为100的话,全球温室气体排放增长速度还是比较快的。中国是每1吨消耗能源所产生的碳(二氧化碳),要比世界、比OECD国家要高,就是消耗1吨能源,中国产生的二氧化碳要高。因为我们以煤为主的能源结构,在整个能源消费当中煤炭占到69%,世界的平均水平41%,我们要高很多。

从二氧化硫的排放情况看,到2005年我国是2459万吨。二氧化硫排放量当中最大的是工业,工业当中电力占到50%,所以,现在实现"十一五"减排目标,二氧化硫减少10%,电力是一个最关键的领域。现在是要求所有的新建机组都要加装脱硫除尘装置,既有的机组要进行改造,加装脱硫除尘。这是酸雨控制区的一些情况,就是全国现在是1/3,到2020年,无控制约束的话,一半的土地受酸雨的影响,二氧化碳的排放不讲了。

全球气候变化的情况是怎样的?就是从公元1000年—公元2000年这么长的时间,1000年的时间当中,温室气体排放是从上个世纪开始,温室气体排放造成的气候变化从上个世纪开始,全球预测到2100年全球温度要升高6度,这是不能接受的。所以,现在接受的就是2度,全球共识。地球可接受的气候变化极限值在2度,放任到6度就会引起一系列的问题,冰川融化等等一系列的问题，极端气候等等。2007年年初，我到丽江去开会，丽江的水源是在一个雪山，雪山近几年融化得非常快，丽江的供水已经成为一个问题，2005年古城的供水有问题。气候变化不仅仅是一个全球高度关注的问题，也影响到我们现在的现实生活。

第四个是经济全球化进程加快带来资源环境的新挑战。经济全球化向纵深发展，向资源型、高能耗产业转移，现在看有一些新的特点。因此，在我们承接制造业转移这样的一个过程当中可能就要有所选择，有所取舍，从国家的整体战略提高整体发展能力的角度来看，要有所取舍。还有一个高耗能产品的大规模出口，中国已经成为世界上第一大钢材出口国，我们去年的钢铁产量4.2亿吨，美国、日本、俄罗斯、德国等等六个国家加起来4.2亿吨，我们排在第一位的。排在后面的六个国家相加的话，也是4.2亿。我们的出口4000多万吨，相当于出口3000多万吨标煤。再有一个是随着能源资源对外依存度的提高，能源资源国际市场价格的明显上涨提高了我们发展的代价，价格大幅度波动，增加了不确定性。我记得曾培炎副总理当时在一个场合讲到，中国要搞资源国际化战略，但是代价也很大。就是资源产品的价格上涨提高了我们的发展代价，提高了成本。特别是以石油价格为龙头的这种发展趋势，带动了所有能源产品价格的提高。

石油价格带动了能源产品价格的提高，这里面都有比价关系的。一般是天然气价格是石油价格的80%左右，就是石油涨价天然气也跟着涨；煤炭涨的不多，但是估计在未来的几年之内，煤炭会出现一个价格上涨。因为，从2006年开始煤炭的全球消费增速远远超过了能源消费增速，能源消费去年是2.7%，煤炭是7.2%（煤炭消费增长）。

从总体上我们来判断的话，有三个基本的判断。第一个基本判断就是能源资源消费现在仍处在一个爬升的阶段，面临着资源约束加强的条件下可持续发展的挑战。为什么作这么一个判断？考察一下能源密度。所谓能源密度就是单位GDP能耗，我们提出"十一五"单位GDP能耗下降20%这样一个指标。国际上能源密度变化的规律，具有"倒U型"曲线的特征。我们现在最关心两个问题。第一个问题就是峰值出现在何时？英国峰值出现在1870年前后，就是英国的工业化革命1840年提出、开始，经过几十年的快速发展工业化进入到加速发展的阶段，在1870年左右。美国出现峰值的时间是1920年前后，也是美国工业化加速发展的时期。从汽车工业来看，现在中国有120多家汽车企业，美国1920年的时候有100多家汽车企业，跟我们现在的情况类似。那么，我们再看日本，日本的峰值出现在1973年、1974年，就是石油危机发生，然后他调整结构，单位GDP能耗持续下降。这是我们关心的，什么时候出现峰值，一般是工业化加速发展的进程当中，日本是在工业化中期阶段达到峰值。

第二个我们关心的就是峰值的差异，而且国家之间差别这么大。英国比美国高、美国比日本要高很多，越接近现代它的峰值越低，主要的影响因素是技术的影响因素。日本基于上个世纪70年代的技术进行的工业化和美国基于上个世纪20年代的技术实现的工业化，导致峰值有很大的区别。技术是一个非常重要的影响因素，这是两个非常重要的结论。

中国的能源密度曲线跟国际上来比的话，我们的形状不太一样，国外基本上是"倒U型"曲线，规律比较明显，我们是多峰值。建国以后，特别是大跃进时期，我们全民大炼钢铁这个时期，能源密度曲线提高，到了最高峰，最高值。然后三年自然灾害急剧下降，降到谷底之后，在"文革"时期我们又上去了，改革开放以后能源密度，单位GDP能耗持续下降，一直下降到2002年，2002年之后我们的单位GDP能耗又开始往上走。

那么这个能源密度曲线跟国家战略，特别是能源方面的战略有非常直接的联系。我们现在关心的就是从改革开放以后，它为什么会持续20多年，特别是1980—2002年，持续了22年的下降。为什么2002年以后又出现上升？这是我们现在关心的问题。那么，为什么持续下降呢？刚才我讲到了，其实我们的工业化战略，从改革开放以前（建国以后），我们实施了一个叫中国有优先发展的工业化战略，重工业化所占的比重很高。当然，重工业优先发展也解决了我们工业基础的问题，解决了我们经济社会发展当中需要的工业原材料的问题，但是也出现了一个结构的，叫重重轻轻的这样一个问题。经济结构中，重工业重轻工业轻这样一个问题，叫重重轻轻，消费受到抑制。那个时候叫重积累轻消费，整个国民经济当中创造的财富基本都用于积累了。那么，改革开放以后我们实行叫消费导向型工业化战略，实际上就是一个结构纠偏的过程，就是重工业太重了，一直在纠偏，产业结构是变轻的，所以，这个结构对1980—2002年持续下降的贡献率在70%左右，就是由于经济结构趋轻，由于产品结构，特别是附加价值提高，那么1980—2002年，单位GDP能耗下降的贡献率在70%左右。但是，2002年以后又往上走了，这就是我们的第二个基本判断，就是产业结构趋重是造成能源资源消费过快增长的主要原因。

那么，影响单位GDP能耗因素主要是两个因素，或者叫节能的两个途径。一个是结构节能，一个是技术节能。所谓技术节能就是单位产品能耗下降，这叫技术节能。那么，什么原因呢，造成了"十一五"期间单位GDP能耗上升呢，是结构性的问题还是技术性的问题，技术退步了吗？

我们首先看技术。从实际来看没有退步，比如说火电的供电煤耗，从原来2000年的392克降低到了2005年的370克，技术还在进步。比如说吨钢的可比能耗，比如说我把刚才说的电炉钢因素刨除出去，我们的1吨钢铁的可比能耗从2000年的784公斤下降到714公斤，也是在进步的。所以，并不是技术退步了，原因只能在结构上。

从2002年开始，结构对单位GDP能耗的影响是正的，是推动单位GDP能耗上涨的，技术进步使得单位GDP能耗降低。但是，由于结构趋重，结构对单位GDP上涨的影响远远大于技术对单位GDP能耗下降的影响，这是结构造成的能源资源消耗的过快增长和单位GDP能耗的上升，如果定量分析的话是这样一个结果。

跟国际上来比的话，还有比较大的差别。比如说供电煤耗，我们2005年的时候是370克1度电，世界先进水平是312克。吨钢的可比能耗2005年我们是714公斤，国际先进水平是610公斤，我们现在差距仍然是很大的。

那么，第三个基本判断是，目前是建设资源节约型社会的关键时期。为什么这么讲？因为存在路径依赖的问题。如下图，我给大家展示一下，为什么存在路径依赖，是不是存在路径依赖？这个图给出来的是单位能源消耗所创造的GDP。那么我们就看日本，全球能效水平最高，但是从1965—2002年将近40年的时间（37年的时间），这个曲线形状变动得并不大，美国变动得也不大，法国变动得也不大，确实存在着一个路径的问题。美国为什么比日本能效低很多，日本就是比较高的水平？这确实存在一个发展模式和路径依赖的问题。将近40年的时间没有大的变化，为什么没有大的变化呢？你们刚才说到了，美国《能源政策法》使得消耗降低了，确实降低了，美国单位能源消耗创造的GDP也出现了一定的上涨，但是跟日本比起来差得很多。那么存在着模式选择、存在着路径选择的问题。为什么呢？就是影响模式的因素，我们讲有三个比较大的这种因素，一个是工业化，一个是城镇化，一个是居民消费结构升级，这三个重要的因素。那么这三个快速发展的时期恰恰是决定模式、决定路径的时期。美国在上世纪60年代，1960年的时候，工业在整个能源消费当中所占的比重48%，到2000年的时候这个比重下降到了33.3%，就是1/3是工业消费的，原来一半是工业消费的，相应的在交通、住宅、商业当中的比例在提高。那么，商业、住宅、交通这些方面，你改变它的消费很难，存在着一个消费刚性问题。

比如，美国人要住大房子，你让他住小房子不可能。交通模式，他汽

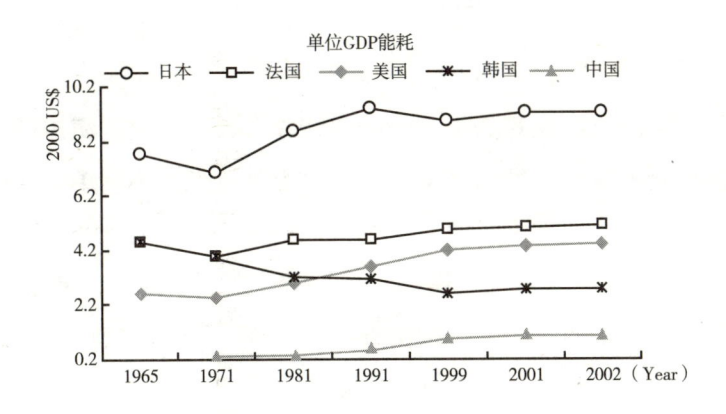

单位GDP能耗

车加飞机的这种交通模式，私人汽车为主的、私人交通为主的这种模式改成公共交通的模式，改不了，这是消费刚性。为什么存在路径依赖，就是因为出现消费刚性。产业结构可以调，高耗能产业我可以转移出去，但是城市化模式一旦定了，变不了。这就是为什么存在路径依赖的问题。

日本同样是这样一个情况。以2000年为100分析，到2010年工业会下降到78，下降22%。但是，居住是刚性提高的，商业几乎是跟100是

一样的，它是带有这种消费刚性的，正因为有这种刚性，所以就变不了，就存在路径依赖这个问题。那么，我们看中国的能源消费结构。2000年工业占73%，建筑16%、交通11%，我们分析到2020年工业下降到57%，建筑到26%，交通到17%，也就是非工业部门在未来我们国家是快速增长的，跟国外基本上相同的特点，非工业部门快速增长，而快速增长的这一块是带有消费刚性的。因此，现在你对城市化问题、对消费模式的问题、对资源节约这样一个问题不重视的话，路径选择不对的话，很有可能出现路径依赖、发展刚性这样一个问题。所以，我们讲关键时期，关键在这儿。就是三个快速化是决定路径选择的最重要时期，就是工业化、城镇化和居民消费模式，这种快速化发展时期是决定路径的时期。而且，我们现在恰恰是处在三个快速化发展时期，这是我汇报的第二个问题。

三 关于几个政策性问题的思考

首先，资源节约在我们国家的一些特殊含义。我想资源节约对我们还是有一些特定的含义。发达国家一般是以提高资源效率为单一目标，就是他们一般讲Efficiency（效率），很少讲Energy Saving（能源节约或者叫资源节约）是提高效率。而我们国家在资源节约这个问题上，建设节约型社会的问题上应该以两个指标，两个方面为目标：一个是资源利用总量的节约，再有一个是提高资源利用效率的方面。

这是因为，即使我们达到发达国家资源利用水平，比如说我们要达到日本的水平的话，由于我们人口基数太大，我们人均资源消耗量即使达到日本那个最好的水平，资源的消耗总量也太大，也不能实现经济社会系统与自然生态系统良性循环。

发达国家人均能源消耗都在5吨标准煤以上，日本是最好的，其人均资源消耗量最少，是5吨标煤，4吨标油。中国如果人口高峰接近15亿，那么按5吨标煤来算，我们就是75亿吨标煤。现在，全球是150亿吨，

75亿吨等于全球消耗的一半要到中国来消耗，那不得了。所以，就还有一个资源消费总量的节约问题。

来看人均GDP和人均能源消费之间的关系，现在看基本上存在着一个线性关系。就是人均GDP提高，人均能源消费也提高。当然，不同国家有点区别，比如说美国，人均GDP比较高，但是他人均消费的能源太高，加拿大更高。因为，加拿大是一个资源大国，当然气候也决定了加拿大的人均资源消费高。世界能源消费量现在是1.6吨油当量，中国是1.07吨油当量，是世界人均水平的66.5%，约为美国人均水平的1/8，日、英、德、法等国人均水平的1/4，现在还是比较低的，但是随着你人均GDP提高，中国的人均能源消费肯定要随之提高。以上是从总体上来看，描述了一个我的"资源节约"这样一个总的理解。

那么就几个政策性问题，我想谈的第一个问题就是"十一五"时期20%的节能目标问题。那么，20%的节能目标的提出也意味着我们要由2005年的万元国内生产总值能源消耗1.2吨标煤下降到2010年的0.98吨标煤，单位GDP能耗年均下降

> **重点提示**
>
> 油当量（Oil equivalent），按标准油的热值计算各种能源量的换算指标。中国又称标准油。1千克油当量的热值，联合国按42.62兆焦（MJ）计算。1吨标准油相当于1.454285吨标准煤。

4.4%，那么如果按照这样一个目标的话，我们实际上累计的节能量是6.4亿吨标煤。但是，当时提出这个目标的时候，有两个假设前提，当时我们讨论"十一五"规划有两个假设前提，一个是GDP按照7.5%的增速考虑，第二个假设前提是能源消耗2010年25亿吨标煤。现在我们能源的消费总量，2010年规划目标是27亿吨，比当初考虑"十一五"的时候高了，但是27亿吨我估计打不下来。

我们的GDP增长11.5%，超过当时提出规划目标4个百分点，GDP每提高1个百分点，需要的节能量增加3000万吨，新增节能量3000万吨，就是在6.4亿吨基础上，GDP每提高1个百分点，变成8.5的话，就是6.7亿吨，9.5的话到7亿吨（节能量）。那么现在11.5的话还要再增加6000万吨，就达到7.6亿吨标煤。也就是说你GDP增速越快，需要的节能量越大。因为，现在整个经济发展是靠高耗能产业带动的，除非是经济结构变

了。这五年还剩下三年多时间经济结构很难改变。

面对着这样一个新的形势，有几个可以考虑的问题，一个就是GDP增速，怎么样把握GDP增速。现在从研究这个节能环保目标实现的这样一个角度来看，目前的GDP增速太高了。现在的增速和20%的节能目标这两者之间是有矛盾的，现在的增速太高，所以，速度和可持续发展能力这两者之间我认为应该有所取舍。就是如果我们讲经济一直"又好又快"的发展，要真正体现好的话，要提高可持续发展能力，速度可能要相应地降下来。

现在整个国家来做的话是叫两维度分解。一个纵向的就是按照行业分，但是现在还没有做所有的行业。我想应该进一步地分，现在主要是工业。再一个纬度横着的就是省区市，就是把20%的节能目标分解到地方，地方向中央政府签订节能责任书，那么现在对行业来看，也设了一些重点行业，就是千家企业节能，现在是作为一个项目，1008家企业节能，当然新的节约能源法把这个重点用能单位的范围又进一步地扩大。那么，从节能来看有三种途径（实际上刚才讲了两种），就是结构节能、技术节能和制度节能这三种途径。

刚才讲的从1980—2002年单位GDP能耗的持续下降，结构节能是主要的贡献，占到70%。现在又是结构推动了单位GDP能耗上涨了。因此，在这三个途径当中哪个途径在"十一五"期间发挥重要作用？近、中、长期，三个途径各自应该发挥什么样的作用？从近期来看，结构性因素应该是占主要作用，中长期来看技术应该起到重要作用，采取技术跨越战略，重大领域技术创新，同时结构也得到显著的优化。

我们对高、中、低不同的经济增长情形下来实现节能目标的可能性做了一些定量的分析。就是高、中、低分别是9.5%的GDP增速、8.5%的GDP增速、7.5%GDP增速。那么，从分析下来这个结果来看，这三种情形都不能实现20%的节能目标，7.5%增速的时候实现13.7%、8.5%实现13.1%、9.5%实现12.5%，技术节能的贡献率28%、26%、24%。现在这个结论是考虑到结构变化，但是结构变化的这个幅度不大，以及弱的技术进步的节能状况。什么叫弱技术进步，就是我们延续过去几年，比如说刚才我讲到，2000—2005年当中，供电煤耗下降，延续这样一个技术进步的步伐，就是这样一个结果。所以，结论就是：必须要加大技术节能的贡献率和产品结构调整的步伐，否则20%的目标完不成。

如果考虑加大技术进步和产品结构调整这些因素，按照9.5%的增速的话我们有可能使得单位GDP能耗下降19.1%，就是接近20%的目标，那么结构节能的贡献是9.2个百分点，技术节能的贡献是5.9个百分点。也就是说要实现20%的节能目标必须从结构节能和技术节能两个方面进行，而且结构节能是关键。技术节能对20%实现的目标的贡献率是30%—40%，结构是60%—70%，这是我们的一个结论。

从这三种途径来看，结构是主要的，技术进步必须要把这个潜力充分地挖掘出来，按照现在的这种技术进步的步伐满足不了要求。

从这个指标分解的情况来看，我认为还是需要科学制定和落实地区的节能目标。现在这个情况是各地的经济发展目标之和远大于国家发展目标，各地的经济消耗总量也远大于国家的目标，这个问题是值得关注的一个问题。我们说把全国31个省区市，"十一五"规划全部拿来，把经济总量加总，跟国家的"十一五"规划发展目标来比较，31个省区市加起来比国家目标高了19%，能源消耗总量比"十一五"规划27亿吨的（2001年）能源消耗总量高了20%，这是地区的规划情况。

但是，实际情况呢？就是往往实际执行结果比各地区加起来的那个规划目标还要高。所以，这个经济发展速度现在看，我们刚才说11.5%不可持续，完不成20%的目标，现在从各地加起来的规划来看比全国要高很多，比全国规划目标要高很多。

单位GDP能耗低的地区往往是经济发达地区，考虑到地区节能目标的确定还需要与地区经济社会发展政策统筹起来，比如说跟东北振兴、中部崛起、西部开发等等这些区域性政策要结合起来考虑，必须要建立科学的节能目标分解办法。能源统计监察考核体制的建立与完善是落实地区节能目标的关键，怎么样分解我们有一套办法，我觉得"十一五"我们肯定用不上，我们不可能跟地方政府刚签完节能责任书又修改，这个可能性不大，我想为了下一步"十二五"进一步完善这个工作做一点贡献，刚刚搞了一个怎么样分解的一个办法。怎么样分解实际上也没有太好的办法，借助的是什么呢？就是国外《京都议定书》怎么弄的，为什么你日本要减这么多，欧盟减这么多，他们是怎么减的，按照他们考虑的因素来确定。同时，还有一个非常重要的就是交易制度。《京都议定书》它虽然给各个国家确定了这些减排的指标，但是它同时建立一个交易制度，就是碳交易。比如说中国有这么多指标，英国人帮中国减了，那个减排的量算英国人头上，算英国人完成的，这叫交易制度。

为什么建立交易制度呢？这个从经济学上来讲，是以最低的成本完成减排的任务。就是每个地方，比如说英国现在减排已经到极限了，那么帮助中国减排，可以比较低的成本同样实现了减排，对于全球来讲同样是好的，同样是有益的。交易制度本身是用市场机制来解决成本和效益的问题。

现在全球的碳交易 3/4 是中国卖的，问题比较大。3/4 都卖出去了，我们卖出去以后带来一个什么问题？就是一旦我们履行二氧化碳减排义务的话，好减排的都让外国人减了，你再减排都是那些硬骨头，我们技术上又有差距，所以二氧化碳减排，碳交易这个问题，我本人一直认为应该有一个综合的长远的考虑，就是用碳来换技术，碳排放指标来换技术。全球有一个 CDM（就是清洁合作机制），叫 Clean Development Mechanism 这样一个机制，就是发达国家帮你减排了，你可以用他的技术，引进技术，当然这需要有一个国家的整体考虑。一个一个企业去卖的话，将来对我们的压力比较大，负面影响也很大。

现在国际上又有一个新的趋势，叫节能证书的交易制度，跟我们这个差不多，就是节能指标也可以交易。原则同样也是以最低的成本实现节能的目标，也是这样一个原则。我们现在调查的一些情况就是，比如一家企业能效水平已经很高了，给他一个节能的指标，他要降低下来的话可能需要投入 1 亿，能效水平低的企业，要让它降下来的话可能投入 1000 万就解决问题。那么这个政策就是一个"鞭打快牛"的政策，不建立这个交易制度，就"鞭打快牛"，能效越好的减下来的难度越大，成本越高，有一个交易制度可能比较好。将来，我们也认为就是在地区节能指标上怎么样建立一个交易制度，当然现在还在分析和研究过程当中。

现在最大的问题是能源统计这一块很薄弱，地方上几乎没有专职的能源统计人员，特别是到地（区、市）、县更加薄弱。现在从节能的指标分解是自上而下，数据是自下而上地报，地方上报这个节能单位、GDP 能耗，全是省委讨论决定，所以数据的问题不解决的话，我是担心节能的问题可能会出现一些争端。没有主观意识的造假，但是由于基础能力欠缺，也会出现问题。那么，这个问题不解决，什么相应的考核、评价制度也很难建立起来。

还有一个问题，要进一步地明确中央与地方的各自责任。现在把一些节能指标分解到地方，最后打地方的板子、打地方的屁股，但是中央政府有关部门它的责任是什么呢？因为大家都呼吁的，能源价格要调整，能源税收，财税政策要调整，要完善、要建立。相应的一些部门，比如说建设部、铁道部、交通部等等，也有一些节能的指标、目标。但是，中央政府相关部门的节能责任落实我觉得现在是不够的。地方政府没有手段，如能源价格、资源价格、资源税等等，地方政府没有这些手段，所以这些问题的解决必须要依赖于中央政府，要尽快解决目前地方政府政策手段不足的问题。

还有技术节能。技术节能途径当中，两个方面很重要。一个是增量节能，就是新增投资的节能，一个是存量节能，就是淘汰落后生产能力的。对于增量节能这一块要尽快提高和严格实施新的准入标准。对于能源密集型产业建立起基于能效、环境、安全的新型准入制度，包括市场准入、项目准入等等。我认为要从过去经济性监管（我们主要看是不是供求平衡，这个投资项目会不会挣到钱，从这个角度中央政府有一个叫监管、项目审批，基本上是经济性的监管）转向以社会性监管为主的新型管制制度。社会性监管主要是基于三个制度，能效、环保、安全。

在淘汰落后生产能力方面，除了行政手段之外，应利用好能源价格、财税制等政策建立有效的落后生产能力的市场退出机制。现在，行政性关爱可能有很多后遗症。考察一下高耗能小企业对能耗的影响。实际上我们现在落后生产能力、规模经济不够等等这些问题非常突出。比如说火电，我们大于6兆瓦的机组是4600多台，平均的装机容量68兆瓦。日本的主力机组都是600、700、1000兆瓦这么大。所以中国的这个能耗，比如说小于100兆瓦的煤电比大于300兆瓦的要高30%—40%，落后就在这儿。比如说高炉，我们的平均年产是128万吨，日本的平均年产是297万吨，中国为此可能每生产1吨要多消耗80千克煤。水泥、造纸等等同样都有这样一些问题，就是落后能力、规模经济不够等等。比如说钢铁大概有1亿吨的落后能力，5500万吨的落后炼铁能力和4500万吨的落后炼钢能力。这是从节能减排这样的角度来看，我们认为应该再进一步进行行业的分解，地区的分解科学化。

其次，是要构建一个可持续增长模式，本质上来看还是构建一个可持续增长的模式的问题。要构建节约型的产业结构，构建节约型的城市化模式，构建节约型的消费模式。构建节约型的产业结构提得很多了，我不提了，包括加快发展、服务业、高技术产业等等，这个说了多年，结构也推不动。那么，我只想讲后面两个，节约型的城市化模式和节约型的消费模式，现在是重视不够。

我们提出来新型城市化模式问题。新型工业化我们提了好多年了，新型城市化没人提，我们也呼吁，我是向在座的各位领导提出请求，能够重视新型城市化问题。城市化模式现在开始全球面临共同的挑战，这是《罗马宣言》当中讲到的。近期国外的理论发展，新型城市化发展重视两个问题，一个叫紧凑型城市，叫Compact City（紧凑型城市），就是城市的形态，什么样一个形态最好？从可持续发展、资源利用、土地利用等内容来看，那就是紧凑型城市最好。像北京这种摊大饼，二环、三环、四环、五环、六环，再修七环可能把天津都给圈起来了。摊大饼这种不行，存在资源占用、交通拥堵、环境污染等等一系列问题。国外就讲紧凑型城市，比较集约利用。不是这种以中心城区摊大饼发展这样一种模式，而是卫星城、城市连绵带等等这样

重点提示

《罗马宣言》，指的是2005年《国际公共交通协会罗马宣言》，是国际公共交通协会（UITP）邀请世界各地的政治领导人作出关于加强公共交通系统的承诺，倡导公共交通是适用于所有人的出行方式。

一些理念发展。还有一个叫 Smart Growth（精明发展），我不知道翻译准确不准确。所谓精明发展是考虑城市内部的功能布局，商业区、居住区、工业区怎么样分布，怎么来解决之间的可达性。选择什么样的交通模式连起来，把这些不同的功能区连起来。比如说北京，迎着朝阳去，顶着夕阳归，每天上班，好多人住在西边，在东边 CBD 上班，迎着朝阳就去了，顶着夕阳就回来了，造成的人为的交通流非常大，这是由于功能布局的不合理造成的。

所以，国外讲 Smart Growth，城市形态和内部的功能布局怎么样合理化。城市化模式的选择是极为重要的，它属于"顶层设计"，在一个城市当中，城市的模式，城市化的道路，这是一个系统性的问题。所以，这个问题要解决得好比单体的建筑节能带来的潜力还要大。这个我称之为"体系性效应"，它所创造的节能效果是一个综合性的。新型的城市和道路从资源利用、可持续发展这个角度，要提出来这样一个问题，那就是什么叫资源节约的、可持续的城市化道路？新型工业化有很好的阐释——科技含量高、经济效益好、资源消耗少、环境污染小、人力资源得到充分发挥这五个，那么新型城市化也要共同提出来，共同思考和研究。

还有一个就是可持续的消费模式，联合国提出可持续消费模式（Sustainable Consumption Pattern）的"5R"原则。循环经济提出来 3R，Reduce、Reuse、Recycle，联合国提出可持续消费模式 5R，将来有机会我再把相关的一些路线提供给各位领导。

重点提示

"5R"即：节约资源、减少污染（Reduce）；绿色生活、环保选购（Reevaluate）；重复使用、多次利用（Reuse）；分类回收、循环再生（Recycle）；保护自然、万物共生（Rescue）。

消费模式是非常关键的。我觉得我们现在在资源节约这个问题上，光控制高耗能不行，源头没解决，控制的是中间环节。源头我讲三个源头，消费首当其冲，第二是出口（高载能产品的出口），第三是新投资的节能，这三个源头是在节约方面需要高度重视的三个源头。

我想提出来一个问题，就是现阶段我们发展循环经济的是什么，何种机制，这是一个问题。讲 3R，也有讲 5R、8R 的，但是中国循环经济的重点是什么？我认为减量化是重点，跟发改委很多领导也是在商讨这样一个问题。就是再利用这个环节，我们做得不赖，当然有一些规范化的问题，比如说广东有一个叫贵屿镇拆解废旧电器的，好像在国外很有名。美国之音报道、《金融时报》报道，都是负面报道，造成环境污染，拆解电器，从国外大量地进口废旧电器然后拆解，把贵金属都留下来，造成水污染等等这些问题。

其实贵屿镇做的就是再利用。手工拆解的，它的回收利用率做到90%，在国外自动化的生产线上那种拆解也就30%，我们的效率要比它们高，但是我们很多方面不规范。比如说发改委治理拼装车，安全性很差的车辆、汽车，拼装的都是报废车辆里面这儿拆一个零件，那儿拆一个零件再利用，拼出一个车来。我们这个再利用环节是一个规范的问题，安全、污染等等有一些问题。

资源化，我们现在的资源化做得不好，就是从源头要考虑资源化。比如说钢，全国的钢产量一半用于盖房子，建筑业用了一半以上的钢。那么，我们这个钢是怎么用的呢？全埋在水泥里了。钢筋水泥，对再利用，资源化再利用造成很大的困难。在国外用钢比较多的是用于轻钢结构，不跟水泥混在一起，再利用的时候非常方便。我们在这个方面，就是从源头上来考虑将来的再利用问题，从设计上，从这些环节上来考虑再利用问题，我们现在做得有点问题。但是，现在重点是在减量化，我们用的太多了，浪费太大了。

再一个从循环经济来讲，有开放循环，也有闭环循环。闭环循环就是讲上游企业的废弃物作为下游企业的原材料闭环起来搞循环经济生态园等等。这种示范是有必要的，下面我给了一个例子，这是卡伦堡的工业工程项目，就是整个循环起来的，但是这个毕竟是个别案例。就是说这个能不能闭环性循环是跟这个行业的经济技术特点相关联的。比如说循环经济闭环当中有些问题不好解决。比如说规模经济问题，就是上游企业你实现规模经济了，它难以保证下游企业也实现规模经济。就是因为下游企业你是用上游企业的废弃物做的，下游企业你很难实现规模经济，或者是不能保证下游企业实现规模经济，这又带来一个规模不经济的问题。

所以，有很多人就讲，叫循环不经济，单纯的追求循环了但是不经济了,这就是经济学上这些基本规律你还不能违背,存在循环不经济的问题。那么,再有一个全闭环起来,你的风险就很大,哪个链条当中的下游企业不干了,风险就比较大。所以,我主张的循环经济发展的重点在节能化,重点是在开放式循环,而不是闭合式循环。

开放式循环就是整个资源在大的社会背景下进行循环,有条件的可以做一些闭环型的生态工业园的建设,但不是所有的东西全部进行闭环循环,那里面可能会出现一个循环不经济的问题。

第三,就是资源节约这样一个问题,要着眼于建立长效机制,而不是简单的政府号召的一些运动了。那么这种长效机制的构成有三个,一个是市场机制,最基本的是建立资源节约的机制,市场的机制。因为,要通过市场来提高资源的配置效率,现在在能源、在资源领域当中,市场化程度跟一般的竞争性行业来比的话是偏低的。比如说我们的能源资源有很多价格是政府管制价格,不是市场的供求关系来决定的价格。

还有很多能源行业,市场的竞争程度不高,存在着相当程度的垄断问题,因为市场机制是一个最基本的机制。就是靠价格来配置资源,靠价格来调节需求和投资。

第二个机制是促进可持续发展的政策机制。市场不能解决所有的问题,要有一些特殊的设计,就是要靠政策机制特殊的设计来解决节能环保这样一些问题——外部性的问题。它的目标呢,可能是具体的节能目标取向、具体的环境保护的取向,内容是弥补市场的不足。世界银行有一个研究,就是单纯依靠市场机制,不考虑所有的这种财税激励政策、价格政策这些工具的话,市场机制对节能的贡献只有20%;对节能的影响只有20%,所以必须要市场和政策工具的结合。

第三个机制就是监管机制。市场和政策机制是作用于所有对象的,是宏观的。监管是对特定的对象,如对企业进行监管。能效监管,对重点用能单位进行能效监管,环境监管,对所有的企业进行环境监管,这是对微观企业进行监管,再加上加强节能环保安全等社会性监管,这三个机制建立起来,才是构成了一个节能的、资源节约的一个长效机制。

从政策手段上来看,我们讲经济、法律、行政三个手段。但是,现在总体上来看，存在三多三少的问题。一是现在中央的号召多，具体的政策支持少。政府部门行动多，社会行动少。行政手段多，经济、法律手段少。"三多三少"这样讲不知道贴切不贴切，但是总体上我认为是有这三多三少的问题。

实际上从经济、法律和行政这些手段来看，作用机理是不一样的，对不同的对象它产生的影响也不一样。比如说经济手段，对政府几乎是没有什么太大的影响。对于国有企业，经济手段是基本有效的，对非国有企业则当然有效，对公众、对消费者当然有效。能源价格、资源价格高的话就会少用油，油价涨会少开车，当然有影响了。那么法律手段对所有的这些主体，政府、国有企业、非国有企业和公众都是有影响，都是有效的。而行政手段的有效性是带有局限性的，对政府有效，行政命令、指挥棒等等这些问题，对国有企业是部分有效，对非国有企业、对公众和消费者来讲，行政手段的效果是有限的。

所以，现在看行政性手段尽管我们现在比较习惯，政府有些现成的办法，但是它的作用效果有限，只能作用在部分的对象上，对全社会而言行政性手段是没有效果的。所以，必须要用经济的和法律的三个手段结合起来考虑，要形成一个着眼于长远的长效机制。

第四，要着力完善资源价格的行政机制改革，进行能源和资源产品的价格行政机制改革。从能源资源产品的价格来看，我们称之为"三个不反映"。第一，不反映资源的稀缺程度。就是你资源再短缺，在价格上反映不出来，价格是缺乏弹性的。第二，不反映市场的供求关系。价格机制是用来调节需求的，供应紧张的时候价格会高，富余的时候价格会低，但是由于我们现在的价格是实行政府管制的价格，基本上不反映市场的供求关系，特别是不反映国内的供求关系。比如说原油价格能够反映国际市场的供求关系，不反映国内的供求关系。再一个不反映环境保护的外部成本，包括生态破坏的外部成本。比如说环境污染、土地的破坏等等这些问题，我们有这样"三个不反映"的问题。所以价格形成机制改革要着力解决这三个不反映的问题，当然时效上可能会有一点不同。

我想，从时序上来看，后两个是比较关键的，或者是需要近期内解决的，就是供求关系和环境保护的外部成本。环境破坏的外部成本这一块现在有点调整，比如说排污收费，二氧化硫排放，原来是1公斤二氧化硫排放收6毛3，治理要花多少钱呢？比如说你要求电厂加装脱硫除尘，1公斤二氧化硫的治理成本在1块3，排污收费6毛3，那么谁去治理？还不如排污，排污就交6毛3，一治理还得花1块3，就是说治理成本大于排污收费成本，也就是说出现违法成本低，合法、守法成本高的问题，所以谁还去减排？由于现在排污收费提高了，从6毛3提高到1块2毛6翻番了，接近治理成本，再加上环境在监管，排污的成本大了，就会治理了，这样就可以解决环境外部成本问题。

解决市场供求关系问题，比如说电煤价格，就是煤里面有一半多是用于发电的，长期电煤价格不顺，由政府来协调，不反映市场供求关系，现在在着力解决，政府退出了，不再搞电煤价格的平衡了。还有一个成品油价格，也是讨论多年，成品油价格也是政府管，现在造成一个比较大的问题，就是价格倒挂。国际原油市场价格一直在涨，60美元现在涨到88美元一直在涨，但是成品油，就是进口原油之后炼出来的成品油，汽柴油价格政府管制。为了不使得汽柴油价格涨得太高，就出现价格倒挂，每炼1吨油出现亏损，就是刚才说的中石油、中石化这些企业尽管是一个垄断性公司，利润很高，但是在炼油环节上出现亏损，还是要向政府要补贴。前年政府给了100亿给中石化补贴，补贴炼油环节的亏损，但是它的利润是好几千亿，上千亿。这个不反映市场供求关系，我认为成品油价格改革势在必行。

还有一个价格结构问题，就是不同的能源产品、资源产品，怎么样的比价关系最有利于可持续发展，有利于可再生资源的发展，有利于新技术的采用。这种比价得有一个合理的关系。现在的问题是我们的煤电、煤的价格太低，造成了其他新能源、可再生资源的价格相对煤价格来讲太高，不具有经济竞争力，所以限制了这些可再生资源和替代能源的发展，这种比价关系的不合理可能需要进一步地理顺。

第五，要建立促进能源资源节约的财税政策，这个我简单地说一点。财政要有专门预算，节约资源的基本国策在财政当中最起码要有一个科目，建立一些节能的基金、节约资源的基金，国外的经验当中已经谈到。再一个是燃油税的改革，燃油税、资源税的改革和出台，从长期来看要考虑能源税和环境税等等。最近在研究中国2030年能源战略当中，在考虑能源税和环境税等等这些问题。特别是定量分析，采用这样一些税收的话，对于整个中国的整体经济会带来的一些影响，对结构会带来的一些影响。

我给大家讲一个欧盟最新的理念，就是主张IPP（Intergrative Production Policy），集成生产政策。什么概念呢？它讲这个Total Life Cycle叫全生命周期，就是从一个产品的诞生到死亡的全生命周期过程来减少对自然生态环境的负面影响。资源定价也好，税收政策也好，是着眼于全生命周期的考虑。你用了多少能源，生产出来这个产品，然后这个产品怎么样报废，是通过这个全生命周期来设计它的财税政策。欧盟现在是有这么一个新的理念IPP。

第六，建立促进产业结构调整的三个制度。第一是从能源资源环境、环保方面提出更为严格的产业准入标准和准入制度。第二是高耗能落后工艺技术和设备的强制性淘汰制度。"十一五"时期如果要在钢铁、水泥、火电等高耗能行业淘汰落后生产能力的话，节能潜力5700万吨标煤。还有就是重点耗能产品的市场准入制度，能耗标准作为一个强制性的准入制度。建立健全法律和法规，《能源法》现在正在起草当中，我作为《能源法》起草组的成员之一，也感觉《能源法》里面争论比较大，特别是能源管理，还有能源改革，当然现在有一些新的提法。比如现在《能源法》里面更加重视能源的普遍服务问题，就是以人为本、协调发展、科学发展观，就是能源的普遍服务问题。还有一个《节约能源法》的修正案已经搞好了，《循环经济促进法》现在也在加紧立法当中，最重要的可能是要解决可操作性的问题。第三是推进市场化节能的新机制。市场化节能的新机制现在有，国际经验谈到了，有这么几点，即重点用能企业的管理，标准、标识、产品认证、能源审计、资源协议、需求管理和合同能源管理等等，这都是国外非常有效的，特别是基于市场化的一些节能的新机制。

这儿重点谈谈合同能源管理，非常有意思。所谓合同能源管理，就是在国外出现了很多专业性的能源服务公司，节能服务公司。我这个公司给你投资、买设备、维护，最后的节能收益，两家按比例分配。这叫节能服务公司，节能服务市场。前两天我见了一个霍尼韦尔的全球副总裁，他在全球节能服务市场当中占38%的比例，最大的一个。

美国的节能服务市场是1万亿美元的规模，中国现在节能服务市场还没有启动起来，就是专业性的节能服务公司还没有得到发展，这是一个大的领域。能源用户不需要任何的投入，钱也不用花，没技术也没关系，服务公司全部给你解决。对于在接受服务的单位实现节能，对于提供服务的，从节能中也获得收益，发展壮大，这是多赢的一个设计。当然，我们现在比较大的问题就是节能服务公司的融资，现在也冒出来很多小的节能服务公司，融资是一个问题。比如说商业银行，对于节能它不知道，不了解，需要建立一个新的这种节能投资的评估办法。世界银行在帮着全国政策性银行，如开发行进行节能投资的项目评估，建立这种办法（3000万美元），将来可能是一个比较大的市场。

最后一个方面就是建立适应新形势要求的能源管理机构，我认为还是有必要搞一个能源管理机构。像美国、日本、俄罗斯、印度、德国、英国那样。影响这种能源管理机构设置的因素，我们分析有三个因素，当然还有其他的因素，如政体，联邦制还是中央统一管理这种制度不同，也是一个重要的影响因素，我这里只给出来与能源相关的三个重要因素，一个是消费量，一个是生产量，一个是进口量。

消费量、生产量、进口量都大的时候，一般有专门的能源机构，美国最典型，能源部，同时还有独立的能源监管机构，美国的能源监管委员会。日本是能源消费大国，但是能源产量很小，比如说刚才讲到的石油，几乎百分之百进口，日本的煤矿都关了，原来还有一点，现在都关了，进口量很大，所以，它要解决什么问题呢？它不是解决生产的问题，它要解决节能的问题，解决能源供应保障的问题、能源安全的问题。所以，日本解决节能问题是和管理工业的部门合在一起，就是在经济产业省下面搞一个能源资源厅，作为日本的能源主管部门。俄罗斯是工业能源部，它是能源生产大国，消费大国，但是它是能源的出口国，同时还有独立的监管委员会，叫联邦能源委员会。印度这种体制跟我们过去的能源管理体制相似，电力部、煤炭部、石油天然气部、非常规能源部，分部门设的，它是能源消费量较大，生产量较大，进口量也很大，其增量是很快的。德国也是，时间关系不一一展开了。这些影响因素决定了不同国家能源管理机构的设置和能源监管机构的设置，就是上述三个条件一般同时大的时候，既是生产大国又是消费大国，也是进口大国的时候，基本上都有独立的能源管理机构。那么，我们国家能源消费总量世界第二，生产量世界第二，进口量同样是世界第二，而且增速很快，所以，我们还是主张能够设立独立的能源管理机构。中国的能源管理机构的历史沿革变化非常大。建国之后就是燃料工业部，又把它分成煤炭、电力、石油，后来又合为燃料化工部，然后又分了，煤炭、石油。水利水电合在一起，后来又分为电力、水利，后来又合为水利电力，后来是国家经贸委管。能源部是1988年成立，1993年撤了，就只有一届，然后又分为煤炭、电力，由国家经贸委、发改委，现在的结构是国家发改委管，有一个国家能源领导小组，这样的一个结构。

大家最关心的是，当时成立了能源部，后来为什么5年后又撤了？因为，当时虽然成立了能源部，但是它管理的一些部门，一些单位，都是国有的，而原来从政府部翻牌的行政性公司，比如说中国石油天然气总公司，是由石油部翻牌过来的。煤炭是中国统配煤公司，是由原来的煤炭部翻牌过来的，这些公司当时比较强地抵制能源部的管理，况且这些部、这些公司，原来就是政府部门，有很强的这种行政的手段的资源。再一个能源部当时给的职责不够，所以，形成了一个部管不了这些公司的格局，5年之后不得不撤销。但是，现在的情况不一样。

那么，从目前政府管理能源、管理资源的这个情况来看，我们讲政府的管理、监管也好，有事前、事中、事后三个环节，从作用来看，有经济性管制——节能的监管、环保的监管、安全性监管，现在看基本上以事前监管，而且以经济性监管为主，事中、事后没有太多的作用。现在也有一个通俗的说法，叫做以审批代管理这样一个说法。就是说所有管理的手段都是看行政性审批来解决，企业一旦获得了审批，进入行业以后就没有人监管了，出现这样一些以审批代管理的问题，而事中、事后没人管。所以，从政府的作用的程度、作用的方式来看，我认为应该做两个调整。一个是从经济性监管为主转向社会性监管为主，社会性监管就是管节能、管环保、管安全。再一个是从事前为主转向事中和事后为主来解决现在叫以审批代管理的现状。

我今天汇报的内容就这么多，不对的地方欢迎批评，谢谢大家！

（根据主讲人在 2007 年 10 月司局级领导干部"资源节约型、环境友好型"社会建设专题研究班上的讲课录音整理）

中国的气候与环境演变

秦大河

演讲时间：2006 年 5 月 29 日

作者简历：秦大河，山东省泰安市人，地理学家，研究员，中国科学院院士，第三世界科学院院士。

第十届全国政协委员。曾任中国气象局局长，现任世界气象组织（WMO）执行理事会成员，政府间气候变化专业委员会（IPCC）第四次评估报告第一工作组联合主席，全球气候研究计划气候与冰冻圈计划（CIIC）科学指导组成员，国际极地年 2007—2008 联合委员会委员，WMO 国际极地年 2007—2008 跨委员会工作组主席，国际地圈生物圈计划（IGBP）科学指导委员会成员，中国气象学会理事长。长期从事冰冻圈与全球变化研究，多次参加和主持南极、北极、青藏高原和中国西部地区的科学考察和研究。先后主持了《中国气候与环境演变》、《中国西部环境演变评估》和《中国气象事业发展战略研究》工作。迄今发表论文 200 余篇，著作 12 部。获国家和省部级科技成果奖 8 项。

内容提要：重点讨论了气候变化问题，以及引起气候变化的人类活动效应。分析了中国气候和环境的变化情况，分析了未来气候变化的趋势及其对中国的影响，特别是负面的影响，指出气候变化对人类本身主要的直接影响是极端高温产生的热效应，它将变得更加频繁、更加普遍，影响人类健康。最后，提出了我国应对全球气候变化的对策。认为对于中国而言，应该积极采取适应和减缓措施，不断提升气候系统、生态、环境保护的层次和水平。

一　引言

今天我报告的题目叫《中国的气候与环境演变》。这是在科技部、中国科学院和中国气象局三个单位主持下，由近百位来自于科研单位、生产部门、高等院校的资源环境领域专家，用了将近两年多的时间共同编纂的一部环境气候变化评估报告的主要成果。

在上世纪 80 年代中后期，中国科学院著名地理学家周立三教授就已经撰文预料到中国发展模式可能导致的后果。好在我们党也敏锐地感觉到这种发展模式对于子孙和人类都是有问题的，先是提出了以人为本全面落实科学发展观，进而提出建设社会主义和谐社会，在 2006 年召开的全国科学技术大会上又提出到 2020 年我国要进入创新型国家的行列。

但是，在资源环境背后的背景是什么呢？是气候问题。工业化特别是"二战"以来，全球和中国正经历一场以变暖为主要特征的显著变化。从 1860 到 2000 年，全球的平均气温增加了将近 1 度，而且预计到 2021 年要增加 1.4—5.8 度。大家很关心是什么原因导致了气候变暖的变化？科学研究证明，地球气候有其自身的变化规律，我们称之为自然规律或自然因素。同时，由于人类不合理的或者说迫不得已的生产活动和方式造成了气候变暖，称之为人为因素。近 50 年以来，这种人类活动的因素对于气候变暖的作用更加显著。

今天我不想多讲自然因素，我重点讲人类活动是怎么样造成全球变暖全球气候变化的？这个变化给我们带来哪些负面影响？实际上，全球气候变化不是一个单纯的天气问题、气象问题，它涉及自然科学的很多方面，还涉及经济、社会、政治是一个复合型的问题。需要全体科技工作者和政府各个主管部门共同商议商策应对的方式，下面我举几个例子，大家可以看出气候变化问题的重要性。

第一个例子，2003 年 10 月，美国国防部给布什政府提供《气候突变的情景及其对美国国家安全的意义》的报告，看一看这个题目大家就可以意识到气候变化不是一个气象问题，而是和美国的国家安全有重要密切的联系。该报告指出气候变化将摧毁美国，认为未来20年恐怖主义不是美国的头号敌人，而气候变化才是它的头号敌人，气候变化导致地球陷入无政府的状态，这是在政治领域里面讲的。

第二个例子，2004年5月28日在全球同步放映了一部美国影片《后天》。影片讲述了人类活动造成的温室效应引起气候突变，地球在短时间内突然急剧降温，进入一个新的冰河期，或者是寒冷期，整个北半球陷入了暴风雪、龙卷风、海啸等自然灾难之中的故事。影片中海浪翻滚、顷刻间毁灭城市的场面深深地印在人们的脑海中。在现实中，极端天气事件也不断地出现，比如去年发生在美国的五级飓风"卡特里娜"袭击美国佛罗里达造成重大损失，还有去年台风"麦莎"席卷了我国东部九个省，也造成了重大的经济财产损失和人员伤亡。

第三个例子，就是《联合国气候变化框架公约》和《京都议定书》。在2004年9月30日俄罗斯批准《京都议定书》后，《京都议定书》已于2005年2月16日正式生效。中国参与《联合国气候变化框架公约》国际谈判面临的压力越来越大。如果我们处置不当，会影响我们作为一个负责任大国的国际形象以及经济社会发展的外部环境，从而影响中国全面建设小康社会的步伐。

上述几个例子说明，气候变化会导致很多自然灾害，而自然灾害将会影响着社会的方方面面。今天我主要谈两个方面的问题，第一部分是全球和中国的气候变化，这是过去时。第二部分是将来时，谈一下将来未来气候变化的趋势以及我国应该采取的对策。最后，还要简单介绍一下中国气象事业的一些发展情况。

二 | 全球和中国气候与环境的变化情况

我们生活在地球上，地球表层是一个称之为地球气候系统的圈层组织，包括大气圈、水圈、原始圈、冰雪圈以及生物圈。这五个圈层的相互作用形成了气候系统，之所以称为气候系统就是因为这几个圈子的相互作用对天气气候都有影响。一个个圈层对气候产生影响，气候反过来对其他圈层也有影响。

◤1 全球气候和环境变化情况

这里我要先把天气和气候这两个概念解释一下。一说到气象局，大家更多的理解是天气，所谓天气就是短时间的气象现象，刮风、下雨、打雷、寒潮、台风等现象，一般以十天半月为界限。而天气的累计和进行我们称之为气候，它是长时间天气的平均状态，它就不是用刮风、打雷、下雨来描述，而是据平均值的距离我们称之为距平来表示。比如我们用1970到2000年世界气象组织规定这个时间里的降水、温度作为一个全球平均值，然后看你这一点和它的差值，正的就是正距平，负的就是负距平。正的和负的分别用冷、暖、干、湿来表示，比如冷了就是负距平。

之前我已经提到，引起气候变化有自然因素和人为因素，自然因素比如火山爆发、太阳辐射的变化。火山爆发影响天气，因为大量的气溶胶把地球一包围，就会影响辐射平衡，地球就会降温。地质学有一个理论，就是在石碳白垩纪时期，地球出现过冰球理论，整个地球结成一块冰了，就是与火山有关系。反过来，气候变化不会影响火山爆发，所以火山不属于气候系统。我从现在往后讲的主要是人类活动引发的气候变化，而人类活动和我们的生产、生活方式有关系。温室气体有很多类，二氧化碳、甲烷、SF6等等，这些温室气体会使地球的温度增高，二氧化碳的增温率很高，产生的增温效应占所有温室气体总增温效应的63%，二氧化碳在大气圈当中存活的生命周期可以达到50—200年。还有一种叫全氟化碳（PFCs）的气体，增温效应不是很大，只有11%，但是其生命期却长达五万年。这就告诉我们一个道理，当你向大气当中排放二氧化碳的时候，你是要负责任的，甲烷起码要负责12年，二氧化碳起码要负责50—200年。这些就为我们开展限制排放的政治谈判提供了科学依据。

那怎么排放温室气体呢？像石油和煤炭等化石能源的燃烧、树木的燃烧都能够排放二氧化碳，稻田中的水稻会向大气中排放甲烷，牛羊的反刍过程也会向大气中排放甲烷。下面我简单解释一下导致的温室效应：地球的外面有大气圈，大气圈对流层的平均厚度大约十公里，这里面存在着二氧化碳、甲烷、氧化亚氮、水蒸气等温室气体，其总量在很长的时间内是恒定的，如果大气圈里面的温室气体不断增加，那么全球就变暖变热了。如果这个地球外面没大气圈这条"被子"的话，那地球就和别的星球一样，平均温度是负18度，而现在我们的平均温度是正15度，非常有利于植物的生长，动物的繁衍和人类的生存和发展。

举个例子，叫做二氧化碳倍增引起的温室效应，如果有了这层薄薄的"被子"，那地球的平均温度是正15度。此时入射的短波能量是240瓦/平方米，反射出去以后其收支平衡，地球就能够保持正15度，如果二氧化碳的浓度增加了一倍，那么此时"被子"变厚就要增加温度以增加辐射长波，如果要是不辐射出去的话？你收入是240，支出只有236，那么你只好增加1.2度地表平均温度使得辐射能够增加。所以地球的温度二氧化碳倍增将使平均气温升高1.2度。这是只讲了二氧化碳，还有其他的我们就不一一计算了。

大家要问二氧化碳是不是增加了？我可以告诉大家，的确增加了。夏威夷一个观象台从1950年前后开始观测至今，发现在过去的十年当中，二氧化碳浓度的年增加速度是1.8PPM，而过去50年的平均值只有1PPM，那就是说不但增加了，而且**斜率**还加大了。50年平均是1，最近的10年平均是1.8，说明我们排放的二氧化碳更多了。那二氧化碳浓度过去是怎样变化的呢？根据科学家的观测，在过去的1000年大部分时间大气中的二氧化碳浓度是280PPM，工业革命导致二氧化碳增加，到2005年大气的平均二氧化碳已经达到380PPM，增加了100PPM。再看看过去的40万年，有两个特

> **重点提示**
>
> PPM，体积比浓度（Parts Per Million）。对环境大气（空气）中污染物浓度的表示方法之一，ppm表示百万分之一。

> **重点提示**
>
> 斜率，亦称"角系数"，表示一条直线相对于横坐标轴的倾斜程度。斜率越大，表明变化速度越快。

点：一是每10万年一个周期的冷暖变化，这个冷暖的变幅大概8—10度；二是二氧化碳浓度在180—280PPM之间波动。但近年来的二氧化碳的浓度在继续上升，温度也在继续上升，违背了自然规律。原因就在于人类活动已经干扰了自然界的变化规律。大家看看近两千年全球表面的变化，可以看到之前的温度一直变化不大，然后到上世纪80年代急剧上升，温度上升得很厉害，1998年成为上个世纪最暖的一年，2005年是第四个高温年。而且变冷和变暖的幅度越来越大，最近25年北半球的变化幅度非常明显，整个北半球中高纬地区几乎都是升温。

此外，20世纪末全球平均升温幅度大致为1.1到6.4度，与此同时，全球海平面可能上升0.18到0.59米。在未来20年中，气温大约以每10年0.2度的速度升高。在全球继续变暖的背景下，本世纪极端干旱、高温和暴雨发生频率可能增加，热带气旋强度可能增强。大约从1970年以来，全球呈现出热带气旋强度增大的趋势，未来随着热带海表面温度的升高，热带气旋（包括台风和飓风）可能会变得更强，这会导致风速更大、降水更强。总之，国际主流气候科学界再一次向全世界发出了比以往更加明确、肯定的信息：更大程度的、不寻常的全球变暖已经是不争的科学事实，人类活动对气候变化具有显著影响。

2 中国气候和环境变化情况

中国的历史悠久，很多气候资料可以通过历史文字、文献，利用一定的科学方法进行重建。近2000年来，中国有四个明显的暖期，即公元1世纪到2世纪、公元570—980年、公元930—1320年以及1920年至今，分别是汉朝、隋唐、后唐、元代和现代冬季。近百年来中国气候变化的情况和全球趋势是一样的，升温幅度约为0.5—0.8摄氏度，与同期全球平均值大体相当。20世纪以来主要有两个增暖期，分别出现在1920—1940年与1980年中期以后。与全球及北半球平均一样，近100年中国的增温也主要发生在冬季，而夏季气温变化不明显。从1986/1987年的冬季至今，中国已经经历了19个暖冬（仅2004/2005年的冬季为正常）。

从地理分布上看，中国北方地区的变暖幅度很大，特别是内蒙古、东北以及西北的部分地区变暖的幅度很大。与此同时降水量也发生了变化，从统计结果来看，平均降水量每十年增加2毫米左右，但是有严重的时空差异。从1956—2002年中国的降水变化来看，降水减少的地方主要是黄河流域，华北平原的干旱非常显著。

世界气象组织观测了全球20条典型冰川发现，这20条冰川从16世纪以来一直都在减少和退缩。冰川变化在中国也非常明显，世界十大冰川之一——新疆乌鲁木齐河源一号冰川，在科学家实测的结果看到，这里1540年还是小冰期，规模还是蛮大的，后来逐渐退缩，到1994年完全退缩，一只冰川分割成为两只冰川，2005年这个冰川上面还发现了小水塘。这很危险啊！稍有地理知识的人就知道，我国东西部地区以五邵陵这条线为界，是欧亚大陆内陆水系，我国的黄河、长江内陆水系和外流水系的分水岭，在河西走廊以西到新疆这一块地方，凡是山上有冰川或者冰川群，下面就有一个绿洲。比如乌鲁木齐、张掖、武威、哈密、鄯善，凡是山上没有冰川，下面就是一片戈壁。如果我国西部的冰川这个固体水库在全球变暖环境下消失了，后果将不堪设想。

同时，我国黄渤海地区的海滨也在减少。当天气变暖的时候，大量的固体水从南北极冰带和山地冰川积雪释放到海洋里面，海平面就会上升，当冰期来临的时候，大量的水体蒸发到高纬高山地区沉降，固体降水沉积下来，冰带扩大，海平面就下降，就这个道理。上个世纪全球的海平面上升最快，上升了10—20cm，而近50年以来，我国的海平面上升速度是每年1—2.5mm，比世界的平均值还要高，导致红树林、珊瑚礁等海洋生态系统都发生了退化。中国科学院的科学家测算过，如果海平面上升10—20cm，上海市仅建设防波大堤所耗费的资金都将达到数十亿人民币。

气候变暖还直接影响着降水量。从1905到2004年的近百年来，我国的降水呈减少的趋势。换句话说就是温度在增加，但是降水在减少。降水仍然是华北、东北大部分地区比较少，其他地区包括西部地区的降水增加，即总体增加，局部有增有减。全球变暖还表现在全国霜冻日数的变化，从1951到2000年霜冻日数是减少的。

此外，从上世纪后半叶到现在，中国北方的沙尘暴是减少的。我国今年共发生了13次沙尘暴，2001年14次，2002年12次。实际上，上个世纪50年代到现在，我国的沙尘暴发生次数呈现出下降的趋势，上个世纪60—70年代很高的。那么有些人问为什么这两年多了呢？很多人指责说林业局没有把林子种好，农业部没有把草种好，气象局没有把天气报好。沙尘暴是个自然现象，人类也无法抗拒，而且这种格局在一个季风为主的国家是没有办法的。我个人认为治理沙尘暴，治理沙漠化关键在于局部绿化，不可漫山遍野地植树造林。好在近年来我国因地制宜，推行了一系列退耕还林、退耕还草的政策。所以要尊重科学规律，树立和落实科学发展观。

我国的地温也在发生变化，淡水湖泊水位和面积也在发生变化。湖泊面积变化部分是气候变化的结果部分是人类活动所致，所以近年来我国也开始推行退耕还湖的政策。湿地也开始受到破坏，森林覆盖率在远古时期曾达到50%以上，但现在只有17%左右。中国的地表植被分布也发生了很大的变化，特别是在西北地区，现代温带荒漠的范围与距今8000—3500年的气候最宜期相比大大扩展，生态和环境进一步恶化。而且中国荒漠化土地范围介于末次冰期冰盛期（距今21000—16000年）和全新世气候最宜期之间。草原退化也很严重，现在退化的草原面积已经占到草原总面积的90%。生物多样性破坏也很严重，比如说野马、野骆驼等野生动物的生存环境处于极危状态，野骆驼据以前历史记载分布面积很大，我国北方和西部地区，现在已经很少见到。

三　未来气候变化的趋势及其对中国的影响

那么，应该如何对未来的气候变化趋势进行预估呢？这主要是通过气候系统模式来进行的。中国气象局国家气候中心也开发和研制了气候系统模式，利用这个模式预估了全球和中国未来的气候变化情况。当然，这里面有很多不确定性，主要是排放方案多样性。我国现在的科技进步和绿色产业的发展能够进步到什么程度，都与排放有关系。气候模式是个非常复杂的巨系统，难度很大，有很多地方不很成熟。总的来说，未来气候变化将呈现以下趋势：

到 21 世纪末中国气候将继续明显变暖，尤以冬半年、北方最为明显。与 1961 至 1990 年的 30 年平均相比，到 2020 年中国年平均气温将可能变暖 1.3—2.1 度，2030 年可能变暖 1.5—2.8 度，2050 年变暖 2.3—3.3 度，2100 年变暖 3.9—6.0 度。最大增温区域在华北、西北和东北的北部。年降水量到 2020 年可能增加 2% 到 3%，2050 年增加 5% 到 7%，2100 年增加 11% 到 17%。预计在 2100 年北方降水日数会增长，南方大雨日数会增加，极端天气气候事件发生频率将可能发生变化，海平面继续上升。冰川融水继续增加，草原全面退化。这种长期的气候趋势估计比天气预报的准确性低得多，因为包括很多不确定性，而且自然变化的影响还很难预料，所以只能根据现阶段的认识水平进行展望，但是总的变化趋势是变暖，只是在于幅度有多大。

气候变化对人类与自然系统有重要影响。由于生态系统和人类社会已经适应今天以及最近过去的气候，因此，如果这些变化太快使得生态系统和人类社会不能适应的话，他们将很难应对这些变化。对于许多发展中国家，这可能会对基本的人类生活标准（居住、食物、饮水、健康）产生非常有害的影响。对于所有的国家，极端天气气候事件发生频率的增加将会增大天气灾害的风险。气候变化对中国经济社会的影响有正面的，也有负面的影响，其中一些变化实际上是不可逆的，因此我们更关注的是负面影响。据统计，1950 到 2000 年，特别是 1990 年以后气象灾害造成的经济损失急剧增加。原因有两个，一方面极端天气事件增多，另一方面中国总体经济体量增加，因此经济损失的绝对值大幅升高。

气候变化对中国的影响总体来说有好有坏，积极的一面我们称为正面效应，这里我们不多说正面的了，我们重点谈一点负面的。在座的各位现在都是决策者，将来是更大的决策者，因此有必要引起你们的注意和关注。特别是上个世纪90年代以后，气象灾害造成的损失急剧增加。对农业面临三个问题：一是产量波动很大，二是布局和结构会发生变动，三是因为气候变暖，杀虫剂、肥料、除草剂都要增加用量从而增加成本。预计到2030年，中国三大作物，即稻米、玉米、小麦，除了灌溉冬小麦以外，均以减产为主。气候变化对水资源的影响也很大，全球变暖使水循环的过程速度加快，降水的空间不均匀性增加。气候变化对重大工程也有影响，如长江上游降水量的增加，导致地质灾害的频率会增加，对三峡水库的安全运营会造成一定的影响。另外气候变化也会影响青藏铁路和公路，大大增加铁路和公路运行维护的投资。

在全球气候变化的影响下，中国干旱区范围将扩大。若二氧化碳浓度加倍，温度上升1.5度时，中国干旱区面积扩大18.8万km^2，湿润区缩小15.7万km^2；若二氧化碳倍增，温度上升4度时，干旱、半干旱区和半湿润干旱区面积将扩大84.3万km^2，湿润区将缩小59.9万km^2。

此外，随着全球变暖，未来50—100年，海平面将继续上升。目前中国海平面上升的趋势比较明显，据专家预测，中国未来海平面还将继续上升，到2030年中国沿海海平面上升幅度为1—16 cm，到2050年上升幅度为6—26 cm，预计到21世纪末将达到30—70 cm。

随着全球的变暖，中国的冰川、冻土和积雪可能减少，山地冰川将继续后退萎缩。根据小冰期以来冰川退缩的规律和未来夏季气温和降水量变化的预测，估计到2050年中国西部冰川面积将减少27.2%。未来50年中国西部地区冰川融水总量将处于增加状态，天山北麓与河西走廊最大融水径流预计出现在21世纪初期，其年增长量为几百万到千万立方米不等；柴达木及青藏高原的内陆河流域冰川融水高峰期预计将出现在2030—2050年，年增长约20%—30%；塔里木盆地周围高山冰川2050年前径流增加量可达25%左右。据科学家推断，到2050年，乌鲁木齐河源小冰川将基本消失，从小冰期的后期到2100年，中国冰川在350年中将损失二分之一。随着全球进一步变暖，冻土面积继续缩小。未来50年，青藏高原多年冻土空间分布格局将发生较大变化，80%—90%的岛状冻土发生退化，季节融化深度增加，形成融化夹层和深埋藏冻土；表层冻土面积减少

10%—15%，冻土下界抬升 150—250 米，亚稳定及稳定冻土温度将升高 0.5—0.7 度。

随着全球的变暖，高山季节性积雪持续时间将缩短，春季大范围积雪提前消失，积雪量将较大幅度减少，积雪年际变率显著增大。到 2050 年冬季气温如升高 1—2 度，随着降雪量缓慢增加，青藏高原和新疆、内蒙古稳定积雪区深度将分别以 2.3% 和 0.2% 的速度缓慢增加。同时，雪深年振幅将显著增大，大雪年和枯雪年的出现更为频繁。到 2100 年，大范围积雪将可能于每年的 3 月份提前消失，春旱加剧，融雪对河川径流的调节作用大大减小。

气候变化对生物多样性的影响，取决于气候变化后物种相互作用的变化，以及物种迁移后与环境之间的适应性平衡。在迁移过程中，生态系统并不是作为一个一个单元整体迁移的，它将产生一个新的生态结构系统，生物物种构成及其优势物种都将会变化，这种变化的结果可能会滞后于气候变化几年、几十年，甚至几百年。植被模拟研究证实，气候变化使某些物种由于不能适应新环境而有濒临灭绝的危险，也可能出现新的物种体系。

有关研究表明，在未来气候增暖而河川**径流量**变化不大的情况下，平原湖泊由于水体蒸发加剧，入湖河流的来水量不可能增长，将会加快萎缩、含盐量增长，并逐渐转化为盐湖；高山、高原湖泊中，少数依赖冰川融水补给的小湖，可能因为冰川融水增加而扩大，后因冰川缩小后融水减少而缩小。如未来温度继续升高，湖区水面蒸发和陆面蒸散均会有所增加，若多年平均降水量仅增加 10%，仍不足以抑制湖面的继续萎缩；如降水增加 20% 或更多，湖泊来水量会增加，水面上升，湖水淡化。

> **重点提示**
>
> 径流量，在水文上有时指流量，有时指径流总量。即单位时间内通过河槽某一断面的径流量。计算公式为：径流量＝降水量－蒸发量。单位为：立方米／秒。

总之，气候变化对人类本身主要的直接影响是极端高温产生的热效应，它将变得更加频繁、更加普遍，影响人类健康。同时，较高的温度也有助于某些热带疾病向新的地区传播。

四 我国应对全球气候变化的对策

既然气候变化了,那我们应该怎么样去适应气候变化,怎么样去减缓气候变化。我认为全球气候变化是一个复杂的问题,不仅仅是个环境问题,还涉及科学、环境、政治、经济等等。而且气候变化也成为当前国际环境委员会当中的一个焦点。

可以说,科学界对于人类活动可以影响气候变化的认识虽然有长期的历史,但国际上采取实质性的应对行动是近20多年的事。在这个过程中,主要是四项重大行动具有历史意义:(1)1979年召开的第一次世界气候大会在其发表的宣言中提出,如果大气中的二氧化碳像现在这样增加,则气温的上升到20世纪末将达到可测的程度,到21世纪中叶将会出现显著的增暖现象。(2)1985年10月,国际科学联合会、联合国环境规划署、世界气象组织共同召开奥地利菲拉赫会议。会议提出如果大气中二氧化碳等其他温室气体浓度以现在的趋势继续增加的话,到21世纪30年代二氧化碳的含量可能是工业化前的2倍,全球平均温度可能提高1.5—4.5度,同时导致海平面上升0.2—1.4m。(3)1988年12月联合国第43届大会通过了《为人类当代和后代保护全球气候》43/53号决议,决定在全球范围内对气候变化问题采取必要和及时的行动,并要求当时成立不久的IPCC就全球气候变化现状进行综合评估并对未来的国际气候公约提出建议。(4)1992年6月在联合国环境与发展大会期间,153个国家正式签署了公约。公约于1994年3月21日正式生效。公约是一个原则性的框架协议,规定了发达国家缔约方于2000年将其温室气体排放稳定在1990年水平上,没有涉及2000年以后的排放义务。为此,公约缔约国决定在1997年在日本京都召开的第三次缔约国大会上制定具体政策和措施。这就形成了《京都议定书》。该议定书规定附件1国家(主要是发达国家)在2008—2012年应将二氧化碳等6种温室气体的减排总量在1990年的排放水平上至少要减少5.2%。经过长达8年的艰苦谈判,《京都议定书》终于在2005年2月16日生效。

为了减少气候和环境变化的恶化趋势,必须采取适应与减缓措施。气候变化适应的含义包括两个方面:一是适应性,它是指自然生态(也包括社会经济)系统的功能,过程和结构对实际发生的气候变化调整的可能程度。适应可以是自然的,也可以是有计划的,可以是对现实变化的反应,也可以是未来气候变化的对策。二是适应能力,这是指一个系统,地区或社会适应气候变化影响的潜力或能力。决定一个国家或地区适应能力的主要因素有:经济财富、技术、信息和技能、内部结构、机构以及公平。

农业及生态系统是适应气候变化的重点或优先领域。这包括不断提高农业对气候变化的应变能力和抗灾减灾水平;选育抗逆品种,采用稳产增产技术;发展包括生物技术在内的新技术;科学地调整种植制度,适应气候变暖。

林业的适应措施包括,进行种源选择,提高物种的气候适应性;扩大自然保护区的数量和面积,保护天然次生林和原始林及森林生物多样性;继续提倡植树造林,扩大绿化面积,加强森林火灾预防及病虫害的防治。

对于草地,退耕还牧,恢复草原植被,增加草原的覆盖度,提高保土作用,防止荒漠化进一步蔓延。以草定畜、控制草原的载畜量是扭转当前过度放牧、草场严重超载以及恢复草原植被的最有效途径之一。建设人工草场,考虑气候变化对不同牧草的生物量的影响,选择耐高温抗干旱的草种并注意草种的多样性,避免草场的退化。

水资源的适应问题也是优先考虑的一个领域,它包括在经济发展中考虑水资源的承载能力;促进全社会节水,充分利用大气降水;发展人工增雨技术,合理开发利用空中水资源;建设淡水调蓄工程,提高水资源供给的应变能力;加强水资源变化的监测和水资源变化规律的研究。

在沿海和海岸带地区要加强对海平面上升的监测和预警;修订规划和有关环境建设标准;修建坝堤等防护工程设施,制定生态系统保护措施;落实对海岸带加强管理和保护的职责;控制陆地沉降,沿岸带陆地表面的沉降也可导致相对海平面的升高。

要适应环境或气候的变化是人类经过无数教训后的新理念。适应气候变化也是需要成本的，因此就有一个适应能力的问题，但几乎可以认定，适应对策是无悔对策，是双赢的战略。一般来讲，减少系统的脆弱性与可持续发展的目标是一致的。适应能力是一个与可持续发展政策密切相关的概念。

减缓气候变化主要是减少温室气体排放，使其和气候变化、人类自然系统、经济社会发展达到一种良性循环的状况，实现经济社会可持续发展以及《联合国气候变化框架公约》的最终目标，即"将大气中温室气体的浓度稳定在防止气候系统受到危险的人为干扰的水平上"。

由于世界经济不断增长，未来全球能源需求将持续增长，因而从减缓气候变化的能源战略看，应优先考虑节能，其次是考虑发展清洁能源，优化和调整能源结构，实施煤的清洁利用，促进科技发展，开发先进技术和发展循环经济。其中技术发展以及政策措施、社会行为变化等可以明显降低能源需求。先进技术的开发和应用是减少排放的最有效手段，这方面工作一直在进行，这些技术大多集中于提高矿物燃料或电力的利用效率，以及低碳能源的开发，它包括：大规模可再生能源技术（太阳能、风能、生物质能、水电），先进清洁煤技术，先进核电技术，先进天然气发电技术，非常规能源利用技术，合成燃料利用技术，脱碳和碳封存技术等。特别值得提及的是碳封存技术，它包括自然碳封存、地质碳封存和海洋碳封存。自然碳封存是指增加陆地生态系统对二氧化碳的吸收，以此把二氧化碳固定于土壤中，限制砍伐森林，植树造林是其中最有效的方式。地质碳封存是把二氧化碳排放源（如油井、火力发电厂、化学工厂等）排放的二氧化碳捕获和分离，然后注入密闭的矿井或很深的地质结构层中。海洋碳封存主要在海面通过播撒一些矿物质（如铁元素）激活浮游生物，增加其对二氧化碳的吸收，以后在这些浮游生物大量死亡后，以有机碳形式通过生物泵沉入海底，不再参加地球上的碳循环。

中国作为发展中大国，在应对气候变化问题上面临严峻的挑战。一方面中国生态环境脆弱，人均资源占有量低，极易受到气候变化的不利影响；另一方面中国人口多，经济发展水平低，还有几千万没有脱贫的农村人口和城市贫困人群。据估算，中国2000年化石燃料产生的二氧化碳排放量为8.7亿吨碳，约占世界总排放量的13%，但人均二氧化碳排放量仅为0.65吨碳，相当于世界平均水平的61%，经济合作发展组织（OECD）国家人均排放量的21%。由于中国大力推进节能、促进能源结构调整、积极调整产业结构、推进技术进步，从1990到2000年，中国GDP的二氧化碳排放强度下降了45%。但是，目前中国主要高耗能产品的能源单耗比国际先进水平仍平均高出40%左右，GDP能源强度更是高达OECD国家的3.8倍，这两个比较结果，除了说明实施技术节能仍有较大潜力，更说明中国产业结构不合理，产品附加值低，在产业结构的国际分工中处于价值链的低端。

所以，对于中国而言，应该积极采取适应和减缓措施，不断提升气候系统、生态、环境保护的层次和水平，这是全面落实科学发展观，建立社会主义和谐社会的重要内容，是政府、公众和科学家的共同愿望。为此，主要应该从以下几个方面入手：

一是把应对气候变化鲜明地列入国家的重大方针政策。气候变化问题不同于一地、一时的环境污染和防灾问题，是全人类面临的重大共同挑战。应实事求是，尊重自然规律和人类社会发展规律，不回避气候变暖对全人类的现实性威胁，充满信心地迎接气候变暖对国家政治、经济、社会和文化建设的长期挑战。

二是制定适应气候变化、防御重大气象灾害战略规划。组织制定统一的适应气候变化、防御重大气象灾害的战略规划。加强极端气候灾害的综合应对能力建设，建立减轻和防御极端气候灾害的长期战略机制，调动各方力量，科学、有效、有力、有序减轻气候变化和气象灾害造成的损失，降低灾害经济威胁，化解灾害社会矛盾。

三是大力抓好节能降耗、保护环境，走新型工业化发展道路。建立和完善科学、完整、统一的节能减排政策体系、指标体系、监测体系和监督管理考核体系，严格控制高排放、高污染、高耗能产业的发展，加快节能环保技术的自主创新和引进吸收，加强可再生能源的综合开发利用，大力发展低碳经济、循环经济和节能环保产业。

四是积极主动参与气候变化国际活动。加强参与气候变化国际活动的机构建设和队伍建设；推动气候变化技术合作与转让，通过技术引进和自主研发，加速建设资源节约型和环境友好型社会；加强对外宣传工作，介绍中国应对气候变化的各项方针政策、措施行动及其效果，树立我良好国际形象，营造有利于我和平发展的国际环境。

五是加强气候变化宣传和科普教育。进一步提高全社会对气候变化的科学理解和认识，提高各级政府决策者和公众的气候变化意识，提高应对气候变化的能力，充分发挥企业在应对气候变化方面的主体作用。

五　发展气象事业，造福国家和民族

我们在国务院领导下编制的中国气象事业发展战略研究和国务院依次颁发的国务院三号文件，叫做《国务院关于加快气象事业发展的若干意见》和《中国气象局的业务技术及体制改革》。中国气象事业的发展，有三个人很重要，一个是竺可桢，一个是涂长望，一位叫赵九章，这三个人可以说是中国近代气象科学事业的奠基人。三个地理学家变成了气象学家，然后分道扬镳，为中国的空间、中国的气象、中国的大气科学作出了突出贡献。中国气象局在涂长望局长领导下，从军委气象局、中央气象局，到1993年成立了中国气象局。这是一个双重管理，条条为主一个体系，归国务院直属管理。在行业管理方面，中国气象局代表国务院实行行业管理，从民航、水利一直到科研机构的行业管理，都统统按照《气象法》归属来管理。主要的工作是坚持现代化的气象事业，服务科技进步等等。下面，我给大家作一个简单的介绍。

目前全国各类气象台有4000个，中国气象局直接管理有2751个，其他的是属于归口管理。另外，这个全国常年的人工增雨等工作主要归属地方气象事业管理。目前全国有30个省市区和绝大部分县开通了人工影响天气作业的业务。气象层的采集资料通过通信系统到北京，然后这个数据通过同化以后进入计算机，产生天气预报。这个数据同时也要作为世界气象组织一个 GTS 的骨干线之一送到日内瓦，与此同时日内瓦收到的美洲、澳洲、欧洲、非洲所有的气象资料会转入到中国气象局的北京中心，然后进入计算机得到全球气候模式，通过全球气候模式得出各地的天气预报。所以中国气象局不仅可以对我们国内的天气进行预报，同时还要预报全世界上百个大城市的天气预报。这项工作需要巨型计算机来运用，可以说，在中国最大的计算机始终在中国气象局。

> **重点提示**
> GTS 是世界气象组织最基本的通信网络，拥有非常成熟的技术，可靠性、安全性较高。世界各国主要通过 GTS 来传输、交换气象信息。

我们的气象数据实时性地同时分发，有七条光缆直接送到总参、空军、北京大学、国家海洋局，还有中科院大气所、民航、水利等部门，我们的数据实时免费共享，不收费。只要通过正当的手续，只要是非营利单位，是科研教学、生产业务一律可以在中国气象局国家气象卫星申请实时的和过去的全部气象资料。

探索系统最近几年更新很快，我们已经完成新一代天气雷达，叫多普勒**天气雷达**。现在我们短时天气预报得以能够有限提高的重要原因，就是在汛期所有雷达开动来联网的，包括气象卫星。事实上是世界上两个同时拥有机轨和同步气象业务并且运行的两个国家就是美国和中国。所以，从 1970 年 1 月周总理批准组建国家气象卫星中心至今，已经为中国的气象卫星、中国的气象事业和为中国的卫星事业作了很多贡献。

> **重点提示**
> 天气雷达，是利用云雾、雨、雪等降水粒子对电磁波的散射和吸收，为探测水的空间分布和铅直结构，并以此为警戒跟踪降水系统的雷达。是气象雷达的一种。

我们的服务预报准确率已经提高到平均 68%，个别气象台的准确率达到 80%。世界上最先进也就是 80% 左右，这个气象灾害要想 100% 都预报是非常难的。我们的台风预报是很好的，但降水预报的比率难一些，这是因为降雨的时空、空间分布非常紊乱，但温度的空间非常均匀。

气象服务内容很多，包括天气预警、天气预报、短期气候预测，还有一个气候变化的预估，这四个字"预警、预报、预测、预估"。预警很快，两个小时，或者是几分钟。比如像龙卷风在美国的预报6分钟。我们台风一预警，马上就来了。暴雨，像上海市气象局昨天发布的蓝色警报，几个钟头就来了，小时到几天。预测主要是预测月、季、年。预估则是预估年、十年，甚至百年。就时间而言，十天、十年、百年。预警可以精确到小时；预报则是从几小时到几天，它是个连续的；预测的话，月、季、年；预估的话更长。从准确率的顺序看越来越低，自然界的事情非常难的。

我们的服务手段包括电视、广播、报纸、电话、网络、短信等。在重大专项气象服务，像这个神舟飞船发射、青藏铁路、三峡工程重大国事活动、奥运气象都是我们服务的内容。此外，我们在气象科技创新也取得了很好的成绩。我们特别强调对外交流合作，中国气象局和青海、上海有合作，上海叫市部合作。我们还和国土资源部、交通部、中电集团合作，比如我们和国土资源部联合发布地质灾害气象等级预报，我们和农业部联合发布农业干旱预报，我们和交通部联合发布高速公路大雾警报等等。我们还和中电集团在联合研制新一代的气象雷达。这些合作既满足了公共的需求，也融合了部门之间的关系。中国气象局是世界气象组织的一个重要单位，我们中国气象局邹竞蒙局长曾经八年担任世界气象组织主席，是中国科学家里面目前担任世界学术组织里面时间最长、职务最高的人。

另外，我们还参与了《京都议定书》谈判，提供科学支撑等等。另外在全国人大的调研之后，1999年10月31日通过了《中华人民共和国气象法》，2000年1月1日正式生效。相应各地方政府也出台了有关的气象条例。在全面建设小康社会情况下，我们深深感觉到自身的责任。拓展自身的业务和服务领域，提高科技含量，建立一支现代化的业务技术人员队伍对我们都非常重要。所以中国气象局提出了拓展领域战略、科技信息战略和人才战略。在这个基础上，我们在国务院领导下开展了中国气象事业发展战略研究。我们是以全国力量为主，中国气象局在研究队伍里面只占30%，13个部委的管理专家和各类专家，包括自然科学乃至于管理、国企、军队可持续发展专家组成了一个战略组。其中有70多名院士，一共有300

多名研究人员，历时一年多完成了。最后得出中国气象事业战略定位是科技型、基础性社会公益事业。

它的战略理念是要成为公共气象、安全气象、资源气象。战略目标就是要实现从气象大国到气象强国的跨越，时间是到2020年。温家宝总理批示说这个研究很重要，应当运用。回良玉副总理希望要切实抓好成果的落实，陈至立国务委员也做了批示，在中长期科技规划里面要运用。

2006年1月4日，在中国气象事业发展战略研究完成一周年之后，我们又进行和兄弟部门的会签之后，1月4日温家宝总理主持了国务院常务会议，审议通过《国务院关于加快气象事业发展的若干意见》，也就是2006年的国务院三号文件。这个三号文件我认为非常好，意义重大，它是指导全中国的气象事业，不光是我们一家，它是落实科学发展观，是全中国的气象事业又好又快发展的纲领性文件。明确了一些性质、地位和理念。另外和中长期科技规划，和发改委"十一五"规划、科技部刚好接轨。分为六个部分共25条。我们中国气象局是要落实那三号文件，总结了这么几个字，叫"多轨道集约化研究性开放式的一个业务"。

多轨道是什么呢？从传统的天气要拓展到空间天气、生态农业气象、雷电、雷季、大气成分、气候变化和短期气候预测等八件事情来做。那么，我们要建立统一的观测平台，天、地、空，三级三围，然后是一体化的信息共享平台。而这样就需要大量的科学研究工作，需要和兄弟部门、行业之间都要展开合作。

未来3到5年内，我们计划完成"三站四网"的改造，包括260个国家气候观象台，2400个国家气象观测站。分一级和二级，至少三万个自动的区域气象观测站。然后"四网"就是国家气候监测网、天气监测网、专业气象网和气象观测网。

在技术方面，今年5月中旬，科技部、国防科工委、中科院、国家自然科学基金和中国气象局在北京召开了全国气象科技大会。这个大会是落实气象发展战略、落实三号文件、落实全国气象科技大会的一个行动。而且是多部门联合召开，这是建国以来第一次，有16位院士参加了会议，会议的主题叫做"合作、发展、创新"，回良玉副总理提出"五个科技突破"。

我们说了半天，到底应该怎么样保护地球气候？我这里有些简单的结论：第一，全球气候在变化，而且中国和全球一样。所以要关注和应对气候变化，采取适宜和减缓措施。我们认为这是全面落实科学发展观、建立和谐社会的重要内容，是科学界、公众和政府的共同愿望。第二，我们还是要科学地认识未来气候变化当中的不确定性，要加强研究工作。我们管理部门要支持研究工作，而科学家要站在国家需求和知识最前沿上来做工作，不要做低水平政府工作。这里面我们认为业务和科研一体化工作非常重要，所以要投入。投入像中国气候的观测系统、大气层观测、气候系统模式开发这样跨部门、跨行业的超级项目，而对于提高我国未来气候变化的准确率，增加我们的适应和应对能力有重要作用。第三，要加强法制建设，支持气象科技创新。这个气象科技创新，我认为不是气象部门一家的，涉及十几个甚至相当多的部门，从而促进全国的统一的研究性业务，提高水平，减轻灾害带来的负面影响。

所以，我认为气候变暖问题涉及自然、科学、高技术、经济、社会、政治乃至外交，它是自然科学和人文学科的交叉。两个交叉，也是政治和科学技术的交叉。所以这一个工作是个科学或者科技、政治经济、外交、国防和国家安全的一个链条，它既是科学前沿，又属于国家的急需，毫无疑问我们应当高度重视。总之，气候变化的问题涉及农林水土气、国土资源、环境保护、能源材料物资、民航交通、外交等多个部门，我们要以国家和民族的最大利益作为出发点，加强合作、加强共享、实现多赢，使气候变化的研究和应用工作造福于中国人民，造福于全世界人民。我们希望有更多更好的政策问世，谢谢大家！

（根据主讲人在2006年5月中央和国家机关司局级领导干部"资源节约型、环境友好型"社会建设专题研究班上的讲课录音整理）

中国能源可持续发展战略与政策要点

谢伏瞻

演讲时间：2006年5月18日

作者简历：谢伏瞻，现任国务院研究室主任。1954年出生于湖北天门市。先后就读于华中科技大学、机械工业部自动化研究所，获工学硕士学位。1991至1992年赴美国普林斯顿大学访问学者。1980至1983年在人民日报社工作。1986年到国务院发展研究中心工作，历任副研究员、研究员、副局长、办公厅主任兼学术委员会秘书长。1999年10月担任国务院发展研究中心副主任。2006年10月被任命为国家统计局党组书记、局长。同年11月任货币政策委员会委员。2008年5月底调任国务院研究室主任。1996年获国家科技进步二等奖，1991年、2001年分别获孙冶方经济科学奖。享受国务院颁发的政府特殊津贴。兼任中国科学院学部咨询委员会顾问，华中科技大学教授、博士生导师。2007年10月在党的十七大上当选为中纪委委员。

内容提要：从近年来我国在能源发展方面所取得的主要成就入手，分析了我国在能源领域面临的挑战；针对中国未来发展的需要，提出了中国能源可持续发展战略的一些构想，即"五个提高、五个降低"的战略构想。最后，对下一步怎么样加强我国能源可持续发展的政策作简要介绍。

各位学员大家好，我很高兴今天有机会来跟大家做一个交流。我不是研究能源问题的专家，我过去长期从事区域经济、产业政策、宏观经济方面的研究，经过差不多两个礼拜的系统学习，在这里跟大家做一个交流，讲的不对之处也欢迎大家批评。

近年来，能源问题受到国际社会的广泛关注。从两次石油危机之后，各国都提高了对能源战略的重视程度，加强了对能源的研究，也制定了一系列的政策来解决能源问题。中国近年来对能源也非常重视。总的说来，发达国家近年来的能源战略呈现出如下特点：首先，是普遍加强了对海外资源的争夺；第二，加快国内资源开发、利用方面的鼓励政策；第三，重视提高能源利用效率，加强对可再生能源的利用程度；第四，普遍增加了对石油的战略储备。近年来，发展中国家也普遍加强了对能源战略的重视的程度。包括对国内能源资源的勘探和开发，加强对节能活动的政策支持，加强国际合作和交流，开发新能源和可再生能力等等。应该说，各国对于能源问题的重视程度都在加强。进入新世纪以来，我国对于能源问题的重视程度比过去也更高一些。

今天，我从四个方面谈谈个人的认识：一、近年来我国在能源发展方面所取得的主要成就；二、我国在能源领域面临哪些挑战；三、中国能源可持续发展战略的一些构想；四、对下一步怎么样加强我国能源可持续发展的政策作简要介绍。

一 近年来我国能源发展的主要成就

首先，我简单介绍一次能源和二次能源这两个概念。所谓一次能源，就是直接取自自然界没有经过加工转换的各种能源。比如原煤、原油、天然气、油页岩、核能、太阳能、水力、风力、潮汐能、地热、生物质能等等。而二次能源则是指经过加工转换以后所得到的能源，又称之为终端能源，比如电力、蒸汽、煤气、汽油、焦炭、柴油、重油、液化气、酒精等等。再有一种分类就是再生能源和不可再生能源，包括太阳能、风能、水能、生物质能等等都叫再生能源，就是说它是不断地可以产生的。而不可再生能源，比如原煤、原油、天然气等等，都是不可再生的能源，除此之外又称之为化石能源。还有新能源，新能源是相对传统能源而言的，像太阳能、生物质能、核能、风能等等，区别于像煤炭、石油这样传统的能源。

1980年，邓小平提出来能源是经济的首要问题；1982年，党的十二大又确定了能源是我们社会经济发展的战略重点。可以说，改革开放以来，我国的能源工业取得了巨大的成就。上世纪最后20年，我国以能源总量的翻一番实现了人均GDP翻两番的重大战略目标。有一大批重大能源项目上马，有的还在建设之中、有的已经建成投产，比如说像上世纪80年代初中期山西的能源基地，后来成为我国煤炭资源供给的重要基地，像葛洲坝水电站、二滩水电站，包括现在还正在建设的三峡工程，还有大亚湾、秦山核电站，还有大秦的运煤铁路等等。应该说，这些重大项目的建成，使得我们的能源供给能力大大提高，也保证了我国经济建设和人民生活的需要。而且随着科技的进步，整个国家的能源消耗强度下降了，年均节能达到5.3%，**能源消费弹性系数**在1980—2000年大概只有0.41，即GDP增长一个百分点，能源的增长只有0.41个百分点，成就还是很明显的。进入到新世纪以后，特别是"十五"期间，党中央、国务院对能源问题高度重视，能源发展的步伐也进一步加快。具体而言，"十五"期间在能源领域取得的成就包括以下几方面：

> **重点提示**
>
> 能源消费弹性系数，是反映能源消费增长速度与国民经济增长速度之间比例关系的指标，通常用两者年平均增长率间的比值表示。计算公式为：能源消费系数＝能源消费量年平均增长速度/国民经济年平均增长速度。

1 能源的供给能力进一步地提高

到2005年，我国的能源生产总量达到了20.6亿吨标准煤，其中原煤的产量达到了 21.9 亿吨，居世界第一位。五年来煤炭产量年均增长达到了 20%，原油产量达到了 1.81 亿吨，年均增长 2.2%，天然气产量是 500 亿 m³，年均增长 17%，全国的电力装机总量也在提高，增加了大约 2 亿千瓦，到 2005 年已经达到了 5.8 亿千瓦，发电总量也达到了 2.47 亿千瓦时，居世界第二位。风能、太阳能、生物质能源等可再生能源也开始起步。另外，我国能源的运输体系也得到了加强，像原油、成品油已形成了北油南运、西油东运的区域性管网。区域性的电网也得到了加强。总之，我国整个能源的供给能力明显的提高了。

2 我国能源的消费结构有所优化

虽然消费强度在提高，但是整个消费结构还是有所优化。煤炭在能源消费当中所占的比重趋于下降。1990 年，煤炭占整个能源消费的比重是 76%，到 2004 年下降到 66.7%，以往依靠煤炭的情况正逐步得到缓解。核电、水电所占的比重从 1990 年的 5.1% 提高到 2004 年的 7%，大体上提高了 2 个百分点，石油、天然气的比重从 1990 年的 18.7% 提高到 2004 年的 25.3%。所以，随着清洁能源、可再生能源所占的比重的提高，煤炭所占的比重在下降。

3 能源工业技术的进步在加快

像煤炭工业，我国已经拥有了一批世界先进水平的大型矿井，国有重点煤矿的机械化程度从 1990 年的 65% 提高到了"十五"期末的 79%，石油、天然气也形成了一个比较完整的技术体系，像勘探技术、油田的采收率等等都达到了国际领先水平。电力工业方面，火电 30 万千瓦的机组和 60 万千瓦的机组已成为了主力机组。特别是水电的设计制造、工程设计、施工建设等技术都达到了世界领先水平。

4 能源的利用效率从技术层面上有所提高

虽然能源的弹性系数在提高，但是从技术经济指标来看，能源的效率也在提高。首先是火电的供电能耗，从 2000 年的每千瓦时 392 克下降到了 2004 年的每千瓦时 379 克，吨钢的可比能耗从 784 千克下降到了 705 千克。当然，现在这个水平低于世界先进水平，能耗水平比世界先进水平低很多。但是自己跟自己比的话，应该说能耗的水平在下降，利用效率还是在提高。水力的综合能耗由每吨 181 千克下降到每吨 157 千克，其他主要耗能产品的主要技术指标都有不同程度的下降。

5 我国的能源立法进程在加快

在"九五"期间我国出台《电力法》、《煤炭法》和《节约能源法》的基础上，最近又出台了《可再生能源法》，制定或者是修订了《电力监管条例》、《煤矿的安全监察条例》、《石油天然气的管道保护条例》等等，这些法律法规的出台或实施对于我国能源的开发、能源的节约等都将起到非常重要的作用。

6 能源体制改革还在进一步深化

2005 年，党中央、国务院及时成立了国家的能源领导小组及其办公室，这个呼声一直很高，就是因为能源这么重大的问题，我们没有一个专门的高层能源领导机构，可能对于全国的能源发展是有利的，所以党中央、国务院及时成立了这个机构，也建立起了国家石油的储备中心。随着能源市场的逐步发育，企业自主经营、市场有序竞争、政府宏观调控的能源体制正在逐步形成。像煤炭生产和销售的价格基本上已经放开了，电力体制改革也取得一些进展，厂网分离、竞价上网的体制正在实施。石油、天然气行业基本上实现了上下游、内外贸的一体化，中石油、中石化两家大公司改革完成以后，对于保障国内石油的供给，对于抵御油价波动所带来的风险还是起到了非常大的作用。因为，过去油价上涨时，中石油赚钱，中石化赔钱；要么油价下跌时，中石化赚钱，中石油就赔钱，这对于整个国家发展并不利。经过改组以后的中石油和中石化，既有资源型企业，也有加工型企业，这样自身上下游一体化对于抵御石油价格的波动，提升企业的竞争能力都起到了很好的作用。

二　我国能源领域面临的主要挑战

下面我想跟大家谈一谈我国能源领域到底面临着怎样的挑战。

1. 我们的化石能源储量尚可，但人均占有量相对比较低

> **重点提示**
>
> 储采比又称回采率或回采比。是指年末剩余储量除以当年产量得出的剩余储量按当前生产水平尚可开采的年数。

我国的煤炭可采储量是1886亿吨，占世界煤炭可采储量的19.1%，这与我国人口占世界的比例还是比较协调的。应该说，煤炭资源也是我们整个能源资源当中最好的，储采比是96年，也就是说，按照我们现在的开采强度和现有的可采储量来算是96年。但是，和世界上一些大国，特别是能源资源底子比较好国家相比，我们也还是相对水平也是比较低的，像美国煤炭的储采比是245年，俄罗斯和巴西都大于500年，印度也是229年，世界平均的水平是171.4年。我国的这一水平也远低于世界平均水平177.4年。石油、天然气可采储量分别为23亿吨、2.23亿m^3，分别占世界可采储量的1.4%和1.3%。人均资源储量：石油为1.77吨，天然气为1716m^3，分别为世界平均水平的7%和6%。石油的储采比为13.4年，天然气的储采比为54.7年（见表1）。

表1　人均化石燃料储量和能源消费量的国际比较（2004年）

	中国	美国	欧盟	日本	OECD	印度	世界	
人口/百万	1299.9	293.7	469.8	127.6	1160.9	1090.0	6375.0	20.4%
化石燃料可采储量								
煤/Mt	188600	246643	39460	359	373220	92445	983164	19.1%
石油/Mt	2300	3600	2224	8	10900	700	161900	1.4%
天然气/万亿M^3	2.23	5.29	2.75	0.04	15.02	0.92	179.53	1.3%
人均储量								
煤/t/人	145	840	84	2.8	322	85	154	94%
石油/t/人	1.77	12.26	4.74	0.06	9.39	0.64	25.40	70%
天然气/M^3/人	1716	18012	5854	310	12938	844	28160	60%
一次能源消费量/Mtce	1980.3	3330.9	2455.4	735.1	7861.9	536.9	14606.3	13.5%
人均能耗/kgec/人	1523	11341	5227	5761	6701	493	2291	
石油消费量/Mt	308.6	937.6	649.5	241.5	2252.3	119.3	3767.1	8.2%
人均用油/kg	237	3192	1478	1893	1940	109	591	40%
发电量/TWH	2187	4150	3171	1110	10141	651	17452	12.5%
人均电量/kwh	1682	14130	5750	8699	8735	597	2783	61%

能源结构不合理，分布也不均，质量也不高

我们是以煤为主，现在是占整个能源消费的67.7%，石油、天然气这些清洁能源占有量是相对比较低的，煤炭资源90%是分布在秦岭和大别山以北，主要是集中在山西、陕西、内蒙这三个省区，而在煤炭资源当中，优质的无烟煤和炼焦煤的储量比较少，石油资源主要分布在松辽、渤海湾、塔里木、准噶尔和鄂尔多斯等大型盆地。后备资源是相当不足，可采储量增速低于我们一些老油田产量递减的速度，也就是说，每年勘探所提高的可采储量，比老油田产量递减的速度还要低。而且当前的石油生产主要还是依靠东部的一些主力油田，而大庆、胜利一些老油田都在老化，油质也在下降，开采的成本也在提高，难度加大，产量在递减。像大庆在经过将近20年左右的稳产和高产，5000万吨的基础上现在已经在逐渐下降，2003年是4840吨，到2004年的时候只有4640万吨，还有像其他辽

河油田产量也在下降，胜利油田相对比较稳定，相当多的油田产量都在下降。但是，我们新的油田主要集中在塔里木新疆这一带，其接续能力还跟不上。所以，全国石油产量在整个"十五"期间年均增速只有2.2%。另外，现在地质勘探的难度也在越来越大，在短期之内要很顺利的完成新老油田的接续、稳定产量确实还是非常困难。

3 一次能源的供给以煤为主，清洁利用的水平比较低，污染排放控制难度大，环境的压力越来越大

比如，我国的煤炭在一次能源消费中所占的比重67.7%（见表2），而发达国家的占比都在26%以下，OECD国家平均大体上在21.1%，世界的平均水平是27.2%，欧洲国家比如法国的煤炭消耗只占4.8%，巴西、墨西哥分别只占6.1%或6.2%。我2005年到巴西考察，他们那个地方通过甘蔗加工成燃料乙醇，大体上占它整个汽车燃料供油的20%以上。应该说，我们煤占的比重大的问题可能还将长期存在，由于我们能源消费以煤为主，所以污染控制也非常难。2004年，我国工业废气的排放总量是237696亿标m^3，其中燃料燃烧占58.7%，二氧化碳排放量是2255万吨，酸雨区是300万km^2，将近全国国土面积的1/3，均居世界第一位。从总量上来讲。如果是基于控制酸雨来考虑这个排放的容量的话，最多大概能够容纳1620万吨左右，如果是基于空气的质量来考虑的话，最多可以容纳1200万吨，所以现有的排放已经大大的超过了可容纳的标准。

表2　世界一次能源消费量及结构（2004年）

	一次能源消费量/Mtce	消费结构/%				
		石油	天然气	煤炭	核电	水电
美国	3330.9	40.2	25.0	24.2	8.0	2.6
中国	1970	22.7	2.6	67.7	0.8	5.4
俄罗斯	955.1	19.2	54.1	15.8	4.8	6.0
日本	735.1	46.9	12.6	23.5	12.6	4.4

续表

	一次能源消费量 / Mtce	消费结构 / %					
		石 油	天然气	煤 炭	核 电	水 电
印　度	536.9	31.7	7.7	54.5	1.0	5.1
德　国	472.0	37.4	23.4	25.9	11.4	1.8
加拿大	439.3	32.4	26.2	9.9	6.7	24.8
法　国	375.6	35.7	15.3	4.8	38.6	5.6
英　国	324.1	35.6	38.9	16.8	8.0	0.7
韩　国	310.3	48.3	13.1	24.4	13.6	0.6
巴　西	268.1	44.9	9.0	6.1	1.4	38.6
意大利	262.3	48.7	35.9	9.3		6.0
伊　朗	222.1	47.1	50.4	0.7		0.7
西班牙	207.9	43.3	16.9	14.5	9.8	5.4
墨西哥	207.6	58.6	29.8	6.2	1.4	3.9
欧盟（25国）	2455.4	40.4	24.4	17.9	13.0	4.3
OECD	7861.9	40.9	23.0	21.1	9.6	5.3
世　界	14606.3	36.8	23.7	27.2	6.1	6.2

注：核电和水电按火电站转换效率 38% 换算热当量。
来源：BP Statistical Review of World Energy, June 2005。

4 我国进入到工业化、城市化加速发展的时期，对于能源的需求急剧增长，加剧了我们整个能源的供求矛盾

从 2002 年开始，中国经济进入新一轮增长周期。"十五"期间，GDP 年均增长 9.5%，但是我国能源消费的弹性系数也在大幅度提高，2001 年，一次能源的消费弹性系数是 0.47，到 2002 年提高到 1.19，2003 年是 1.65，2004 年是 1.6，2005 年在 1.5 左右。电力消费的弹性系数提高的也是非常快。也就是说，GDP 增长一个百分点，一次能源的消费在 2004 年就增长 1.6 百分点。而这一轮经济增长的一个很重要特点就是工业化和城市化的进程在加快，消费结构升级带动产业结构升级。到去年末，中国居民自有住宅比重超过 85%，城市居民人均住房面积达到 26 平方米，轿车进入城市居民家庭的速度加快。居民消费正从以衣、食、用为主的温饱型结构向以

住、行、享受型为主的小康型结构转变。这种转变推动了产业结构的迅速升级。从2000到2005年，中国汽车产量从207万辆增长到570万辆，其中轿车产量从60万辆增加到295万辆，是2000年的近5倍。商品房销售面积从2000年的1.86亿m^2增加到2005年的5.57亿m^2，是2000年的3倍。正是住房和汽车这两种占整个消费支出比例最大的产品的大幅度上升，提升了整个产业结构。家用冰箱、空调、洗衣机、彩电的产量也分别由2000年的1210万台、1826万台、1443万台、3936万台增长到2004年的3033万台、6646万台、2348万台和7328万台。当然，家电这一块不完全是我们国内消费，更多的是出口了，但不管怎样，消费结构的升级带动产业结构迅速向重型化转变。

首先从房地产、汽车的增长加速带动了钢铁、水泥、乙烯、有色等原材料工业迅速增长，进而传导到上游的采掘业并带动大型装备制造业、运输设备制造业快速发展。"十五"期间，中国粗钢产量从1.285亿吨增加到3.53亿吨，水泥产量从5.7亿吨增加到10亿吨，电解铝、粗铜冶炼、焦碳、电石、铁合金产量分别达到1079万吨、190万吨、3亿吨、1700万吨和2213万吨。产业结构的重型化在很大程度上增加了对能源的需求，从2000到2004年中国一次能源的消费总量从13亿吨标煤增加到19.7亿吨标煤，石油从2.3亿吨增长到3.08亿吨，天然气从245亿m^3增长到390亿m^3。煤炭从12.45亿吨提高到2005年的21亿吨。全国能源供求紧张状况明显加剧，首先是电力供应短缺，最多的时候全国20多个省、市、区在长达三年的时间内电力供应不足、拉闸限电，2000至2004年期间，全社会终端用电量从11584.9亿千瓦时增长到18676.7亿千瓦时，年均增长约15%。能源消费弹性系数从2001年前多年的0.5左右，升至近几年的1.6；电力消费的弹性系数也从20世纪90年代的1以下，升至1.5以上（见表3）。如果按照目前的能源消费弹性系数消耗能源，中国的中长期发展是决不可能持续。此外，由于能源的生产和消费的地域结构差异也造成了由能源引起的交通紧张。

而煤炭产地主要集中在晋、陕、蒙，用煤大户主要在长三角、珠三角，又进一步加剧了铁路、公路的运输紧张。所以，我们前些年天天讲煤

表3 中国能源和电力消费弹性系数

年 份	一次能源消费	电力消费	年 份	一次能源消费	电力消费
1991	0.55	1.00	1998		0.36
1992	0.37	0.81	1999		0.86
1993	0.21	0.70	2000	0.01	1.19
1994	0.46	0.79	2001	0.47	1.15
1995	0.66	0.78	2002	1.19	1.40
1996	0.62	0.77	2003	1.65	1.77
1997		0.55	2004	1.60	1.57

注：1. 经济增长按国内生产总值计算，其增长速度按可比价格计算。
2. 1997—1999年能源消费负增长。
来源：国家统计局。

电油运，核心就是从电力紧张开始，为了解决电力紧张问题，各个地方就置办火电厂，办了火电厂，要么用油要么用煤，要用煤就增加了煤炭的运输总量，用油就增加了石油的供求紧张。另外，近年来，中国城市化步伐明显加快，城市化率1978年为17.9%，在建国后的约30年时间内只提高了4.3个百分点。但是从1978年到1998年，城市化率年均提高0.7个百分点，从1998年到2005年，城市化率年均提高1.4个百分点，也就是说近年每年约有1500万至1800万人从农村流入城市。据测算，城市人口人均消耗能源是农村人口的3.5倍，所以，大规模的劳动力从农村流到城市，这种城市化进程加快无疑增加了对能源的需求，也加剧了能源的供求矛盾。

从长远来看，考虑到中国工业化尚未完成，城市化水平还低于世界平均水平，按照党的十六大确定的全面建设小康社会的宏伟目标，未来15年经济增速仍将保持在年均7%以上，从工业化角度看，中国工业化还没有完成，与发达国家相比：（1）粗钢消费峰值，发达国家大体上都在人均500公斤以上，我国目前仅为270公斤；（2）人均汽车拥有量，发达国家大体上在500辆/千人，韩国在1999年达到238辆/千人，香港、新加坡等城市和地区也在100辆/千人左右，中国目前大体约为10辆/千人，从2002年开始，轿车进入家庭，这种势头仍将继续发展；

（3）基础设施建设仍存在较大发展空间。按规划，已建成高速公路还不到规划里程的一半。铁路建设、沿海码头、机场建设都还需要不断新建和完善。

另外，随着工业化进程加快，城市化也还将稳步发展，未来15年如果人口每年增加800万，城市化率每年提高一个百分点，到2020年，总人口约为14.2亿人，城市化率达到58%，也就是说将增加2.6亿城市人口，这些也都将会大幅度提高对能源的需求。

考虑到世界上主要发达国家现代化一是耗时长，长则经历了200年以上，短的也有上百年；二是规模不及我国，所有发达国家的人口总和还不及中国人口的3/4，他们在现代化长期过程中消耗了世界能源约50%；三是发达国家在不同的阶段几乎都采取了殖民、战争等手段。而中国人口规模大，现代化的时间短，对能源资源消耗的强度相对较大，中国始终坚持和平发展道路，因此解决中国的能源问题必须探索新的出路。

体制的不完善影响了能源开发、能效提高和资源节约

我们这些年改革中存在的一个共性问题：越是短缺产品，政府管得越死，放得越慢。能源就是其中最典型的一例。影响能源产业发展、能效提高和资源节约的体制性因素包括以下几个方面：

（1）能源的管理体制不符合当前对于能源发展的要求。大家知道在能源领域的部委，过去煤炭部、电力部，早先还有能源部，最后一一都撤销，能源这么重要的问题我们撤销掉。后来为了加强领导，国务院成立了一个能源领导小组和能源办公室，但对于能源的统筹方面还是很薄弱。这么重大的一个问题，现在除了国务院能源领导小组和办公室以外，就是发改委能源局。有人做过统计，美国能源部的联邦雇员是15000人，我们现在整个中央政府所有搞能源的人都加起来我看不会超过200人。所以，从整个管理体制上看，现在不利于能源产业的发展。

（2）中国能源产品中除煤炭价格基本放开以外，其他产品的价格基本

还是国家控制。能源产品的价格一不反映资源稀缺程度，二不反映市场供求关系，三不反映外部成本的现象普遍存在。所以在较长时间内，企业和消费者都缺乏节能的动力，能源的低效和浪费现象严重。政府的定价和调价也缺乏科学有效的机制和灵活的调节手段，而且不同产品之间的价格改革不配套，比如说煤价放开了，但电价还管着。

（3）投融资体制，能源领域长期以来实行政府审批、政府投资、银行贷款的投融资模式。所以，投资来源不足、投资主体单一、投资效率不高的问题还相当严重。政府按照其主观判断决定投资规模和投资方向，主要不是依据市场供求状况投资，一旦决策失误，就造成能源供求状况的失衡（2002年以后的电力问题即是一例）。在实行严格政府管制的前提下，在油、气、电等领域，行政性垄断问题始终没有根本解决，市场竞争受到遏止，社会资本难以进入能源领域，妨碍了能源产业的发展。特别是资源勘探投入不足，后备资源不足。

（4）财税体制没有充分体现鼓励能源开发、鼓励节能、鼓励再生能源发展的政策取向。从税收政策看，燃油税酝酿多年，始终没有出台，我国的燃油现在不征税，而OECD国家的燃油税，大体在60%—70%，价格的差距跟我们也很大。资源税税率明显偏低，且征收方式不科学，造成资源回采率低和资源浪费。对低能效产品和高耗能产业缺乏惩罚性或限制性税收政策；对节能产品和节能行为没有相应的鼓励性财税政策；对可再生能源的开发也没有足够的鼓励性政策等等。

（5）国家石油战略储备体系建设滞后，应对国际市场油价波动的工具不健全。

6 能源安全问题面临着严峻挑战

当然，能源安全的核心应该说还是石油，2005年，我国石油进口的依存度已经上升到了43%，如果按照这样的发展趋势，我国石油的进口依存度还会继续提高。石油问题的要害一是资源储量相对不足，世界石油的储采比为40.5年，低于煤炭的177.4年和天然气的66.7年。中国石油的储采比只有13.4年，在几种一次能源中也是最低的。因此，石油长期大量依赖进口的局面难以改变。二是世界石油资源主要集中在中东（已探明储量占世界的63%），由于资源稀缺，各大国都加大对石油资源的控制和争夺（中俄石油管道问题、中海油收购优尼科石油公司事件）。美国对资源的争夺与中东地区的民族、宗教等问题交织在一起，使该地区成为多事之地（两伊战争、海湾战争）。中国进口石油的一半左右来自中东，1/4来自西非，由于这些地区政治的不稳定性，直接影响到石油进口的可靠性。三是中国石油进口运输方式以油轮运输为主，大体占90%。其中90%又是以国外油轮运输，油轮80%经过马六甲海峡，这些都增加了石油进口的脆弱性。此外，关于石油安全方面，1973年的第一次石油危机以后，国际上成立了国际能源署，负责协调发达国家之间建立了战略石油储备制度，规定成员国必须要把石油的战略储备达到90天，在两年前我国基本上没有战略储备体系，现在有了一点点，但是还很小，这就增加了我们的石油安全问题。

> **重点提示**
>
> 国际能源署（International Energy Agency，简称IEA）是总部设于法国巴黎的政府间组织，由经济合作发展组织为因应能源危机于1971年设立。致力于预防石油供给的异动，同时亦提供国际石油市场及其他能源领域的统计情报。

总而言之，我国能源领域面临的主要挑战包括六个方面：一是能源的供给总量相对不足，特别是石油、天然气这些清洁能源的供给不足；二是能源供给的结构不合理，以煤供给为主的能源结构加大了对环境的承载压力，而且清洁能源的供给不足、可再生能源的发展起步比较晚，所占的比重很低；三是我们的能源利用效率很低，能耗比较高；四是我国经济发展已经进入到工业化、城市化快速增长的时期，工业结构的重型化和城市消费结构升级使得能源的需求进入到一个快速的增长期，而且还会持续相当长的一段时间，这就加剧了对能源总量的供求矛盾和结构性的矛盾，同时也提高了能源的供给成本和整个经济发展的成本；五是我国经济体制的不完善，不利于资源的开发和节约；六是我们能源的安全面临挑战。

三 ｜ 中国能源可持续发展战略

关于中国能源可持续发展战略，叫战略，实际上是一种战略思想，也因为现在政府还没有很明确地提出一个明确的表述。所以，我想从前面讲到的所面临的问题和挑战，针对中国未来发展的要求展开来讲。我们整个能源发展的战略目标，首先必须要服务、服从于国家的总体发展战略。即按照党的十六大所确定的长期发展战略目标，新世纪前20年，在优化结构、提高效益的基础上，GDP再翻两番，全面建设小康社会，同时要为实现第三步战略目标，即在本世纪中叶达到中等发达国家水平夯实基础。

所以，从我们的战略目标来讲，能源战略的根本目标就要支持和保证这一目标的顺利实现。一是能够支撑我国年均7.5%的经济增长速度和人民群众日益增长的能源消费需求。否则，就有可能影响到国家总体战略的实施。因为，GDP翻两番大体上年均增速为7.18%，所以，如果能源不能支撑7.5%左右的经济增长速度，包括随着收入的增长，人们消费结构的升级和消费需求的增长，那能源战略就不能说是成功的。所以，不能因为能源的短缺而降低中国经济的潜在增长率，也不能因为能源的短缺而降低人民群众合理的需求。二是能源的生产、消费和人口资源和环境相协调。不能因为过高的能源消费和能源结构问题恶化人类的生存环境，影响经济社会的永续发展。所以，从目标上来讲一定要实现能源消费的生产和人口资源环境相协调，不能够脱离这个大背景。三是要提高能源供给的安全性，降低能源供给的各种风险，提高整个经济社会发展的应变能力。所以，我想从我们在制订和确立中国的能源发展战略时，必须要考虑大的发展目标。

根据这样的战略目标和中国能源的资源禀赋、现有产业与技术基础、面临的各种问题和挑战，我国能源战略要解决的核心问题大体上归纳为"五个提高、五个降低"。

一是要提高能源特别是石油的供给能力，降低能源供给结构性的不安全因素。其核心意思是，从总量上要提高我们能源的供给能力，应该说在总量问题上，中国问题不是特别大。但核心在石油，所以叫结构性的不安全。就是说可能能源总量足够，但是石油不够。在很大程度上，石油在某些领域是不可替代，所以要提高石油的供给能力，降低结构性的不安全因素。

二是提高清洁能源特别是可再生能源的供给能力，降低对资源、生态与环境的压力。现在从总量上，比如说煤炭，我们的资源也还是有的，但我们的清洁能源的供给不足。所以，要提高清洁能源的供给能力，减少对化石能源的消费。清洁能源用的越多，对于环境、资源、生态的压力就会越小。

三是提高能源的利用效率，把节能降耗作为解决能源问题的重要途径，降低单位GDP能源消耗强度。这主要从需求的角度入手，就是说供给能力有限，包括国际市场和自己的资源储备是有限的，但是消费总量很大。所以，就要通过提高能源利用效率，通过节约能源，通过节能降耗来降低能源的整个需求，降低单位GDP的能耗强度。

四是提高能源供给的多元化程度，利用两个市场、两种资源，降低能源供给的国际风险，保证能源供给安全。现在我国在能源供给上有很大的不安全因素，很大程度上依赖中东，很大程度上依赖海运，很大程度上都途经马六甲海峡，很大程度上依靠外轮，这种供给结构一旦哪个环节出问题，就会影响整个经济的稳定和发展。所以，我们要通过能源供给的多元化，通过发展可再生能源，发展能够替代石油的能源等，从多角度缓解供求关系，降低能源供给的国际风险。

五是提高市场在能源资源配置中的基础性的作用，发挥政府的战略主导作用和对能源开发、能源节约的政策引导作用，消除价格扭曲和政策偏差，降低政策扭曲的负面效应。当前在能源领域有相当一部分是所谓自然垄断，比如说电网、输油、输气的管道等等，但更多的还是竞争性的市场，所以要发挥市场的配置作用，同时消除政策扭曲所带来的负面效应。

根据"十一五"规划提出的能源规划的战略思想，概括起来，中国能源中长期可持续发展的战略是：坚持节能优先、立足国内、煤为基础、多元发展、优化生产和消费结构，构筑稳定、清洁、安全的能源供应体系。把节约能源放在优先的地位，把解决能源问题的基点放在国内，把煤炭作为整个能源供给最重要的基础，同时要多元发展，再就是要优化能源生产结构和消费结构，最终构筑一个稳定的、清洁的、安全的能源供应体系，这就是我想跟大家谈的第三点，关于能源可持续发展的战略思想。

四　中国能源可持续发展的政策重点

中国能源政策的重点大体上分为如下几个方面：一是提高能源的供给能力，即能源生产和开发问题，包括对传统能源的开发与新能源开发，特别是清洁能源、可再生能源开发，加强国内资源勘探与扩大国际合作；二是推行能源的节约及能效提高的问题，包括生产、流通、消费各个环节及结构、技术等多个层面来推行节约，降低消耗的强度；三是从立法、体制和政策方面提供保证。

◢ 努力提高国内能源供给保障能力

总的来讲，就是要加强石油天然气等资源勘探开发，增加石油、天然气的供给能力，高效、清洁地利用煤炭资源，加快发展新能源和可再生能源，调整优化电力结构。形成以煤炭为主体，电力为中心，石油天然气、新能源和可再生能源全面发展的能源供给格局。

（1）有序发展煤炭，推行高效清洁等技术，积极应用煤炭的气化和液化技术减少对环境的污染

煤炭是一种基础性的能源，是我们资源最丰富的能源。但是在使用煤炭过程中的核心问题，就是清洁的利用，高效的利用，减少对于环境的压

> **重点提示**
>
> 化石能源，是一种碳氢化合物或其衍生物。化石能源所包含的天然资源有煤炭、石油和天然气。它由古代生物的化石沉积而来，是一次能源。化石燃料不完全燃烧后，都会散发出有毒的气体，却是人类必不可少的燃料。

力，这是我们政策的一个基本点。当今世界，**化石能源**仍然是主要一次能源，在今后可预见的20至30年内，化石能源也仍将在能源生产和消费结构中占主要地位。在能源领域主要矛盾也还是能源的可获得性、经济性和清洁性的统一问题。也就是说，有的能源可获得，但经济性不够，清洁性不够，有的能源不可获得，但是清洁性、经济性都有，还有的比如说可再生资源也可获得，也清洁，但是经济性不够，所以，核心来讲是这三者的统一。在中国的化石能源中，煤炭资源相对丰富。储采比远高于石油、天然气，可获得性最高；而从经济性看，按同等发热量计算，煤炭的价格也远低于天然气、柴油和重油价格，仅约1/3左右。因此，以煤炭为主的资源禀赋及其经济性，决定了煤在今后相当长的时间内仍是中国的主要能源，预计到2020年，煤在一次能源中的占比仍高达60%。煤为基础是中国能源供给的基本格局。

关于煤炭资源的开发利用政策重点主要是：一是加强煤炭资源勘探、统筹规划、合理有序开发，提高回采率，减少煤炭开采对生态环境的破坏。当前我国煤炭开采以井为主，因开采引起的土地塌陷面积达40万公顷，煤矸石积存达到30多亿吨，每挖一吨煤要破坏1.6吨地下水资源，每年排出矿井水大约22亿 m^3，这些都对生态环境构成巨大威胁。所以，我们现在的政策导向就是要建设大型煤炭基地，发展煤炭企业的联合重组与规模经营，加快建设像神东、陕北、黄陇等十三个大型的煤炭基地，培育和发展像神华、中煤、大同等产量在亿吨级的煤炭企业集团。同时要调整产业结构，依法关闭不具备安全生产条件、又破坏资源和环境的煤矿。二是要高效清洁利用煤炭资源，解决煤炭利用效率低下、环境污染严重和在终端能源结构中煤炭比重过高的问题。要鼓励采用高效的、清洁的煤技术，发展多联产、超临界发电等技术，搞好煤炭液化、气化工程，鼓励发展煤层气，推进煤炭的清洁利用和综合利用。

（2）加快发展石油天然气，提高供给能力

中国能源问题的核心是石油。进入新世纪，由于原有主力油田产能下降，新的油田接替又较为缓慢，国内石油生产进入一个相对稳定期，而石油需求又在大幅度的增长，2004年需求增长15%，2005年增长10%，所以，我国进口依存度逐年提高，加上发达国家对油气资源的争夺日趋激烈，原油价格不断创出新高。美国、日本、欧盟等国家和地区经过两次石油危机的考验，在降低能耗、油耗和扩大海外资源等方面做了很多工作。世界经济为何没有因为油价的大幅攀升而增速减速？就是因为这些发达国家一方面对石油的依存在下降，另一方面是抵御油价上涨压力的应变能力已经提高了。这些发达国家工业占的比重相对比较小，服务业占到70%—80%，而我国现在处于工业化的中期阶段，很大程度上是靠工业，所以，我们目前的经济结构对于油价上涨的承受能力与发达国家完全不一样。所以说，发达国家无论是经济结构还是应变能力都有很大提高，而中国在产业结构和技术水平上还不能适应这种竞争格局。

为此，在石油供给问题上，需要我们从六个方面加以入手：一是加快国内石油资源的勘探开发，加大对石油地质工作的投入力度，建立资源勘探开发和资金投入的良性循环机制。扩大勘探范围，重点开拓海域、主要油气盆地和陆地油气新区。开展煤层气、油页岩、油砂等非常规油气资源调整勘探。二是实行油气并举，稳定增加原油产量，提高天然气产量，加强对现有老油田稳产改造，延缓老油田产量递减，加快深海领域和塔里木、准噶尔、鄂尔多斯、柴达木、四川盆地等地区的油气资源开发。三是积极参与国际能源双边与多边合作，加强与国际组织和跨国公司的对话合作，鼓励企业走出去，扩大境外油气资源的合作开发，特别是加强与中东、北非、西非、南美、俄罗斯等地区和国家的合作，开拓境外石油资源，形成油气资源多元供给渠道，增强外部供给的稳定性。同时，做好政策宣传，防止国际炒作。四是加强油气管网建设，完善油气管线网络，建成西油东送、北油南送的成品油管道，适时建设第二条西气东输管道及陆路进口油气管道。五是加强石油战略储备体系建设。增加投入，合理布局，建设与我国经济规模和增长趋势相适应的石油战略储备体系，形成政府储备与企业储备相结合的石油储备机制，健全石油储备资金保障制度，扩大储备能力，增强石油安全。六是大力发展石油替代产品。包括生物质能、煤炭、液化等等，我们现在要采取措施，尤其像生物柴油、生物汽油这样的，要在2020年以前发展到1000万吨，从而更多地替代石油。

（3）加快发展可再生能源，促进能源供给的多元化

可再生能源作为一种清洁的、发展潜力巨大的替代能源，正受到各国的广泛重视。法国的核电占其能源消费的总量高达38.6%，日本、韩国、西班牙的核电分别占能源消费的12.6%、13.6%和9.8%；巴西、加拿大水电分别占各自国家能源消费的38.6%、24.8%。1995至2003年，全球可再生能源累计投资达1000多亿美元，可再生能源并网发电能力达到1亿千瓦。以往人类之所以严重依赖石油，主要因为与其他能源相比，石油的价格、使用效能与环保等方面具有明显的综合优势，可再生能源发展滞后的主要原因在于技术不成熟或成本、价格竞争力不足。随着石油价格的节节攀升，人们环保意识的日益增强，以及可再生能源技术的不断进步，成本有效降低，各国都把发展可再生能源作为能源战略的重要组成部分。各国政府对可再生能源发展给予强有力的政策支持。而在过去，可再生资源之所以发展不起来，核心就是因为它没有经济的竞争性，离开了财政补贴它就活不下去。中国在"九五"期间即制定可再生能源中长期发展规划，2005年年底又出台了《可再生能源法》。"十一五"规划对可再生能源又作出了部署。目前又在进一步制定可再生能源规划，按照规划的目标，到2020年可再生能源占一次能源的比重从目前的7%提高到15%；可再生能源发电的装机容量比例达到30%（不计大水电为12%），其中水电装机容量达到2.9亿千瓦，风电达到3000万千瓦，太阳能发电达到200万千瓦。到2010年，小水电、风力发电、生物质发电、地热发电和太阳能发电装机容量达到约6000万千瓦。2020年，达到1.2亿千瓦。在保护生态的基础上，有序开发水电，建设金沙江、雅砻江、澜沧江、黄河上游等水电基地和溪洛渡、向家坝等大型水电站。建设一批百万千瓦级的核电站，提高核电设计和制造水平，加强核燃料资源勘查、开采以及核电关键技术开发与人才培养。加快开发生物质能源，包括秸秆、垃圾焚烧和垃圾填埋发电，扩大生物质固体成型燃料、燃料乙醇和生物柴油的生产能力，积极开发利用太阳能、地热能和海洋能。在发展可再生能源战略上，重点是加大政策支持力度，积极开展技术研发，提高技术水平，降低生产成本，提高产品的价格竞争力，吸引社会资本投入，有效扩大可再生能源的规模，推动可再生资源进入一个良性的发展轨道。

❷ 坚持节能优先的方针，以大幅度提高能源效率为核心，以调整经济结构、加快技术进步为根本，转变生产方式和消费方式，形成企业、社会和居民自觉节能的机制，以能源的有效利用促进经济社会的可持续发展

应该说，节约能源，降低能源的消耗强度，目前在中国有巨大的潜力，这也是缓解能源供求矛盾的根本途径。根据国际能源署 2004 年的数据，比较我国主要能源密集产品与国际先进水平的差距，可见我国工业节能的潜力（见表 4）。

表 4　中国主要工业能耗与国际先进水平的差距

	中　国	国际先进水平	总差距 %
火电供电煤耗（gce/kwh）	379	312	+21.47
吨钢可比能耗（大中型企业）	705	610	+15.57
水泥综合能耗 Kgce/t	157	127.3	+23.33
电解铝交流电耗（Kgce/t）	15080	14100	+6.95
原油加工综合能耗（Kgce/t）	112	73	+53.42
乙烯综合能耗（Kgce/t）	1004	629	+59.61
合成氨综合能耗（Kgce/t）(大型、天然气)	1220	970	+25.77
烧碱综合能耗（Kgce/t）			
氨碱法	455	350	+30
联碱法	325	280	+16
电石综合能耗	2150	1800	+19.44

而影响中国能效的主要因素，一是装备水平比较低，比如中国火电机组平均容量为 6 万千瓦，而日本公用电厂早就淘汰了 10 万千瓦以下的机

组；二是工艺水平落后，例如，水泥生产中干法生产占水泥产量的比重，中国为28%，日本在98%以上（干法能耗只占湿法能耗的60%）。水泥散装率，中国为34%，美日均在95%以上（节省1000吨水泥的包装纸袋，可节约优质木材33m³，节电7200kwh，节煤8kg）；三是企业规模小，比如，我国的炼油厂年加工能力为238万吨，而韩国为2120万吨，世界平均为800万吨，我国的规模明显太小。因此，我们要走节能优先的道路，重要的政策方向包括三方面：

（1）转变经济增长方式，优化产业结构和贸易结构

降低能源资源消耗的关键是转变经济增长方式，转变增长方式也是中央最近强调的一个重点，我们把中国经济增长的动力从主要依靠投资和出口拉动转向消费与投资、内需与外需协调拉动转变；从主要依靠资源投入、特别是物资资源投入转到依靠科技进步和人力资源、提高资源利用效率转变；从主要依赖数量扩张和工业带动，向三次产业协调发展、结构优化升级转变。通过转变增长方式来调整结构，总体上降低对能源、资源的消耗。

在优化产业结构方面，一是要鼓励发展第三产业，努力提高第三产业占GDP的比重。在经济普查之前，我国的第三产业只占到整个GDP的33%左右，通过经济普查之后，我国的服务业比重超过了40%，但即便如此，跟同等工业化水平的国家相比，我们的服务业所占的比重还是比较低。所以，要大力发展第三产业，特别是大力发展生产性服务业，细化深化专业分工，降低社会交易成本，提高资源配置效率。发展包括金融、保险、现代物流、信息、中介等服务业，拓展消费性服务业。二是在第二产业中，稳步提高高新技术产业所占比重，振兴装备制造业，提高制造业的水平。发展高新技术产业是发挥中国人力资源优势、降低能源资源消耗的根本途径，也是世界性的根本趋势。要把发展信息产业、生物科技产业等作为战略重点，逐步提高技术水平和产业竞争力，同时用高新技术改造传统产业。另外，努力振兴装备制造业，发展大型清洁高效发电设备，包括百万千瓦级的核电机组、超临界火电机组、超高压输变电设备、大型乙烯成套设备、大型煤化工成套设备、大型冶金设备、煤矿综合采掘设备，从技术和装备上保证节能降耗。要提升汽车工业的整体水平。要制定技术、环保、安全等国家标准，严格市场准入，强制淘汰高耗能、高污染、低效益的落后产能。三是推进企业兼并重组，打破行业、地区、所有制限制，推动企业改组改制改造。推动生产要素向优势企业、优势行业集中，发展规模经济。在汽车、钢铁、化工等行业积极推进企业重组，以企业为主体，市场为导向，以优势企业兼并弱势企业，尤其在像汽车、钢铁、化工这些领域要加快推进企业的重组，提高产业的集中度，提高企业的规模效益。四是大力调整和优化贸易结构，通过经济杠杆控制和调节资源性产品出口（如焦炭、电解铝、有色金属等），对于资源型的产品，就要根据我国的资源禀赋情况、供求状况来加征出口税。鼓励劳动密集和技术密集型产品出口。增加对资源性产品的进口，减少对资源型产品的出口，缓解能源资源环境的压力。

（2）加强自主创新，提升中国经济的总体技术水平

创新是一个民族繁荣进步的灵魂，是一个国家兴旺发达的不竭动力，提高自主创新能力是从根本上提升产业结构、降低资源能源约束、促进国民经济可持续发展的原动力。我们现在之所以能耗高，之所以单位GDP的资源消耗比较高，核心问题就是我们的技术水平比较低。很多人说我们出口多少件衬衫才能换来一架波音747，我们的鞋、服装、打火机、领带都是大量的出口，但是创汇只是一点点，我们就靠这些资源型、劳动密集型的产品出口来扩大总量，而发达国家主要靠技术型的产品。

所以，今后要解决资源问题，很重要的一点是要加强自主创新，提升我国的总体技术水平。为此，需要从以下几个方面入手：一是建立自主创新的基本体制构架，大力提高原始性创新能力、集成创新能力、引进消化吸收再创新能力。建立以企业为主体，市场为导向，产、学、研相结合的技术创新体系，形成自主创新的基本体制架构。二是构建技术创新的技术基础。瞄准世界科技发展前沿，坚持自主创新、重点跨越、支撑发展、引领未来的方针。坚持有所为、有所不为，集中力量在一些重点领域、关键环节取得突破。积极发展战略高技术，特别是对经济增长有重大带动作用、具有自主知识产权的核心技术和关键技术，以及能提高产业整体技术

水平的共性技术和配套技术。支持开发重大产业技术,制定重要技术标准,构建自主创新的技术基础,把能源、资源、环境、农业、信息、生物等领域的重大技术开发放在优先位置。三是完善自主创新的激励机制:加强国家工程中心、企业技术中心建设,鼓励应用技术研发机构进入企业,发挥各类企业的创新活力,鼓励技术革新和发明创造,在财政、金融、政府采购等方面支持企业自主创新,发展创业风险投资,加强技术咨询、技术转让等中介服务,完善自主创新的激励机制。四是着力提高能源产业技术水平,增强能源创新能力,积极推广先进适用能源技术,加快热电联产、煤炭先进开采、能源综合利用等技术的开发应用,围绕关键核心技术组织研究开发,提高重大能源技术研制和集成创新能力。

(3)突出重点,抓好关键行业和领域的节能降耗

主要应该从三个领域入手:一是狠抓重点工业的节能降耗。中国工业能耗占终端能源消耗的70%,而其中的重点耗能产业是电力、钢铁、有色、石油石化、化工、建材、煤炭、机械等耗能大户,抓好这些重点行业的节能降耗具有关键性作用。重点行业节能的要点是更新技术装备,改进技术线路,发展规模经济,淘汰落后产能。二是交通运输。交通耗能将是未来增长最快的领域,也是对石油、天然气等依赖最重的领域,抓好交通运输节能是缓解石油、天然气供给压力的关键。重点是优化运输组织结构,建立航空、铁路、公路等综合运输体系,发展多式联运,提高运输的总体效益,淘汰高耗能、高污染的运输工具,发展节能清洁的交通运输工具。三是商业民用领域。重点是建筑节能,在同等的建筑面积、同等的气候条件下,我们的建筑耗能要比别人高出50%。所以,需要对既有居住和公共建筑进行节能改造,对新建筑,严格节能标准的控制和管理,使新建采暖建筑全面执行节能50%的要求。

(4)更新消费观念,倡导节约型消费,建立符合中国国情的消费模式

我们现在房子都要住大面积,汽车追求大排量,垃圾没有分类等等,所以,我们整个的消费模式、消费观念都需要更新。通过价格、税收等政策工具,引导居民理性消费,健康消费,绿色消费,科学消费。建立有利于资源节约的住宅标准,发展城市公共交通,发展经济型、小排量的家用

轿车。鼓励采用节能家电。加强对中小学生教育，加强舆论宣传和引导，形成人人节能的社会氛围。

3 深化改革，建立有利于能源开发和节约能源的体制机制

中国能源领域存在的矛盾、问题和挑战，从根本上说在于体制机制。因此，实施能源战略的根本保障是深化改革，完善体制机制。

能源体制改革是一项复杂的系统工程，既关系国民经济发展，又涉及亿万居民的日常生活，牵一发而动全身。但能源体制改革已经滞后，必须加快推进。中国能源体制改革的关键在于以下几个方面：一是推进能源价格改革；二是完善财税体制，健全对新能源开发与节能的激励机制以及对高耗能产业及行为的限制性或惩罚性机制；三是建立能源战略管理体制与监管机制；四是推进能源立法，建立法律保障机制，加快推进电价、油价、天然气价格形成机制的改革。

（1）推进能源价格改革

建立起反映市场供求，反映资源稀缺程度，反映环境、资源等外部成本的价格形成机制。当然，能源的价格改革内容很多，比如说煤炭现在基本放开了，但是煤电之间的这个关系还没有理顺。再比如石油和天然气，现在我们是跟国际接轨，但是这个时效性也有限，还有一些能源产品的比价关系等等。所以，我们对于能形成有效竞争的能源产品要实行市场定价机制。对于具有自然垄断特性的环节，实行有效的价格监管；建立有利于合理调整能源结构、促进新能源发展的产品比价关系。总的来讲，就是要让价格能够真正反映供求，这是最基本的。供不应求了就提高价格，抑制需求增加供给，最后保持一个平衡。

（2）完善财税体制

有步骤地出台限制高耗能的约束性政策：如开征燃油税，调整资源税税率，改进资源税（如煤炭、石油等）的征收管理办法；适时开征能源税或炭税。形成财政对节能与可再生能源发展的激励机制，强化对节能产品的政府采购政策，加大对能源研发的预算内投入，建立财政贴息与对可再

生能源研发与生产的补贴制度；调整涉及能源的各税种及税率（如增值税、消费税、所得税、进出口关税等），通过税收的调整来约束或激励。

（3）建立能源战略管理体制与监管机制

前面已经说到，中国有13亿人口，但中央政府能源管理人员总量不过200人，而美国能源部则有1.5万联邦雇员。所以，有必要建立有效的能源管理机制，或能源监管机构（政监合一或政监分离），负责制定能源战略和能源规划，制定和调整重大能源政策，统筹协调各能源领域的政策，负责国家能源安全，加强市场监管，促进能源行业的有序竞争等等。通过能源管理机构和职能的改革，在能源战略与规划制定、能源资源开发、节约能源、降低能耗、提高能效等方面形成有效的管理机制；从事先审批为主，向事先、事中、事后全方位管理转变。管理内容不仅注重经济性指标，更要注重社会性指标。

（4）加强能源领域立法工作

既要完善现有的《电力法》、《矿产资源法》、《煤炭法》等，又要抓紧制定《石油法》、《天然气法》和《新能源法》等，制定相关的配套法规。加强对已有法律的宣传、贯彻、落实，形成有效促进能源开发与节约的法制保障。

以上就是我跟大家介绍的能源问题的一些要点，可能讲的问题比较严重，但我认为，因为科技是进步的，人类是发展的。所以，我们应该对未来充满信心，同时要根据我国国情走节约化、可持续的能源发展道路，我就讲到这儿，谢谢大家！

（根据主讲人在2006年5月中央和国家机关司局级领导干部"资源节约型、环境友好型"社会建设专题研究班上的讲课录音整理）

我国生态文明社会建设的背景与对策

高吉喜

演讲时间： 2009 年 4 月 29 日

作者简历： 高吉喜，国家环保部科技标准司副司长。1999 年 7 月获得中国科学院环境生态学专业博士学位。主要从事自然生态、污染生态、城市生态、生物多样性保护、GIS、RS、区域可持续发展等的研究，并在环境生态学、区域生态保护、生态承载力以及可持续发展等领域开展了大量创新性研究，取得了许多重要研究成果。先后参与、主持完成 50 多项国家、国际合作和地方合作等项目，其中主持完成的重大项目有 11 项，获国家环境保护总局科技进步一等奖 1 项、三等奖 1 项。

内容提要： 首先阐述了生态文明的概念和内涵，提出要从人类社会文明的发展史和人类社会的发展史两个角度理解生态文明。认为生态文明的基本条件，首先就是人与自然的和谐相处；第二是要做到以人为本；第三是生产力要发达；第四是发展要不以牺牲资源和环境为代价；第五是可持续发展。分析了我国建设生态文明的背景和意义，提出了建设生态文明的途径：建立生态文明的生产方式、生活方式，树立正确的生态文明观，改善环境质量，建立人与自然和谐关系。

今天我讲的内容分为三个部分：一是生态文明的概念及内涵，二是我国生态文明社会建设的背景与意义，三是我国生态文明社会建设的对策与建议。

一　生态文明的概念和内涵

一提到生态，大家往往想到的都是种树种草。实际上生态这个东西从本身的概念来讲，并不单单是种树种草，生态更多地是强调一种关系。生态就是人与自然、人与环境的关系。生态文明社会提出来以后，关注的并不完全是我们要种多少树、种多少草，更多关注的是人与自然、人与环境的关系，怎么样去发展才能够符合可持续发展的要求。强调的是这一点。

关于生态文明的概念，有四种理解观点：第一种观点认为，生态文明就是要人类在自然界活动时积极协调人与自然的关系，努力实现人与自然的和谐发展。强调的是人与自然的关系，人类以什么样的态度对待自然和环境。除了强调人与自然的关系之外，生态文明还强调人与人的关系，人与社会的和谐共生。把过去单纯的人与自然的关系扩到人与人的关系以及人与整个社会的和谐，这就是一个扩展，于是就有了其他几种观点。第二种观点认为，生态文明是指人们在改造和利用客观物质世界的同时，不断克服由此所产生的对人和社会的负面影响，积极改善和优化人与自然、人与人的关系，建设有序的生态运行机制和良好的生态环境所取得的物质、精神、制度方面成果的总和。第三种观点认为，生态文明是指人类遵循人、自然、社会和谐发展这一客观规律而取得的物质与精神成果的总和；是指人与自然、人与人、人与社会和谐共生、良性循环、全面发展、持续繁荣为基本宗旨的文化伦理形态。第四种观点认为，生态文明是人类文明的一种形式。它以尊重和维护生态环境为主旨，以可持续发展为根据，以未来人类的继续发展为着眼点。这种文明观强调人的自觉与自律，强调人与自然环境的相互依存、相互促进、共处共融。

以上是关于生态文明的几种不同概念，如果把这些概念跟可持续发展对比一下，基本上没有太多的差别。生态文明提出来以后，从中央来讲很重要的一个目的还是贯彻可持续发展战略。总之，生态文明最基本的条件就是实现人与自然的和谐。

谈到这我特别提一下。我看在座的学员有很多来自西部地区，人与人、人与社会的和谐大家特别关注的就是新农村建设。中央提出建设新农村以后，于是就有个"农村城市化，城市现代化"的口号，现在好多地方都在执行。我自己觉得这个口号是有问题的，特别是对西部地区来说，我觉得这个口号是有很多问题的。为什么这么讲？我觉得现在的农村，根本不用去追求这种城市化，城市也不用去追求现代化。现在的城市已经是相当的现代化了，而且现在的城市是缺乏生态化，对于农村而言，应该走的是特色化的道路。就新农村建设来说，从生态文明的角度来理解，大家追求的更应该是农村更像农村，城市更像城市。应该把"农村城市化，城市现代化"修改为"农村特色化，城市生态化"。也就是说，我们农村都应该去建设各自的特色，新疆的农村就应该体现新疆的特色，甘肃的农村就应该体现甘肃的特色。

大家可以想象一下，中国有13亿的人口，如果农村都建成城市的话，我们国家最后会是什么样子的？到时候可能什么都不是了。我记得大概四年前，当时的建设部部长到浙江去考察农村后说，农村处处像城镇，城镇处处像农村，看了半天也看不出来哪个地方像农村，哪个地方像城镇。目前我们东部好多地方基本上都是这样。农村现在相当发达，建的都是高楼大厦，但是你仔细考察一下就会发现，它根本达不到城市要求的基础设施建设水平。所以最后带来的环境问题非常多。所以，从生态文明的观点来看新农村建设，如果达到人与自然的和谐，很重要的一点农村更像农村，城市更像城市。

生态文明很重要的一点，就是强调人与自然的和谐。这个和谐我不知道大家怎么去理解？我有个观点，和谐并不等于大家是平等、是一样的，有差异才有和谐。简单的平等并不是和谐。有差异才是最基本的和谐。我们去听交响乐，有这样的乐器，有那样的乐器，各种各样的乐器组合在一起才是交响乐。如果所有的乐器都一样，那肯定就不和谐了。

生态系统之所以稳定，最主要的就是形成了一个金字塔式的食物链。从最底层的植物，然后到低档的动物，然后到高等动物，然后到人，同时是金字塔的一个尖。为什么这么稳定？就是因为这个食物链、食物网在不同的层次上有不同的风光，然后形成比较稳定的链。到了人类社会其实也是一样的。就是不同的职业有不同的地位、有不同的风光，然后才能形成一个比较和谐的社会。如果大家都干一样的事，最后肯定是不和谐的社会。

和谐一定程度上就是不同的风光体现不同的差异，这才是平等的表现。这是从理论上讲一下我们对生态文明的理解。此外，还有两条主线可以帮助我们理解什么是生态文明。

第一条主线是从人类社会文明的发展史来讲生态文明。人类社会的发展史也是文明的发展史。从原始文明、农业文明、工业文明一直到生态文明，这一点是所有的人都认可的。原始文明最大的特点就是人与动物的平等。原始社会里人的智力很低，跟动物没有太多的差别，我们只有到了石器时代能用点儿石头的时候，才跟动物有一点儿差异。但是人类刚刚诞生的时候，跟动物是基本平等的。原始社会里人与自然肯定不是和谐的。虽然人与动物那时候是平等的，如果从现代生态文明的概念来讲，说人与自然和谐的话，那么当时人与动物是最平等的一个时代。

在原始社会，人类处于自然界的统治之下，缺乏生存的最基本的保障，所以人跟自然的关系是一种崇拜的关系。尽管这个世界我们人跟其他动物一样，在社会大家庭里边都是处于平等的地位，享有平等的权利。这个时期从平等的角度上说，应该是最平等、最和谐的一个阶段，但不能说原始社会就是一个文明的社会，什么原因呢？我还有个观点，动物与人有平等生存的权利，但是人绝对不能被等视为其他动物。原始社会人与动物、人与自然是平等相处的，但它不是生态文明的社会。为什么？就是从人的角度上来看，人是受制于自然摆布的，所以不是一个文明的社会。

上世纪80年代，我们国家才刚刚开始注重保护生物的多样性。新疆保护野骆驼、野马也是花了很大的力气，现在大家都理解。当时80年代云南保护野生大象，当地的老百姓都不理解。现在你到西双版纳去看一下，那里的老百姓对保护大象，可以说理解也可以说不理解，还是有很大的抵触情绪。当时我们去的时候，当地的老百姓都说一句什么话？说共产党爱大象，不爱我们。这样的话说得非常极端，但是有一定的道理。当时西双版纳的老百姓非常贫困。颁布了《动物法》以后，所有的大象来了以后你是不能去伤害它的，伤害就要去坐牢的，打死一只大象是要判刑的。所以大象把老百姓的庄稼祸害了以后，谁也不能干涉，祸害就祸害了，但是人要是对大象进行了损害就是犯法的。所以当地的老百姓心里很不平衡，说共产党爱大象，不爱我们。

这里面体现出什么关系呢？我们应该去保护动物，当然人不能看成是和动物一样的。所以在当时我们补偿机制还不健全的情况下，当地的老百姓这么想是正常的。现在所有的动物损害庄稼以后，国家都有一定的补偿和赔偿机制，但是给的钱远远不够。

所以生态文明提出来以后，第一个内涵一定是以人为本的。谈到生态文明并不是说我们的生态性做得很好、我们森林覆盖率很高、我们的环境很好就是生态文明。远远不是。生态文明最根本的内涵一定还是要提到以人为本的。过去谈到生态保护里面，我们同时提以人为本，好多人都不理解，既要保护生物的多样性，人与动物要平等对待，为什么还要提以人为本？过去我对以人为本也不太理解，也是生态文明提出来之后，我才感觉到这个概念与提及保护生物的多样性、提及人与动物平等是不矛盾的。以人为本是有特定内涵的，最基本的一点就是要保障人的生存与发展，要做到人类社会的可持续发展。假如人类社会人都没有了，还谈什么保护生物的多样性？根本就不需要谈了。这是人类社会发展的第一阶段，从原始社会里文明的特点中引出来的第一个生态文明的内涵，就是人与自然的和谐，要以人为本。

进入到农业社会，最显著的特点就是农耕社会。这个时候人与自然的关系，基本上是人和动物平衡体现的阶段。为什么这么讲？就是在当时人类社会不发达的程度下，人类居住面积比动物生存所占的面积要小得多，能达到1%就了不起了。当时的人口也不是很多，每个人有实际的生存地位，每个动物都有自己的生存地位，相互之间是比较平衡体现的。

从人与自然和谐的表现来说，这个阶段基本能够体现以人为本的。在农业社会，动物的地位显然要比人的地位高得多。那时没有人谈生物保护，但是体现以人为本这个观念。从人与自然的和谐来说，农业社会同工业社会相比来说，应该是最和谐的阶段。为什么？因为中国从历史上来讲，经过两千多年的农耕社会，如果人与自然不和谐的话，它不可能发展这么长时间。所以我们现在谈到生态文明、谈到可持续发展，我们老是借鉴西方的观点，但是现在好多学者，包括西方的学者，都认为中国社会在历史上其实有很长的时间是最体现生态文明特点的。在一定程度上来说，绝对比西方工业社会的生态文明要做得好。西方生态文明也就是两三百年的时间，但是对环境的破坏、对资源的掠夺程度是非常高的。我们两千多年下来对环境的破坏实际上是非常小的。开始大规模地破坏环境，也是最近几百年的事情。所以说，中国的农业社会时期，相对来说是比较和谐的一个阶段。

但是我们也并不认为农业社会是一个生态和谐的社会。为什么这么讲？首先是生产力还不够发达。从历史来看，虽然农业社会人类能够达到富足、能够吃饱，但是遇到灾害的天气，大量的人被饿死是普遍的现象。最重要的一点，就是农业社会的生产力不够发达。可以满足生存与生活，但是不可持续，没有生存的保障，抵御自然灾害的能力也是很低的。因为农业社会存在这种局限性，所以也不是一个生态文明的社会。这就引出来第二个生态文明的内涵，就是要有比较发达的生产力。你这个地方连饭都吃不饱，还怎么叫生态文明社会？如果要达到生态文明的社会，最起码要在生活水平上有一定的提高。

进入到工业社会，肯定也不是生态文明的社会。因为从前面三个文明的基本特点来看，工业文明肯定是以人为本的。我觉得工业社会时期是最以人为本的。特别是工业化的初期，无论从美国这样的发达国家还是我们这样的发展中国家，对大自然的破坏程度是最严重的。虽然是以人为本的社会，生产力在这一时期也是高度发达的，但是这一阶段人与自然的关系基本上是掠夺自然、统治自然的关系。所以工业化社会也绝对不是生态文明的社会。工业化社会人与自然有两个不和谐的表现，一是对大量资源的开采和破坏，二是以牺牲资源和环境为代价换取发展。工业文明带来的环境危害包括：二氧化碳含量增加引起全球气候变化、两极冰帽融化、臭氧层的破坏、海平面上升；二氧化硫排放增加引起全球性酸雨的范围越来越大，使大小湖泊及城市受害；有毒化学物质增多，引起水俣病、骨病痛等八大公害的产生；土地资源的丧失，人类不合理使用土地、使之沙漠化、盐碱化、水土流失以及城市交通建设占用大量耕地；生物物种锐减或灭绝，由于野生生物物种的生存环境的破坏和污染，使之大规模的物种灭绝，生存者也处于濒危境地；水体污染、工业、城市的污染排放、农药化肥使用随地表径流入河，固体废物经水溶排放江河湖泊等等。所以说这种发展模式是不可持续的。所以，生态文明的第三个内涵是，在我们发展的过程中能够注意保护资源和环境。

第二条主线是从人类社会的发展史角度理解生态文明。为什么我们现在要建设生态文明？在原始社会，生产力不发达，人处于自然界的统治之下，生存没有保障，所以尽管人与自然是和谐的，但不是生态文明的。进入到农业社会以后，人与自然是能够和谐相处的，但是生活水平相对低下，生产力水平不够发达。所以它也不是生态文明的社会。到了工业社会，生产力相对发达，生活水平显著提高，人处于对自然界的统治状态，对自然资源造成巨大的破坏，所以它也不是生态文明的社会。

总之，生态文明的基本条件，首先就是人与自然的和谐相处；第二是要做到以人为本；第三是生产力要发达；第四是发展不以牺牲资源和环境为代价；第五是可持续发展。这些基本条件，是从我们人类社会的发展史上观察到的视点。不同的人对生态文明的内涵理解是不一样的。换个角度去理解，肯定是另一个说法。

反过来讲，从生态文明的内涵来说，拿美国来说，它是不是一个生态文明的社会？美国是以人为本，人民群众生活质量高；生产力也是高度发达的，经济社会高度发展；人与自然和谐发展，环境质量很高。从这个角度来讲，美国现在是具备了生态文明的条件。那美国是不是生态文明的社会？我们绝对不会承认美国是生态文明的社会。为什么这么讲？因为美国的生态文明是建立在不太平等的基础上。它的社会经济的高度发展，基本上是建立在剥削其他国家环境资源的基础上的。

　　大家可以看一下美国现在的发展方式。首先，美国的人口只有三亿多，但是它的自然资源的消耗量超过世界总量的25%；美国的人均石油消费量居世界第一，全球现在25%的二氧化碳和温室气体是美国排放造成的，排放量到2020年预计将达到全球排放量的43%；人均水资源消费是全球人均消费的3倍；平均每天每人制造垃圾2.3公斤，比发展中国家高5倍；每年人均肉类消费量136公斤，是欧洲的1.9倍，是发展中国家的5倍。美国这样的发展方式，就不能作为生态文明发展的社会。如果就美国自己的一小块来说，绝对是生态文明的，而我们之所以不承认，是因为它对全球的危害性太高了。全球好多的资源都给美国用去了，所以不能说它是一个生态文明的社会。美国国家地理学会2008年5月7日公布的首份全球民众对消费和环境态度的调查报告显示，现在做得最好的也就是60分，一个是巴西，一个是印度。中国只有56.1分，然后就是墨西哥。英国、德国、澳大利亚、日本、法国、加拿大等国都很低，美国是排到最后的，只有44.9分。它的消费量太高，所以它的绿色环保排得最靠后。从这个角度，美国是靠消费世界的资源来发展的，不能算做一个生态文明的社会。

　　从生态文明的外延来看，首先体现为生态公平，我觉得这是非常重要的一点。从国家来看，发达国家与发展中国家之间需要讲求公平。从我们国内来讲，西部与东部之间也需要讲求公平。今年的"两会"上很多政协委员提出了"环境公平、生态公平"。类似的概念过去好多人也在提，但今年是首次在"两会"上提出的"环境公平"。长江流域应该是中国最发达的地区，但发达地区主要还是在长江中下游地区，该地区之所以发展，就是靠长江这条河。但是长江这条河的水资源，基本上是中上游提供的，为此中上游地区就需要保护植被，就不能大规模地去开发，所以这些地区的经济相对来说是比较不发达的。当然，现在国家制定了生态补偿的政策，水资源补偿这块应该是很快就会落实的。沙尘暴也一样。一刮沙尘暴，大家就说西北刮过来的。不刮沙尘暴的时候，西北地区输送的都是新鲜的空气，大量的二氧化碳、污染都是城市去制造的，新鲜的空气都是广大农村地区制造的。这也是一种生态不公平。所以说，建设生态文明社会，区域的生态公平非常关键。

其次，从人与人的关系来讲，也应该有个公平。那就是人与人之间的平等，能够达到和谐共处、互帮互助。这是生态文明社会最需要的一个体现。

第三是体现在当代人与后代人的公平发展。我们这一代人的发展，特别是从改革开放以后，我们大量的发展，基本上是建立在牺牲后代发展的基础上的。比如煤炭，如果很快全部开发完了，我们后代的发展会面临非常大的问题，这是当代和后代的不公平的体现。

汶川大地震给全国带来了很大的反应，激起了大家的爱国热情，激起了大家互帮互助，激起了大家对资源能够达到生态文明社会极大的推动作用。但从生态文明的角度来看，汶川大地震后的抗震救灾，就人与人的关系来说，应该说是中国历史上体现得最好的一个时期，特别是最年轻的一代表现得很好。

归纳起来，如果加上内涵和外延，生态文明有几个特点：人与自然的和谐，以人为本，生产力发达，保护资源和环境，发展不以牺牲资源和环境为代价，人与人的和谐平等，代际公平，最终体现可持续的发展。

下面，我提出第一个问题，我们一直认为从原始社会到工业社会都不是生态文明的社会，那到底有没有生态文明的影子和生态文明的初期呢？这是两个方面的概念。从前面的分析来说，它们肯定不是生态文明的社会，但是它们有没有体现出生态文明的内涵？为什么要提这个问题？就是党的十七大报告提出的"生态文明建设"，至于建设成一个什么样的生态文明，很多人的理解是不一样的。

从原始社会到工业社会，虽不是生态文明的社会，但是它绝对是体现了很多生态文明的行为和理念。从原始社会到工业社会，无论在中国或是西方都有生态文明的体现。包括生态文明的观点，生态文明的行为。生态文明体现的是生态文明的观点、生态文明的意识、生态文明的行为和生态文明的社会。无论在西方国家还是在我们国家，无论从古代到现在，都是存在的。只是说我们还没有达到生态文明社会的标准。这是特别需要强调的一点。

为什么提这一点？就是我们要涉及到第二个很本质的问题，党的十七大提出要建设"生态文明"的本质是什么？十七大报告在全面建设小康社会奋斗目标的新要求中明确提出："建设生态文明，基本形成节约能源资源和保护生态环境的产业结构、增长方式、消费模式。循环经济形成较大规模，可再生能源比重显著上升。主要污染物排放得到有效控制，生态环境质量明显改善。生态文明观念在全社会牢固树立。"

这里面写得非常全面，但大家接触以后不太理解，建设生态文明到底是什么样的？十七大报告提出的建设生态文明实际上应该是"生态文明社会"。这个生态文明的社会包括观念文明、精神文明、消费文明。

这里面提的几个，一个是保护资源环境是一种理念，在生产上要达到产业结构、增长方式、消费要达到循环经济的，这是一种新的文明。最后得到的结果就是说，污染得到控制，环境得到改善。理念上是生态文明观在全社会牢固树立，它提到几个系统，一块是观点，一块是行为，一块是结果。这里要有一个生态文明观，就是我们要有一个什么样的生态文明？这是什么意思？生态文明就是体现在我们生产和生活方式上，特别是消费上有什么样的行为，最后达到生态社会文明。

从国外来讲，整个生态文明社会是我们党的十七大提出来的，我国也是全世界唯一一个国家提出建设生态文明。但真正的生态文明观的确立过程，我们国家从农业社会开始就有生态文明观的概念。

大家看的好多书里面，农业社会里面有好多著名的学者提出了好多的观点，我觉得是最早的生态文明观。但是从国际社会来讲，生态文明观的确立过程大概是这样的：上世纪60年代初，美国生态学家卡逊出版《寂静的春天》一书，像平地一声惊雷、给人们敲响了警钟、引起旷日持久的**绿色和平运动**。上世纪70年代，在斯德哥尔摩召开

重点提示

绿色和平运动，是20世纪60年代末至80年代中期西方国家兴起以保护环境、维护生态平衡、反对核试验和维护世界和平为中心的各种群众运动的总称。是在世界环境退化、环境污染和生态破坏日趋严重、核试验频繁及核军备不断升级、人类生存受到严重威胁情况下爆发的。依据其行动目标而有绿色和平运动，生态运动，环境保护运动，反核、反战、和平运动等多种名称。运动规模在一国即达几十万人，且同时在几国协调行动，规模之大，远非昔日可比。在这种运动的推动下，陆续出现以绿色为目标的组织，其中绿党已在许多国家成为重要政治力量。持续近20年的绿色和平运动对唤起世人的环境意识、维护环境保护和维护生态平衡有重大作用。

了联合国人类环境会议，发表了《人类环境宣言》，提出了"人类只有一个地球、要好好爱护它"。与此同时，**"罗马俱乐部"**诞生，其研究报告《增长的极限》和《人类处于转折点》等发表，促使绿色和平运动进入高潮。上世纪80年代，世界环境与发展委员会发表了纲领性文件《我们共同的未来》，该出版物提出了可持续发展观点。80年代末，各国政府开始把生态环境保护纳入其施政内容。进入90年代，世界环境与发展大会及《里约宣言》、《21世纪议程》两个纲领性文件的发展，进一步地肯定了可持续发展战略，真正拉开了生态文明时代的序幕，尊重自然，保护地球的生态文明意识形成，实现人与自然和谐发展成为全世界的共识。2002年，可持续发展世界首脑会议在约翰内斯堡召开，确认经济发展、社会进步和环境保护共同构成可持续发展的三大支柱。这是生态文明观的大概确立过程。是从全世界的角度来讲的，我个人认为生态文明观最早确立肯定是在中国。

> **重点提示**
>
> 罗马俱乐部（Club of Rome），是关于未来学研究的国际性民间学术团体，也是一个研讨全球问题的全球智囊组织。其宗旨是研究未来的科学技术革命对人类发展的影响，阐明人类面临的主要困难以引起政策制定者和舆论的注意。目前主要从事有关全球性问题的宣传、粮食、工业化、污染、资源、贫困、教育等全球性问题的系统研究，提高公众的全球意识，敦促国际组织和各国有关部门改革社会和政治制度，并采取必要的社会和政治行动，以改善全球管理，使人类摆脱所面临的困境。由于它的观点和主张带有浓厚的消极和悲观色彩，被称为"未来学悲观派"的代表。

下面再来提第三个问题，我们现在一直讲生态文明是社会发展的必然，那到底是不是社会发展的必然？我认为这个问题要从两个方面去理解。如果人类社会想生存下去，生态文明肯定是发展的必然。如果不走这条路，人类社会肯定是要衰亡的。反过来讲，这种必然性跟原始社会到农业社会，从农业社会发展到工业社会，绝对是两回事。为什么？从原始社会演替到农业社会，这是人类社会的必然。随着人类自身的发展，随着石器的使用、铜器的发明，它必然会进步到农业社会的。从农业社会到工业社会，随着蒸汽机的发明、电话的发明，最后肯定是进到工业社会的，这是任何人都阻挡不了的。但从工业社会能不能进入生态文明社会，这就不是自然而然的事情。这种选择不一定是必然性的。从工业文明社会过渡到生态文明社会，并不是社会发展的必然，只是一个趋势。我觉得生态文明社会更多的是人类的选择，是人类社会发展必然走的一条道路，并不是人类社会发展到那儿就自然而然要走的一条路。

从整个人类社会来讲，它肯定是必然，这是不可否认的。因为人类要生存下去，它总归是必然的。但是如果我们现在不去关注经济社会与环境的协调发展，就会有几个结果。一个结果，就是现在处于发展的高潮，可能会大幅度地衰退。最典型的格局发展模式有几种例子。说你经济发展的强度大幅度衰退，最特殊的，现在人口增长到一定极限。比如说中国人口十几亿，一定支撑不了可能会成为一个转折点，可能会造成几亿人的消亡，或者说最激烈的极端，人类整个世界就没有了。所以它不是一个选择。

古楼兰，新疆人都知道，其中有一种观点就是认为当时的水环境支撑不了而消亡的。还有些地方由于过度放牧导致土地沙化非常严重，最终人们无法生存而不得不搬迁。从这些局部的例子来说，生态文明绝对不是说像从农业文明走到工业文明自然而然能够走到的。你走不好，那可能就是一种消亡。从整个人类来讲的话，我们必须要走向生态文明的社会，它是一种必然。但是从局部的国家和地区来说，更多地是一种选择。如果不走这条路，你可能就会走向衰退或者消亡，走这条路就可能是可持续的发展。更多地是说，让大家能够理解这是一种人类社会发展的选择。选择对了就可以发展，选择不对就是一种衰亡。为什么这么强调？我们现在好多人特别乐观，认为发展是生态文明社会发展的必然，该怎么做就怎么做。这是不对的。更多地、更好地把生态文明理解成是社会对我们的选择和挑战，不要理解成自然而然我就能够走上这条路的。这其实是很艰难的过程，如果容易的话，我们肯定不会这么去提。

所以，中国将生态文明作为今后发展的道路是历史的选择，是国家领导人高瞻远瞩的体现，体现了我国领导人的智慧和谋略。这个从我们生态文明建设的背景就能够体会到，为什么我们国家去做这一点？现在如果不这么去引导，中国发展将面临着非常大的挑战，目前无论在西部或者东部地区，挑战已经暴露出来了。

二 我国建设生态文明社会的背景和意义

上面我讲从社会发展形态，从原始社会到农业社会、工业社会，到现在我们的生态文明社会，从这个方面去理解生态文明社会。有人认为按照现在这个标准的话，生态文明社会永远建设不成，这是有一定道理的。建设生态文明社会和可持续发展一定程度上是一种理念和追求，这就需要我们理解为什么提出建设生态文明，下面我将从中国特色社会主义文明的发展历程以及我国建设生态文明社会的意义两方面加以阐述。

1 中国特色社会主义文明的发展历程

回顾一下我国提出中国特色社会主义文明的发展历程，有利于我们更好地理解党的十七大为什么要提出建设生态文明。在我国，首先提出的文明是物质文明，这是1978年12月党的十一届三中全会上提出来的。然后提出的是精神文明，是在1979年7月党的十一届四中全会中提出来，这两个时间非常密集。事隔20年，2002年党的十六大提出了政治文明。事隔5年以后，2007年10月党的十七大又提出了生态文明。过去我们一直讲的"两位一体"，就是指物质文明和精神文明。提出政治文明之后，就是所谓的"三位一体"。现在提出生态文明，就进一步演变为"四位一体"。

为什么提出物质文明呢？这个非常简单。"拨乱反正"以后，到了1978年，我们从"以阶级斗争为纲"转到了以发展生产力为中心，从封闭转到开放，从固守成规转到各方面的改革。应该说1978年是伟大的转折。为什么这时要提出物质文明？因为经过长期的"文化大革命"，中国的物质非常贫穷，很多地方吃饭吃不饱，追求什么呢？邓小平当时提出"不管白猫、黑猫，抓住老鼠就是好猫。"能够挣到钱能够去发展的就是好的，所以提出了物质文明。但这种只追求物质文明的发展观当时出现了很多问题。大家只为了挣钱，可以说一定程度上不择手段，造成了很多社会问题。所以，1979年9月，叶剑英在中共十一届四中全会上准备庆祝中华人民共和国成立30周年大会上的讲话时提到："我们要在建设高度物质文明的同时，提高全民的教育科学文化水平和健康水平，树立崇高的革命理想和革命道德风尚，发展高尚的丰富多彩的文化生活，建设高度社会主义精神文明。"物质文明和精神文明被确定为社会主义现代化的重要目标和实现"四个现代化"的必要条件。邓小平明确认为，中国特色社会主义必须以经济建设为中心，在建设高度物质文明的同时，一定要努力建设高度的社会主义精神文明，确立了中国改革开放初期"二位一体"的指导方针。应该说，这两个文明当时提出来是非常及时的，为指导中国长远发展奠定了非常好的基础，这两个文明可以说是指导中国建设祖国最好的20年。从1978、1979到2000年这20年期间，"两个文明"指导我们中国走上一个非常正确的方向。一方面我们要物质富裕，另一方面我们在精神上、在文明的程度上都得到了提高。

2001年1月10日，江泽民在同出席全国宣传部长会议的同志座谈时，首先提出了政治文明这一科学概念。他指出："法治属于政治建设、属于政治文明，德治属于思想建设、属于精神文明。"这里特别强调了精神文明是属于道德范围，而政治文明是属于政治领域。2002年7月16日，江泽民在考察中国社会科学院的讲话中又明确指出："建设有中国特色社会主义，应是我国经济、政治、文化全面发展的进程，是我国物质文明、政治文明、精神文明全面建设的进程。"这就确立了中国特色社会主义"三位一体"的指导方针。在党的十六大会议上，第一次明确地将政治文明与物质文明和精神文明一起，确定为社会主义现代化建设的三大基本目标。其实现在反过来看，从哲学的角度看，物质和精神构成了世界的两个方面，是全面的。但是为什么我们要提出政治文明？从哲学的角度看觉得是多余的，但是从中国的发展阶段来讲，它是必需的。因为在2000年前后是全国腐败现象出现最严重的时期，在政治上出现了极大问题的情况下，必须提出政治文明，目标和意图都很明显。

五年以后为什么又提出生态文明？大家可以看出来，物质文明和精神文明提出来是很自然而然的，在理论上都能说得过去的，加上政治文明"三位一体"可以说得过去。但提出生态文明，可以看出是一个很大的转折点，由过去的一种思想跨越到一个比较自然的生态文明的角度。其实早在党的十六大会议上，就把建设生态良好的文明列为全面建设小康社会的四大目标之一。在党的十七大会议上正式提出了生态文明的概念，将生态文明作为我国社会现代化建设的第四个基本目标，将中国特色社会主义建设的指导方针升华到"四位一体"，从而使中国特色社会主义的理论和实践更加走向成熟和完善。为什么非要提生态文明？因为到了 2007 年我们发现，我们已经积累了这么多的物质财富，在精神上、反腐败等各方面的措施都跟上来了。但是发现另一个非常重要的问题，那就是我们发展以后，资源和环境已经不能支撑当前的经济社会发展。我们现在资源环境的破坏不仅仅是生活质量和环境的问题，而且跟经济、社会、政治密切联系在一起。所以中央把生态文明提到这样的高度来讲。

2 我国建设生态文明社会的意义

目前我国面临的最主要问题之一便是资源环境问题，这不仅仅是影响人民群众的生活质量，而且影响到我们的发展，影响到我们的可持续发展，不但对我们当代的发展有影响，而且对后代的发展也产生了非常重要的影响。这些资源环境问题表现为以下七个方面：

（1）资源量小

我们从小就说中国地大物博、人口众多。实际上我国资源禀赋条件较差，多数资源人均占有量远低于世界平均水平。人均的淡水资源量只有世界的 1/4，人均耕地资源我们只有世界平均水平的 2/5，人均森林面积只有世界平均水平的 1/5，而我们森林质量比全世界的质量要差得多，森林的蓄积量只有全世界的 1/8，45 种主要矿产资源不足世界平均水平的 50%，其中，石油、天然气、铁矿石、铜和铝土矿等重要矿产资源人均储量分别为世界人均水平的 11%、4.5%、42%、18% 和 7.3%。

（2）资源消费增长速度高

虽然我们的资源量小，但是我们消费增长的速度非常快，这是任何一个国家都不能比的，从1990到2002年的十多年时间内，我国的石油消费量增加了100%，天然气增加了92%，铜增加了将近200%，铅增加了380%，锌增加了311%，10种有色金属增加了276%，消耗增长的速度是非常快的。

（3）单位GDP能耗高

但是反过来看，我们整个资源利用的效率还是非常低的。以2003年为例，我国GDP占全球4%，原油消耗量占世界消耗量的7.4%、原煤占31%、铁矿石占30%、氧化铝占25%。冶金、建材、石化等8个高耗能行业的单位产品能耗，平均比世界先进水平高约47%。

（4）资源能源浪费大

以2003年的数据为例，中国的GDP相当于美国的13%，但是我们的石油消耗相当于美国的26%，比它高出2倍，单位产值的石油消耗相当于美国的200%，煤炭消耗相当于美国的136%，单位产值的煤炭消耗相当于美国的10多倍。此外，我国的GDP增长也是以高能耗为代价，我国经济每创造1美元所消耗掉的能源，是西方工业七国平均的5.19倍，美国的4.13倍，是德国或法国的7.17倍，是日本的11.15倍。显然，我们现在的循环经济各方面的水平还是太低，浪费太多，但是我们的增长速度又非常快。

（5）资源利用率低

我国的资源消耗强度与世界先进水平差距明显，钢铁、有色、电力、化工等8个行业单位平均能耗比世界先进水平高40%以上，工业用水重复利用率比世界先进水平低15—25个百分点，矿产资源总回收率比世界先进水平低20个百分点，单位建筑采暖能耗比世界先进水平高2—3倍。

（6）全国主要污染物排放量大

近年来，我国的工业废水、工业固体废弃物、工业烟尘、工业粉尘、二氧化硫等污染物的排放量增长的速度非常快。

（7）能源危机

据预测，到2020年，按我国目前的石油消耗速度以及石油的波动情况，我国所有的出口全部拿来购买石油还不够用。到 2050 年，按目前粗放型的经济发展势头，我们国家将成为世界第一能耗大国，每年至少需要 40 亿吨标准煤，即使全球生产的能源专供我国也不够用。

所以说，中国目前确实是面临一个很大的资源环境问题，经济的增长有赖于自然资源高强度的投入，石油、天然气开采的速度非常快，特别是在内蒙、山西，开采的速度和量是非常高的。资源的高投入和低效能加大了环境压力，经济增长难以长期持续发展。所以这一届政府对资源环境的保护是达到了一个前所未有的高度，为什么这样呢？你不这样去做，下一步中国的发展会面临着一个非常大的瓶颈，不可能做到持续的发展，所以在这种背景下提出来我们国家要建设生态文明，这在一定程度上是有很强的政治意义和时代特色的，所以我觉得我们讲生态文明，并不是想从理论上说为什么要建设生态文明，而是根据中国特殊的发展阶段和特殊历史时期来判定现在必须这么去做。

关于我国建设生态文明的意义，我总结四句话：生态文明是我国赖以生存和发展的前提条件；建设生态文明是解决我们生态与环境恶化问题的重要途径；建设生态文明社会是解决我国目前经济社会发展的关键；建设生态文明是我国维护全球生态安全的重要体现。

建设生态文明绝对不是我国在摆姿态，因为中国如果资源环境照目前这种趋势发展的话，对全球的压力是非常大的。国外谈到我国的威胁里面，其中有很重要的一点，就是我们的生态威胁和环境威胁，或者叫资源威胁。我们没有办法，大量利用全球的资源，包括不惜代价从俄罗斯引进天然气，从澳大利亚买铁矿石等等。就国内的资源利用效率与污染排放情况而言，各地区的单位 GPD 能耗、二氧化硫排放量、烟尘排放量、工业废水排放达标率、工业二氧化硫排放达标率、工业烟尘排放达标率、工业粉尘排放达标率、工业氮氧化物排放达标率、工业固体废物综合利用率等指标还存在一定的差距，中西部地区的形势仍比较严峻。所以，从这个角度理解，我国提出来建设生态文明社会绝对不是想在理论上完善"三位一体"或"四位一体"，而是我们走到这以后不得不走的一步棋。你不这么去做，那么整个国家的发展将面临很大的威胁。以上就是我国建设生态文明的背景和意义。

三 我国生态文明社会建设的对策与建议

我国提出建设生态文明的目标之后，很多地方推动得非常积极。但从整体上看，东部地区的动作要比西部地区快得多。很重要的一点是，别看东部地区经济发展得快，但其环境压力比西部地区还要大。从地方上来说，最早推出生态文明建设纲领的是深圳市，2008年4月7日，深圳正式对外发布《深圳生态文明建设行动纲领（2008—2010）》，其主要内容是"按照生态文明的标准和要求，从科学谋划城市功能布局、推进节能减排和生态建设、优化城市资源管理、提升人居环境质量4个方面入手，全力打造精品深圳、绿色深圳、集约深圳和人文深圳"。而后，深圳市又出台了生态文明评估指标体系、9个配套文件和80个生态文明建设的具体工程项目。

课间休息的时候有学员跟我说，生态文明按现在的标准是达不到的，从理论上讲生态文明肯定是无止境的，但是每个地方都会构建一套指标。现在国家环保部也正在制定生态文明建设指标，但并不等于说这些指标制定出来，你达到这些指标就是非常完善的生态文明社会了，肯定不是这样的。其实这些指标只是起着引导大家朝这个方向去努力的作用。

目前，环保部和生态文明办等有关部门正在制定《全国生态文明建设纲要》，其主要内容是建立有利于生态文明的生产方式、生活方式、意识体系、制度保障体系、环境支撑体系和保障措施。该文件已经在两个月前正式颁布了，这里不详细展开介绍。下面，我重点讲一下我国生态文明建设的主要对策。

1 建设生态文明的生产方式

如何建设生态文明的生产方式，实际上就体现在两个方面，一是观念上，二是行为上。行为上体现最主要是在生产上应该体现。那生产中如何体现？就全国来说，我们现在基本上形成了一个产业类型齐全、具有一定竞争力的产业体系。但是存在的问题是，我国的增长方式基本上还是属于粗放型的，资源消耗高、浪费大等问题没有得到根本性的转变，可持续发展的空间非常有限。而我们的现状是人口多、空间有限、资源对外依赖性越来越高，环境容量低，而人民群众的要求又高。那怎么办呢？如果建设一种生态文明的生产方式，我们一定要达到高效与和谐，所谓高效就是指产出率要高，资源和能源消耗要少，所谓和谐就是指环境和经济要协调发展，区域之间要统筹发展。

首先，要建立与生态承载力相适应的产业结构。这一点我觉得是非常关键的。我们中国比其他任何国家的调控余地都要大，这是由于我国幅员辽阔，各地区气候条件各方面差别非常大，哪个地方适合做什么，哪个地方不适合做什么，有很大的调控余地，不像一些小国家，就这么点儿面积，没有调控余地。温总理提出的"三个转变"，其中有一点就是环境优化经济的发展，我认为这是非常对的，就是什么样的地方有什么样的资源，有什么样的环境，就发展什么样的产业。

我们国家现在面临问题最大的两个绿洲是内蒙古的额济纳和民勤，额济纳旗上游是甘肃的张掖地区，张掖一直是我国重要的粮食产区，所以大量的水资源消耗在这里。原来额济纳的绿洲非常好，但因没有水而退化得厉害，原来下游有两个非常大的湖泊叫东居延海、西居延海，西居延海在上世纪80年代已经彻底干了，东居延海现在变成季节性的湖泊了，所以绿洲退化得很厉害。沙尘暴的重要起源地就在这儿。那么这个地方为什么老是这样呢？重要原因就是这个地方的产业结构与它的资源环境承载能力不一样。甘肃的石羊河领域、黑河流域以农业发展为主，实际上它根本不适合发展大的农业，它的农业用水占当地用水的90%，而水平好一点的国家，农业用水只占70%左右。所以，产业的不合理导致了流域的不合理。整个绿洲的上游、中游、下游如何进行合理的产业结构调配，我觉得是很关键的。不能只看中游和上游，不管下游，最后肯定是要出问题的。

这里举一个内蒙古产业结构调整的例子。我们国家提出来的环境优化经济以后，内蒙古是全国搞的第一次试点城市，我在做"十一五"规划的战略环评，当时很重要的一个观点，就是要看一下整个内蒙古自治区有什么样的资源环境，应该发展什么样的产业，最后做了一个评估。其中最重要的一点，就是对农牧业的产业结构做了一个重大的调整，原来整个内蒙古在大兴安岭以北发展草原，畜牧业对草原造成了很大的破坏。所以，在规划里我们特别提到，现在畜牧业从过去的草原地区转到半农半牧区，靠当地的农作物的秸秆以及所种下的牧草来发展畜牧业，这样，草原地区的畜牧业的产值大大降低，畜牧业主要转移到农牧交叉地区，这样调整对整个草原起到了非常大的保护作用。2008年6月份青海也发文，决定对畜牧业地区进行转移，对草原进行休养生息。我觉得这是产业结构调整里面最好的一点。

其次，应该充分发挥区位特色优势，因地制宜发展地方经济。理论上说起来大家可能觉得枯燥，但实际上只要找到答案，对当地的产业结构能够起到非常好的作用。浙江安吉的环保在全国是非常有名的。在上世纪80年代太湖流域整治的时候，安吉曾是太湖流域最大的钉子户之一，排放的污水占了太湖的很大比例，当时安吉的市领导根本下不了决心，因为一关闭企业当地的产业就没有了。但在太湖流域整治的时候，要求安吉必须关闭高污染企业，后来安吉对产业结构重新做了调整。调整很重要的一点就是考虑区位和空间的优势。后来安吉考量到自身的区位优势，离杭州和上海都很近，特别是上海的工业非常发达，除了崇明岛之外找不到一个休闲度假的地方。所以浙江安吉就看到了这一点，把所有的污染企业都搬掉了，就发展以生态产业为主的产业。安吉现在号称全国的竹乡，它的竹子产业发展得非常好，做到什么程度？第一，上海和杭州人都到那儿度假，带动了旅游业和休闲业。第二，用竹子制造家具、工艺品、饮料、啤酒、衣服。没有了污染，经济又发展，条件也上去了。所以，很多地方如果能够找到自己的切入点，对经济发展和环境保护都是非常有利的。

再次，强化企业走循环经济的发展道路。这里不详细展开，就举一个张家港的案例。张家港是国内发展循环经济最早的地方之一，现在发展产业基本不想去招商引资，而是招商选资。张家港提出的"补链模式"的概念非常好，就是想办法找到一家企业，形成一个循环的产业链。能够形成循环的企业就要，形不成循环的就不要。原来张家港有一家精细化工企业生产硫酸，但是它要排出氯气、氯化氢、氢气等废气，所以政府在招商引资时就特别选了一家美国化工企业，正好利用化工厂排出的废气作为生产原料，利用它的副产品生产出别的产品。现在张家港的招商引资基本上是站在这个角度上去开展的，所以在循环经济、生态文明、生态产业等方面做得相对不错。

建立生态文明的生活方式

目前我国的经济高速发展，政府非常关注民生问题，加快建设新农村，这些都有利于提高百姓的生活质量。但是不利的一面是，中国现在的奢侈和浪费的风气比较严重，比排场很严重，大广场、大草坪、大饭店到处都是。我觉得很重要的一点是建立一种正确的生活观，倡导建设节约友好的生活方式。

建设生态文明的生活方式，我觉得应该从社会、政府和家庭三个方面入手。社会上应该有正确的引导方向，引导大家怎么样去理性消费，有什么样的观念基本上就会有什么样的消费理念。中国过去一直攀比，老是觉得是给别人活的，不是给自己活的，我觉得这种攀比心理现在越来越淡化了，但还是存在的。

首先，政府应该建立健全绿色消费机制。通过制定政策，出台税收和补偿等机制，引导公众选择节约理性的消费行为和消费方式。北京市大概每天产生的垃圾是1600吨，浪费掉的食物占10%，实际上，如果不打包的话，好多客人吃饭浪费的肯定不止10%。所以说全国每年餐饮浪费的社会财富是700多个亿。而且我们现在处理剩饭、剩菜跟过去有点儿不一样，过去很多人到饭店收集去养猪，但是现在养猪也不让养了，一是容易产生猪的疾病，二是现在的剩饭、剩菜里面垃圾和塑料袋什么都有，也根本不敢去喂猪。

其次，社会应该倡导绿色消费，树立绿色消费理念。通过各种宣传教育，树立节约理性的消费行为、消费观念、消费意识和消费方式。我认为中国的媒体报道的非常不好，老是报道谁有钱，怎么样奢侈。很少去报道、宣传怎么样去理性消费、节约消费。特别是这次金融危机以后，大家又鼓励消费，鼓励消费是没错的，但是采取什么样的方式消费，最后的结果绝对是不一样的。欧洲很多发达国家的高档饭店、酒店都还使用14英寸或17英寸的彩电。好多外国人使用的手机都是很低级的，而我们国家现在的小孩基本上每年换一次手机，淘汰率很高。所以中国平均每年淘汰7000万部手机，有50%的用户一二年更换手机，20%用户不到1年就换一次手机，每年有一块手机电池和一个手机充电器变成垃圾。这种比时髦的风气很不可取。

再次，家庭应该培养节约理性的消费观念，选择节约友好型的生活方式。我觉得这一点特别重要。现在国内一些大城市的生活污水排放量已经超过了工业污水的排放量。家庭，包括政府办公场所怎么样去节约很重要。有一组这样的数据：半导体照明比传统的照明方式耗能低75%，使用寿命高几倍到几十倍。如果我国大多数家庭都使用半导体照明，节约的电量相当于新建一个三峡电站。采用简单的节水设备很容易使家庭用水量减少1/3；节水洗衣机安装的污水处理装置可以将洗衣水进行处理后循环使用，用水量仅为普通洗衣机的1/3。前段时间出台"限塑令"政策的时候，电视台找我做节目，我最后说了一句话："什么时候我们的消费理念能够从'我能不能花钱买得起'转化为衡量'我做这件事情有没有环境保护'。那我们的环境意识就真正提高了。"现在有人去饭店点菜，很多人说这个菜没几个钱，买东西的时候觉得这个没几个钱，不用就扔了。大家想的就是惯性思维，我能够买得起，能够承担得起，就应该这么去做。但是大家没有考虑我做完以后对环境的影响是什么样的，所以衡量能不能做这个事情，还是衡量有没有钱，还是衡量对环境有没有利？我觉得这是一个很大的观念上的转变。

总之，在生活方式上，应该建立以人的健康生存为目标，从以外显为中心的摩登消费转到以内需为中心的现实消费。这一点我觉得是非常重要的。我们过去的很多消费都是给别人看的，并不是自己真正需要的。所以说这种观念如果能够转变，对生态文明社会建设是很大的进步。

3 建立正确的生态文明观

有什么样的理念，就会有什么样的生态行为和生活行为。文化底蕴非常深，时尚文化跟进快，这是我们的优势。但不利的因素是，没有正确的引导，我们追求西方的生活方式以后文化开始蜕变，追求时髦、追求奢侈的过度消费文化，这与资源节约型环境友好型社会背道而驰。所以，对于整个中国社会来说，当前最必要的就是要引领和倡导绿色消费，建立时尚而健康的文化体系，从源头上避免过度消费、奢侈消费。

一是强化生态文明教育。生态文明教育的深化离不开社会、家庭、学校和单位的合力。社会是生态文明教育的大课堂，家庭是生态文明教育启蒙，学校是生态文明教育主要阵地，单位是道德教育重要场所。

二是营造一种生态文明的氛围。我们做任何事情，没有一个好的氛围根本就做不下去。做一件事情，如果大家都这么去做，就觉得很正确，一个人做就觉得很另类。过去去饭店里面打包就觉得你非常抠门，现在好多饭店如果你吃完饭不去打包，就觉得你很浪费。这纯粹是什么样的文化导向什么样的氛围。大众媒体要把握正确舆论导向，文艺作品应该净化心灵陶冶情操，体育活动要激发团队精神爱国热情，这三者对生态文明建设有着特殊的渗透力和影响力，能帮助人们辨别是非，抵制假恶丑，为推进生态文明建设创造良好的舆论文化氛围。

三是培育生态文明的道德规范。我们曾经一度提出道德治国，有人不理解，治国是法治国家，怎么是道德治国？后来发现这是非常有道理的事情。为什么有道理？道德伦理下滑对整个社会的影响是非常深刻的。就道德规范的内涵而言，集体主义是必然要求，"**五爱**"是基本要求，社会公德、职业

> **重点提示**
>
> 五爱，指爱祖国、爱人民、爱劳动、爱科学、爱社会主义（1982年《中华人民共和国宪法》第24条提出）。是中国社会主义道德建设的基本要求。

道德、家庭美德是三个行为准则，核心是为人民服务。总之，生态道德建设是一个复杂、长期、渐进的社会系统工程，应建立健全有利于生态文

明建设的法律、法规及规章制度，社会上形成正确的舆论导向，使人们更加自觉地发挥聪明才智去保护环境和改善生态，从根本上实现人与自然的和谐发展。

4 改善环境质量，建立人与自然的和谐关系

要改善我们的环境质量，实现人与自然的和谐关系，需要从两个方面入手：一是从决策源头控制环境污染；二是建立一个人工与自然并重的净化还原体系。

（1）从决策源头控制环境污染

这里特别强调一点，我们现在改善环境一定要从源头治理入手。为什么这样讲？我们过去一提及环保，基本上就想到从污染治理的角度去搞环保。其实真正搞环保，应该要从源头控制开始，原来是从末端治理。所谓源头控制，实际上是通过产业结构的调整来控制污染，同时通过清洁生产和循环经济来进行过程控制。环境保护绝对不仅仅是一个污染的治理。源头控制对于环保的贡献，一定程度上比末端治理要大得多。

举个例子来说末端治理。比如说一个工厂可能排放出了100吨废水，或一个城市每天排放10万吨废水，此时照着技术方案进行处理，确实是治理了，但都属于末端的行为，都是一种下策。真正环保做得好的应该是从源头控制。源头控制最主要的手段实际上就是产业结构的调整和布局，有什么样的产业基本上决定有什么样的污染。

能源也一样。像乌鲁木齐的冬季取暖基本上是以燃煤为主，这个结构不调整的话，后面产生的大气污染就很多，治理起来就要花很大的劲儿。北京市这几年空气质量有很明显的改善，很重要的原因，就是北京市是把污染企业全部搬移到外边或是关闭了，原来北京市城区里边各种各样的化工厂很多，现在基本上没有了，焦化厂也没有了。北京市居民用的基本都是以天然气为主，所以结构上改变以后产生的污染物就少了，就不需要花费很大力气去进行末端治理。

汽车也一样，国3、国4的标准不一样，最后排放的污染物就不一样。

如果降低标准以后，排放的尾气量大，再反过来治理空气污染，成本是很高的。但是如果从产业内部调整的话，那情况就大不一样了。所以说环境保护为什么一定要涉及经济部门呢？非常重要的一点，就是有什么样的经济行为、什么样的产业结构，基本上决定了会产生什么样的污染。现在发达西方国家，包括美国、欧洲、德国、法国，城市环境质量都很好。根本的原因并不是说末端治理这块做得很好，而是它的产业结构调整做得好，凡是污染的企业基本上都转移到发展中国家来了，所以环境保护才做得好。

除了源头控制之外，还需要有过程的控制。所谓过程控制，是指我们在生产过程中采取什么样的工艺进行清洁生产和循环经济。最高的层次就是决策控制。政府有什么样的战略决策去引导，基本上会决定了这个地区或者国家最后有什么样的产业结构和环境污染的状况。

我国西部地区现在面临的最大问题就是生态的破坏。生态破坏过去我们采取的比较多的办法是植树造林，水土流失和沙漠化防治也做得很多。这些东西都需要做，但都是下策。上策应该是在西部地区进行产业结构的调整，怎样从过度依赖土地资源和自然资源转变为靠智力去发展。那最后的结果就完全不一样了。现在西部地区基本上是靠畜牧业、农业和矿产资源来发展，但这些地方生态环境又非常脆弱。这种生产方式就决定了生态环境破坏和生态压力非常之大，如果不调整肯定是不行的。

内蒙古鄂尔多斯近年来的环境状况有了极大的改变，非常重要的一点就是现在鄂尔多斯基本上不去放牧了，粗放的产业都转变了。基本从源头上控制了对生态的破坏。同时通过植树造林来改善环境。这对新疆也是很重要的问题。产业结构调整于对生态环境的改善是最重要的。如果产业结构不调整，一边破坏一边治理，最后的结果肯定还是整体恶化局部改善。

所以，我觉得最重要的就是战略决策。战略决策是落实生态文明的一个枢纽，有什么样的决策就会有什么样的结果。

从上世纪50年代开始，内蒙古自治区制定的政策就是长期执行"人畜两旺"的政策。先后提出"牧场公有，放牧自由"、"保护与奖励发展牲畜"、"稳定、全面、大力发展畜牧业"等多项生产指导方针。然后，1958年"大跃进"，又提出《关于高速度发展畜牧业生产的指示》，提出"所有的牧业收入全部用来扩大再生产"。当时的战略决策就是草原上放牧越多越好。在这种背景下，牲畜头数增长的速度非常快，直接导致了草原的大面积退化。今天好多人说到内蒙古看不到草原了。根本的原因就是战略决策的思想造成的。最近这几年从阿拉善到整个呼伦贝尔草原的恢复，恢复的很重要的原因，也就是1998年洪水以后提出的草原畜牧业战略的转移，从过去的"草原放牧"转到"围封圈养"这一块，发挥了很重要的作用。

我们特别比较分析了内蒙古"九五"计划到"十一五"的计划（如表1所示）。"九五"规划的时候，基本上没有提到生态与环境保护的内容，根本就没有想到要去保护环境、保护生态。到了"十五"的时候，提到了两条，"加强生态环境、水利交通枢纽重要基础设施建设；提高可持续发展，加强生态基础设施建设。"为什么？这时中央提出了西部大开发。到"十五"时期，内蒙古还没有把生态保护作为很重要的意识，到了"十一五"，基本上从指导思想，同所有产业的建设，再到环境保护措施，都把生态保护作为一个非常重要的问题提出来了。"要以科学发展观统领全局，强化生态建设，构筑北方屏障，建设资源节约型环境友好型社会"。这几年，内蒙古的生态环境在恢复，很重要的一点就是从自治区的党委书记到政府，开始重视这个事情。所以说，有什么样的战略决策，基本上有什么样的结果。最近几年我国政府提出节能减排，战略决策非常关键。

这里介绍一个美国西部沙尘暴案例，我认为对新疆有很重要的启发。美国开始西部大开发，所做的事情跟我们现在在西部做的没有大的差别，而后发生了非常严重的黑沙暴。当时做了几件事情：一是草原开垦，二是捕杀野兽，三是对矿产资源的开发。做了这么三件事以后，当时美国就奠定了一个非常好的经济基础。但很重要的一点，当时所做的这三件事，与当地的资源环境的承载能力不匹配，所以就导致了这种生态环境的危机。一是水土流失严重，二是草原破坏，生物多样性下降，这种破坏就导致了美国的黑沙暴。而生态环境的破坏，肯定会影响到经济社会的发展。当时美国西部由于生态环境的破坏，导致了农民的贫困，大量的沙尘暴发生了以后，粮食减产，经济危机紧接着导致了社会危机，导致阶级矛盾空前激烈。总之，短期内繁荣，但是导致了环境危机，紧接着经济危机，然后是社会矛盾。

表1 内蒙古"九五"计划、"十五"计划和"十一五规划"比较

	"十一五"规划 (2006—2010)	"十五"计划 (2001—2005)	"九五"计划 (1996—2000)
方针 政策	以科学发展观统领经济社会发展全局,深化改革,扩大开放,调整结构,加速农牧业产业化、工业化、城镇化和信息化进程,强化生态和基础设施建设,构筑我国重要的能源重化工基地、绿色农畜产品加工基地和北方生态屏障,发展循环经济,提高资源综合利用水平,建设资源节约型社会和环境友好型社会。	抓住"西部开发"机遇,以"两个提高"总揽经济工作全局;深化改革,扩大开放;全面调整经济结构,加强以生态环境、水利、交通为重点的基础设施建设,强化农牧业基础地位,加快工业化、信息化、城镇化进程;实施科教兴区战略和可持续发展战略,促进经济高速发展和社会全面进步。	坚持深化改革、扩大开放、促进发展、保持稳定基本方针,正确处理改革、发展、稳定的关系,通过结构调整,经济体制和增长方式转变,开拓市场,推进资源转换、开放带动、科教兴区、人才开发和名牌推进五大战略实施,促进全区综合经济实力、可持续发展能力和国民素质的全面提高。
核心 内容	1. 抓住机遇,构建产业集群; 2. 统筹兼顾,促进城乡、区域、经济与社会、人与自然协调发展; 3. 遵循自然规律,实现资源环境的可持续发展; 4. 以人为本,建设和谐内蒙古。	1. 加强生态基础设施建设; 2. 突出抓好产业结构调整; 3. 加快工业化、信息化和城镇化进程; 4. 大力推进体制创新和科技创新; 5. 全方位、多层次、宽领域扩大开放。	1. 加强农牧业基础地位; 2. 以科教兴区,推动经济增长方式转变; 3. 加快发展优势产业和支柱产业,带动经济快速增长; 4. 发展非国有经济,培育新的经济增长点。

最初美国政府采取的政策,一是稳定价格,二是采取了很多措施进行生态环境的治理,起到了一定的效果,但是没有起到决定性的效果。真正起到决定性效果的,是罗斯福当总统以后,指出必须放弃以生产为目标的农业政策,采取控制农产品产量的政策,大力发展工业,实施生态治理,核心就是产业结构的调整。过去西部靠以矿产资源的开发、以畜牧业、以农业为主的,但是罗斯福放弃了,采取了限制农业的具体措施,要求农地进行土壤保湿,减少农民种植棉花、小麦、玉米和烟草。然后建立了自然保护区,国家建立了各种各样的生态保护区。最主要的是大力发展工业,当时正好是"二战"时期,利用军事工业生产带动了整个西部产业结构的演变。因为工业的发展,就导致了农业和畜牧业的大量萎缩。还有不能发展的地方,又不太适合种植粮食、畜牧业的,就建设赌城、好莱坞娱乐业。总之,就是大力发展与生态承载能力相适应的产业结构。

所以我觉得这个对我们整个西部有非常大的借鉴意义。我们西部地区基本上还是土地依赖型的。但是到了东部地区你就发现，基本上都是技术型的占了很大的比重。如果整个西部地区生态保护想做得好的话，产业结构调整肯定是必需的。所以，在符合产业政策的情况下，能够适当地发展一些第三产业，发展一些高新技术产业，国家首先应该鼓励去做，从全国的角度上做一个产业结构的合理平衡。如果西部摆脱不了这种土地依赖型的发展模式，生态环境很难去改善。

（2）建立一个人工与自然并重的净化还原体系

我们现在过分人工化导致了维护成本非常高。随着环境意识的提高、经济基础的增强、技术条件的成熟，我们应该建立起一个人工与自然并重的净化还原体系。

北京举办奥运会后建了一个很大的奥林匹克公园，建完以后移交给朝阳区政府管理。但朝阳区政府就在那里发愁。为什么发愁？这么大的一个公园，维护运行的成本非常之高。之所以成本高，是因为里边种了各种各样的树，不完全是本地树种，光是水电费就承受不了。而在国外，大面积的人工公园、人工种树很少，很多绿地都是原来留下来的，不会建那么多大面积的人工草坪、大面积的人工林。所以基本上不用花钱，只需简单的维护就能运营下去。而在我们国家，很多东西都是人工化的，包括污水处理厂。最典型的是三峡库区，国家投资每个县建污水处理厂，但好多地方建完以后没法运行，甚至好多乡镇都在建，建完就运行不了。原因就在太人工化，成本太高。实际上，有好多可以利用自然条件进行治理。所以，怎么建立一个人工与自然相结合的资源净化体系非常重要。

我一直在跟搞环保的人强调，自然界是最天然的生命支撑系统，也是最天然的净化武器。你看我们这么多年，上世纪80年代以前没有污水处理厂，垃圾、水、便都是随便排放的，那时我们自然界还可以支撑，能够达到净化，所以就不能太人工化了，应该是人工与自然相结合。如果只为了治理，成本又很高，不用说西部地区东部也承受不了。东部地区我去看了，江苏的好多县里边有的建了污水处理厂，也运行不起来。甚至很多村都有一个污水处理厂。这些污水处理厂建得非常简单，严格来说不叫污水处理厂,大约 1 米宽,200 米长,在上边种点树种点草,弄点石子净化一下,水出来以后干干净净的。有的是一个村建的,有的是个人建的,有的是一家建一个,基本上不用花什么钱,但是效果还挺好的。所以,怎样在环境治理上能够节约成本,利用自然界的力量,是非常值得推广的一件事情。

5 建立区域统筹的协调体系

之前提到建设生态文明要坚持公平原则,就是要建立一个区域统筹的协调体系。根据 WWF(世界自然基金会)所做的统计,中国每年大部分产品出口到美国和日本,美国每年从亚洲国家获得的生物生产力,相当于 91 万平方公里的国土面积产生的生物生产力,以中国人现在的生活标准相当于养活了 7000 万美国人。反过来,中国每年向美国输送的生物生产力相当于 43 万 km^2,向日本输送的生物生产力相当于 25 万 km^2,两国加起来就是 68 万 km^2。这 68 万 km^2 大概相当于江苏、浙江、安徽、山东四个省的面积,这是不得了的,所以相当于多养活了 6000 万的人口。我们给美国出口物资的时候,实际上是出口了我们的生态,出口了我们的环境。从国家的角度上来说,应该建立一个公平合理的区域协调机制,强调经济发达地区的社会责任,这有点像现在特别强调美国和欧洲等发达国家对全球的社会责任,同时明确资源和能源的输入地对输出地、下游受益地区对上游地区进行生态补偿的制度。

国内也一样,区域间统筹包括东中西部统筹、流域统筹和城乡统筹,涉及资源统筹、生态与环境统筹、生态保护和经济发展统筹、生态补偿等内容,国内的煤炭资源大部分是出自于山西、内蒙古、黑龙江和河南,而就消费而言,基本上是东部地区占了绝大部分的比例。现在最典型的是山西,大量的煤炭资源被挖空了,现在的生态环境遭到了极度的破坏,遗留了很多问题,这其实就涉及区域公平问题,即资源转移里面应该得到什么样的生态补偿,现在国家层面正在推动这个事情。

以北京为例,北京周围现在叫生态涵养区的这一圈,如果郊区的环境受到破坏以后,它对北京市区的影响很大,再往外扩展的话,像内蒙古的环境受到破坏以后，对北京的影响也很大，甚至新疆的环境受到破坏以后，对北京的影响也是很大的。所以，如果你想要让北京的环境质量好，那么北京周围地区的环境也要好。所以大家一定要建立区域生态公平，一起来保护环境。这也是生态文明社会很重要的体现，所以现在我们强调国际和国内的社会公平、环境公平，很重要的一点就是要一起行动才可以。

最后，讲一下生态文明的基本主张。生态文明的狭义主张，包括森林保护、土地利用、改进农耕、合理利用水资源、合理合理利用能源、物种保护、大气保护和人口控制。基本上除了人口控制以外，其他都是从资源环境上入手的。狭义的生态文明是不完善的，现在大家认为真正生态文明的基本主张，应该是广义的、有机的、完整的理论体系，包括政治清明、经济有序、国际和平、社会福利保障、人际关系和谐，正确的宣传和良好的教育。单纯的就环境论环境，或者就资源论资源，是不可能建设生态文明社会的。给大家提出来这些观点是值得思考的一件事情。

（根据主讲人在2009年4月司局级领导干部"资源节约与循环经济"专题研究班上的讲课录音整理）

如何用法律手段推进循环经济发展

孙佑海

演讲时间：2006 年 5 月 24 日

作者简历：孙佑海，国家环境咨询委员会委员、中国环境资源法研究会副会长、中国政法大学教授。

原全国人大环境与资源保护委员会法案室主任。曾任全国人大环资委《循环经济法》起草工作小组组长。代表作有《循环经济在实践》、《循环经济与立法研究》、《关于循环经济立法的若干问题》和《法治对建设资源节约型、环境友好型社会的战略性推进》等。

内容提要：详尽阐述了我国发展循环经济的必要性和必然性，给出了循环经济的法学定义。在此基础上，论述了我国循环经济立法的基本思想、原则、基本定位和基本法律框架。最后就循环经济涉及的几个关系作了简要阐述。

非常高兴有机会和大家一起交流"如何运用法律手段推进循环经济发展"这个话题。我的发言分七个方面：第一，我国为什么要大力发展循环经济；第二，我国发展循环经济存在的主要障碍；第三，我国为什么要专门制定《循环经济促进法》；第四，我国应当制定一部什么样的《循环经济促进法》；第五，我们应当如何制定《循环经济促进法》；第六，关于《循环经济促进法》的实施。

一　我国为什么要大力发展循环经济

1. 我国发展循环经济的必要性

从 2002 年开始，发展循环经济就得到了我国最高决策层的直接关注。2002 年 10 月，江泽民在全球环境基金第二届成员国大会讲话中指出，只有走最有效利用资源和保护环境为基础的循环经济之路，可持续发展才能得以实现。2004 年 3 月，在中央人口资源环境工作座谈会上，胡锦涛明确指出，要加快转变经济增长方式，将循环经济的发展理念贯彻到区域经济发展、城乡建设和产品生产中，使资源得到最有效的利用。2005 年 3 月 12 日，在中央再次召开的人口资源环境工作座谈会上，胡锦涛强调指出，"严峻的环境形势迫切要求转变经济增长方式，这是解决环境与发展之间矛盾的治本之策"。其中谈到要切实抓好以下工作，"要大力推进循环经济，建设资源节约型和环境友好型社会"；"要大力宣传循环经济理念，加快制定《循环经济促进法》"。在 2005 年党的十六届五中全会通过的《中共中央关于制定国民经济和社会发展第十一个五年规划的建议》和 2006 年 3 月全国人大通过的《中华人民共和国国民经济和社会发展第十一个五年规划纲要》中，都明确要求："坚持节约开发并重，节约优先，按照减量化、再利用、资源化的原则，在资源开采、生产消耗、废物产生、消费等环节逐步建立全社会的资源循环利用体系"；"要加快循环经济立法"。

由此可见，发展循环经济和制定循环经济促进法，是党中央的明确要求，并被全国人大所通过的具有法律效力的规划所认可。对此，我们要认真学习，深刻领会，坚决落实。以上是我要讲的第一个问题，即大力发展循环经济是十分必要的。

2 深刻认识我国大力发展循环经济的客观必然性

当前，在中央把发展循环经济提到重要议事日程的大背景下，我们需要对以下四个方面有清醒的认识。

第一个认识，我国必须加快发展。发展是执政党的第一要务，这个决心是不能动摇的。为什么呢？因为，不发展，人们的生活水平就不能提高；不发展，我国的各项建设事业、各项社会福利事业就不能兴办；不发展，我国面临的就业压力将会越来越大；不发展，我国的综合国力就不会提高，而落后，我国在国际上就没有地位，甚至就要挨打。所以，中国必须加快发展。

第二个认识，从当前我国资源环境面临的形势并展望今后的发展态势看，目前的经济增长方式非常危险。我国目前的增长方式还是以高污染高消耗为特征。如果按照这种经济增长方式发展，那么到一定阶段经济增长就要停下来。首先看资源。以石油为例，我国从1993年开始成为石油进口国，到2003年时，我国的原油进口量接近1亿吨，对外依存度高达36.5%，2004年增加到40%，2005年进一步增加到42.9%。也就是说，到2020年前后，我国的石油进口量有可能达到3亿吨，成为世界第一大石油进口国，进口依存度将超过60%。这么高的进口依存度相当危险。此外，据专家分析预测，2010年我国现有45种主要矿产中可以满足经济社会发展需要的仅有21种。其次看污染。我国两大主要污染物排放量位居世界第一，即**化学需氧量**和二氧化硫。

> **重点提示**
>
> 化学需氧量，是在一定条件下，采用一定的强氧化剂处理水样时，所消耗的氧化剂量。它是表示水中还原性物质多少的一个指标。水中的还原性物质有多种有机物、亚硝酸盐、硫化物、亚铁盐等。但主要是有机物。因此，化学需氧量又往往作为衡量水中有机物含量多少的指标。化学需氧量越大，说明水体受有机物的污染越严重。

2003年，我国COD（化学需氧量）排放量达1300多万吨，居世界第一，二氧化硫排放量是2100多万吨，也是居世界第一。即使按照"十一五"规划的要求，完成了主要污染物的总量比在2005年的基础上再削减10%的指标，到2010年，我国主要污染物的排放量在世界上还是处于第一位。现在水污染中COD的排放量超过环境容量的70%，二氧化硫排放量超过环境容量的60%，这两个数据均来源于国家环保总局发布的《国家环境安全报告》。此外，目前我国还是二氧化碳的排放大国，仅次于美国位居世界第二，按照这样的发展趋势，我们与美国的数值也会越来越逼近，届时我们面临的全球环境压力将会越来越大。这是污染的情况。

第三个认识，我国生态恶化的范围在扩大，强度在加剧，危害在加重。这里我不说整个生态，仅举几个例子。首先看缺水问题。世界性的水短缺历史并不是很长，只是在上世纪的后半叶，随着大功率柴油泵和电力泵的出现，人类才具备了大量抽取地下蓄水层的能力。近年来，整个中国北部的地下水位都在下降，华北平原每年水位下降高达1—3米。十多年前我国制定《中华人民共和国水法》的时候，有一些搞地勘的人非常兴奋，说在华北平原地下发现了巨大的地下湖，当时以为是一件好事，后来才认识到，原来地下水本来都是满的，只是后来大量抽取，地下水的水位不断下降才逐步的变成一个湖了。如果按照这种发展趋势，一旦蓄水层耗竭，我们食物的安全必然受影响。因为过量抽取地下水灌溉农田，固然可以满足我们当前日益增长的食物需求，但长此以往地下水资源就会供不应求。此外，还有生物多样性被破坏、土地荒漠化、沙漠扩张等问题严重困扰我们。前几天北京又刮沙尘暴了，一天就降下约30万吨的沙尘。而且，沙漠在不断扩张，一年就吞噬掉我国2000多平方公里土地，相当于一个中等县的面积。近50多年来，我国已经被沙尘淹掉了10多万平方公里的土地，这么大的面积相当于整整一个江苏省的土地面积。照这样继续发展下去，我们的生存状况的的确确十分危险。

总体看来，当前我国生态系统的整体功能仍然在下降，抵御各种自然灾害的能力在减弱。我们正以历史上最脆弱、最严峻的生态环境供养着历史上最大规模的人口，负担历史上最大规模的国民的经济和社会活动，造成的环境资源损失和经济损失也是最大的。所以，生态和环境安全问题成为影响我国国家安全和可持续发展的重大问题，也是我国21世纪所面临的最突出的问题之一。

第四个认识，我国的资源很紧张、污染很严重，生态破坏很突出，而人口又居世界第一位，在这种情况下，客观上要求我国的资源产出率水平要比一般国家要高。但结果却恰恰相反，我国的资源产出率却过低。目前，我国GDP总值只占世界GDP总值的4%左右。但是，我国原煤消耗量占全世界消耗量的31%，钢材的消耗量占全世界消耗量的30%，水泥的消耗量占全世界消耗量的40%，具体的例子还非常多，总体上算一笔账，我们是用35%左右的能源换来了4%的GDP。

造成上述问题的根本原因是什么？根本的原因在于经济增长方式不合理，经济结构也不够合理。我们基本上依靠传统的经济发展方式维持生产和生存。也就是说，我们的GDP是依靠大量的投入为代价实现的，结果造成了废弃物的大量产生和丢弃。这样的经济发展方式既不符合国情，也会引发各种社会矛盾，最终使社会生产难以为继。所以，现在到了必须加快转变经济发展方式的关键阶段。

那么，中国应该采用什么样的发展方式才能够解脱上述困境呢？最近我看了同济大学诸大建教授写的一篇文章，他提出一种新的模式，叫做解决资源问题的C模式，与美国世界环境研究所布朗先生所提出的A模式和B模式区别开来。

A模式就是高资源消耗、高环境污染的强物质化的模式，主要表现为经济增长和环境压力同步发展。就是在GDP做"大"的同时使环境压力变得更大了，这就是传统的经济增长方式，我们目前采用的就是这种方式，靠大量的投入来换取发展。B模式就是要求经济发展与环境污染绝对脱钩的减物质化模式，这是布朗先生在《B模式》一书中倡导的未来发展模式。这个模式，要求在经济增长的同时实现大规模的减物质化，目标就是在经济持续正增长的同时使环境压力达到零增长，甚至是负增长。但是，当前很多专家对B模式的观点不一致，认为B模式可能是发达国家才能实现的目标。因为，现在很多欧洲国家提出了要在21世纪的上半叶实现生态效率为"倍数4"甚至"倍数10"的发展目标。所谓"倍数4",就是经济增长比现在增加1倍,而物质消耗和污染物产生却比现在少一半。这种发展目标非常好。但是,中国可能还无法实现,为什么呢?这是因为,到2020年时,如果我国要实现GDP翻两番的同时而环境压力没有明显的增加,那么资源产出率就必须提高4—5倍;如果实现环境压力有明显减轻,那么资源产出率就必须提高8—10倍。2004年在上海举行的中国循环经济发展论坛上,钱易院士说这个目标当然是鼓舞人心的,但是从我国当前的技术能力、发展水平以及发展目标来看,这个高难度的减物质化发展模式实现起来难度很大。因为你在环境方面提出了这么高的要求,那么经济发展的目标就要相应调整,这显然与广大人民群众改善生活水平的强烈愿望不一致。

那么C模式的主要内容是什么呢?就是在未来的15年也即2005—2020年期间,一方面中国经济仍然保持8%左右的增长率,同时要求资源消耗以及污染物产生先减速增长而后再趋于稳定。就是说,中国到2020年经济总量翻两番的同时允许资源消耗量最多增加1倍,用不高于2倍的自然资本消耗换取4倍的经济增长和相应的社会福利,这个模式赋予我国社会经济发展15年左右的缓冲时间,在后一个阶段对增长方式进行调整最终达到一种相对稳定的减物质化阶段。这样,到2020年之后中国将有可能实现"倍数4"的绿色发展战略即经济总量继续翻一番,但是资源消耗和污染物产生量实现减半,从而使得中国经济发展和环境压力实现前面所说的脱钩发展,也就是前面所说的B模式。

但是,要实现这样的发展目标,就要求我们在这15年里必须真抓实干,必须是以提高资源产出率为中心来设计和改变我们的经济增长方式。这个目标刚一提出来,从事环保行业的人觉得这个目标还不过瘾。但从实际出发,能够达到这个目标已经非常了不起了。而要实现这一目标,只有大力发展循环经济。

3 如何认识循环经济

关于循环经济的定义,目前众说纷纭,莫衷一是。据不完全统计,现在各种报刊杂志上共有 300 多种定义。虽然观点不尽相同，但有四个方面的共识：第一个共识是确立了"3R"原则，即以"减量化（Reduce）、再利用（Reuse）、资源化（Recycle）"为循环经济的操作原则。第二个共识是把发展循环经济视为处理环境与发展关系的第三阶段。既然讲到第三阶段，那么就有第一阶段和第二阶段。所谓的第一阶段就是传统的线性经济发展模式，是一种"资源—产品—废弃物排放"的单向流动的线性经济模式。第二阶段是末端治理模式，就是我国早期的环境保护工作模式，即在污染物产生之后才把污染物捞出来"吃"掉，比如说我们看到的污水处理厂，就是 COD 流到污水处理厂后通过化学的办法把它"吃"掉；我们看到电厂里有脱硫的设施，还有除尘的装置，都属于末端的治理方式。第三个共识是从可持续发展的角度出发，在企业内部、企业之间和社会整体三个层面发展循环经济，这实际上就是第三阶段。一是小循环，就是在企业内部尽可能地实现循环，比如美国的杜邦公司，二是在企业之间的园区层面的中循环，三是社会层面的大循环，从三个层面发展循环经济。第四个共识是从新型工业化的角度来审视，认为循环经济是经济、环境和社会发展三赢的发展模式，发展循环经济有利于经济增长、资源节约和环境友好。这是在发展循环经济领域所取得的四个共识。

当然，在认识方面还存在一些误区。主要表现为：第一，仅仅从物质回收和利用的角度来阐述循环经济，这个面理解得太窄；第二，仅仅是从企业间的物质闭路循环角度去理解循环经济，忽视了循环经济需要从小循环、中循环和大循环三个层面展开；第三，仅仅从生产环节的物质闭路循环的角度去了解循环经济，没有考虑到消费和流通问题；第四，仅仅注意工业领域的技术循环系统，没有考虑到农业；第五，仅仅强调发展循环经济需要规划、法律等传统性保障，而没有注意到运用经济手段来促进循环经济的发展；第六，仅仅从传统环境质量的指标去建立循环经济的评判标准，而没有建立一套适合循环经济发展的指标体系；第七，仅仅强调了发展循环经济的各种工程和项目，却缺少对整个工程项目的成本和效益分析，结果导致所谓的循环经济既不经济又不环保的问题。

讲到这里，有人问我对循环经济是如何定义的。在说出我的定义之前，我想介绍几种比较有代表性的表述。

第一个表述是国家发改委马凯主任的观点，他认为"循环经济是一种以资源的高效和循环利用为核心，以减量化、再利用、资源化为原则，以低消耗、低排放、高效率为特征，服务可持续发展理念的经济增长模式，是对大量生产、大量消费、大量废弃的传统经济增长模式的根本变革"。马凯以官方的身份所作的定义影响很大。

第二个权威性的表述，就是在2006年全国人代会期间给会议代表发放的"十一五"规划纲要的附件里所提供的循环经济概念："以减量化、再利用、资源化为原则，以提高资源利用效率为核心，促进资源利用由'资源—产品—废物'的线性模式向'资源—产品—再生资源'的循环模式转变，以尽可能少的资源消耗和环境成本实现经济社会可持续发展，使社会系统与自然生态系统相和谐。"这个定义比较新而且影响比较大，它提到了使社会经济系统与自然生态系统相和谐，我认为这个变化十分重要。

第三个就是学者们的理解了。目前学术界关于循环经济的最普遍定义就是："所谓循环经济是指在经济发展过程当中，遵循生态学规律，将生态设计、清洁生产、资源综合利用和可持续性消费等融为一体，实现废物减量化、资源化和无害化，使经济系统和自然生态系统的物质和谐循环，维护自然生态平衡。"当然也有不同意循环经济这个提法的。比如中国人民大学的欧阳志远教授认为循环经济无论从理论上还是实践上目前都很难成立。再有一种观点将循环经济理解的比较窄，就是指对废物的处理，德国就是在废物处理这个范围来规范循环经济概念的。这是循环经济的几个主要观点。

下面，我个人从立法的角度对循环经济下了一个定义。我认为，所谓循环经济，是指在生产建设、流通消费和废物处置等阶段遵循生态规律和经济规律，以减量化、再使用、资源化为原则，以清洁生产、产品延长使用、资源循环利用和循环消费为主要内容的经济活动。这是我对循环经济的理解，下面向大家汇报一下。

首先要明确，发展循环经济要在生产建设、流通消费和废物处置等阶段都要进行。而不是仅仅在某一个阶段，即仅仅在生产阶段进行。其次，发展循环经济要遵循生态规律和经济规律。提出这个问题是有针对性的。比如有的企业为了循环利用资源，在循环的过程中大量排放污染物，使污染非常严重；还有的企业为了搞循环，过分延长产业链，使得循环经济既不环保也不经济。所以我们强调，发展循环经济一定要遵循生态规律和经济规律。第三，要以减量化、再使用和再生利用（资源化）为原则。减量化是"3R"原则的核心，是指在生产和服务的过程中尽可能减少资源消耗和废物的产生，核心是提高资源的利用效率。减量化实际上就是关注输入端，强调尽可能少地投入原材料。再利用关注的是过程端，是指产品制造出来以后要多次使用，或者是经过修复、翻新或是再制造之后继续使用，尽量延长产品的使用周期，防止过早地成为垃圾。资源化也即再生利用，关注的是输出端，是指将废物最大限度地转化为资源，既减少自然资源的消耗，又减少污染物的排放。第四，循环经济的主要内容包括清洁生产、延长产品使用周期、资源循环利用、循环消费、可再生资源开发利用等五个方面。

（1）清洁生产。我记得在2000年制定《清洁生产促进法》时，有的同志提出，清洁生产不就是工厂搞搞绿化、车间扫扫卫生，有必要专门制定法吗？我们解释说，清洁生产不是工厂打扫卫生，而是一种新的生产方式。什么是清洁生产呢？《清洁生产促进法》第二条明确规定：本法所称清洁生产，是指不断采取改进设计、使用清洁的能源和原料、采用先进的工艺技术与设备、改善管理、综合利用等措施，从源头削减污染，提高资源利用效率，减少或者避免生产、服务和产品使用过程中污染物的产生和排放，以减轻或者消除对人类健康和环境的危害。所以，《清洁生产促进法》里讲的清洁生产，其核心是提高资源的利用效率，从源头削减污染，这才叫清洁生产。资源利用效率提高了，从源头上削减污染了，末端处理的压力自然就小了。

（2）产品延长使用。通过加强维护修理使产品长期保持良好的使用状态，不至于过早地报废成为垃圾。提高水的循环利用率也属于再利用。济南钢铁公司近年来钢产量增加了几倍，可是水消耗增加量才5%左右，目前水循环利用已达到了98%左右，利用效率很高。

（3）资源的循环利用。资源的循环利用包括可再生资源的开发利用、废物的综合利用和再生利用。太阳能、风能、潮汐能的开发利用就属于可再生资源的开发利用。废物的综合利用主要是指在矿产资源开采过程中对伴生矿进行综合开发和合理利用，对生产过程中的废气、废渣、废水、余热、余压进行回收和合理利用。废物的再生利用是指包括收集、分类、消毒、处理以及再利用那些可以成为原料的废料，使之以原材料的形式再次进入生产领域，用于制造新的符合标准的产品，变废为宝、化害为利，在日本称之为静脉产业。日本从医学受到启发，对产业进行了分类，分为动脉产业和静脉产业，将使用新鲜材料进行生产称之为动脉产业，将利用废弃物进行生产的称之为静脉产业。例如，把废旧汽车拆解了之后取其有用部分加以利用，把废旧的电视机、电冰箱拆解以后用其中的有用材料进行生产，都属于静脉产业范畴，废物再利用也叫静脉产业。

（4）循环消费。循环消费是指运用价格等经济杠杆鼓励政府机关、企业和普通消费者，购买那些利用废旧资源制造的产品。为什么要把这个问题提出来呢？因为目前消费领域不循环的问题十分严重。比如，大连市购买从地下抽取的新鲜水1吨1元钱，可是购买再生水需要花3元钱。因为再生水用化学等办法进行处理成本很高。作为市场经济条件下的企业，是愿意买新鲜水还是愿意买再生水呢？一般情形下企业当然愿意买新鲜水，一是新鲜水大家感到比较干净，再生水即使工艺先进，处理的很好，人们还是担心不卫生，而且成本高昂。怎么办？对于利用废旧资源制造的产品，政府应该就运用价格或财政补贴等机制鼓励企业购买。就是说，要让利用废旧资源制造产品的企业活下去，否则，利用再生资源生产产品的企业永无出头之日。所以，我们发展循环经济一定要重视循环消费。我们过去在讲循环经济，对这个问题重视不够。现在，联合国等有关机构对这个问题非常重视，认为发展循环消费是促进循环经济发展的一个非常重要的手段。

刚才，我对循环经济提出了自己的定义。循环经济作为一种有效平衡经济增长、社会发展和自然保护三者之间关系的新的经济增长模式，需要法律的确认和保障才能得到充分的实现。《循环经济促进法》就是保障和推动循环经济发展的法律制度的总称。

二 发展循环经济存在的主要障碍

有的同志问,你说循环经济优越性这么多,又是清洁生产,又是产品延长使用,又是循环利用,又是循环消费,但为什么发展不起来呢?针对这个问题,我们也做了一些调研分析,我认为虽然发展循环经济是建设资源节约型、环境友好型社会的重要途径,但是它还处于起步阶段,存在的障碍还比较多,主要有以下七个方面:思想障碍、体制障碍、机制障碍、管理障碍、技术和成本障碍、违法行为的障碍和现行制度的障碍。

(1)思想障碍。有的领导同志认为,我们现在正处于社会主义初级阶段,经济形态上正处于重化工的阶段,广大中部和西部地区面临的主要问题是如何脱贫致富的问题,因此发展循环经济,搞节约资源保护环境还不到时候。还有的领导同志缺乏环境保护和循环经济方面的知识,把经济增长目标放在第一位,而对于发展环保产业和循环经济却不屑一顾。还有的地方认为高污染、高能耗的企业是当地的财税大户,所以采取了保护的态度。这些认识是循环经济难以发展的思想障碍。

(2)体制障碍。现行的行政管理体制不合理,企业要发展循环经济遇到的困难很多,有名有利的事情各个部门抢着管,企业遇到困难了,有关部门能推就推。

(3)机制障碍。我国目前还没有形成有利于发展循环经济的良好机制。比如对废旧轮胎进行合理回收处理,就可以解决废旧轮胎造成的污染问题。但依据现行的价格机制,从事废旧轮胎处理的企业,不但不能盈利还要赔钱。此外,资源税太低也造成严重的浪费。多年来国家对资源开采者征收的资源税过低是造成煤炭资源破坏性开采的一个重要原因,我国目前煤矿回采率平均只有35%,回采率虽低,但这些煤炭企业利润却不少,原因之一在于资源税过低、收费方法也不合理。为了照顾地方利益,获得开采权的企业现在交付的资源税不到成本的1%,就造成了煤炭资源的严重浪费。

（4）管理障碍。目前我国在管理方面还存在着很多的障碍，企业"跑、冒、滴、漏"的情况非常严重，浪费惊人。据了解，我国城市供水管网的水资源消耗十分惊人。根据建设部的统计数据，我国城镇供水管网的漏失率在20%左右，因此，每年仅管网漏失所损失的自来水就达100亿 m^3，高于"南水北调"中线方案的全部供水量。资源探测管理系统、资源开采管理系统、资源加工管理系统、资源运输管理系统、资源消耗管理系统、资源使用检测管理活动和资源节约调控系统等都很缺乏。

（5）技术和成本障碍。资源的综合利用包括整个"3R"都需要技术支撑。但在实践中还存在着技术和成本方面的障碍。在资源节约和环境保护方面的技术研发，我们所下的功夫不多。我特别担心的是什么呢？如果研发的技术都是千方百计提高开采资源、利用资源的效率，而没有环境保护的高效率，没有提高资源产出率、循环利用率的高科技，那么，我们的高科技就是片面的。我们如果不在环境保护领域大力发展高科技，那么随着科技创新规模的变大，我们所带来的环境污染和生态破坏的后果将会更加严重。当然，还有成本的问题，由于技术水平低，因此成本就高，所以循环经济也发展不起来。

（6）违法行为的障碍。因为废弃物的资源化涉及环境卫生人体健康等问题，所以必须遵守环境、卫生等法规。目前有人打着发展循环经济的旗号从事损害人体健康的行为。最近中央电视台的焦点访谈栏目曝光，一个企业打着循环经济的旗号，回收利用废旧塑料，用于制造婴儿的奶瓶，还有利用废塑料制作食品袋。这实际上都是打着循环经济的旗号从事损害人体健康的违法行为。

（7）现行制度的障碍。这个问题不难理解。发展循环经济还会与过去颁布的一些法律、法规、技术规范发生矛盾，形成制度方面的障碍。

下面，我再具体分析一下。

第一个是关于实施减量化的障碍。实施减量化的核心就是企业搞节能降耗。但长期以来，企业搞节能降耗的动力不足。最根本原因就是机制不合理，而机制不合理的核心就是资源价格过低。如果使用石油、煤矿很便宜，企业就不会在降低资源消耗方面做文章。

第二个是关于实施再使用原则的障碍。在消费领域，我国目前还在出台实施拉动消费扩大市场需求的经济政策。如果过分延长产品的使用寿命，就像我们以前穿衣服，新三年、旧三年、缝缝补补又三年，如大家都这么利用服装，服装企业就没法生存了。如果过分延长产品的使用寿命，产品卖不出去也会引发失业问题。

第三个是关于实施再生利用原则的障碍。当前我国正处在重化工的阶段，中部和西部地区经济不够发达，当前的重点工作是脱贫致富。在多数农村地区，目前还没有实现消费主导型，也没有大量的家用电器和电子产品需要处置。如果不加分析地一窝蜂地建设废物加工厂，发展静脉产业，可能再次导致设备闲置、投资浪费。

第四个关于循环消费的障碍。刚才提到了，一个是价格问题，一个是财政补贴问题。这些问题需要政府下更大的决心。

以上障碍需要综合运用行政、经济、法律等手段方可克服。我们特别强调要运用法律手段进行调整。因为法律手段具有规范性、稳定性、平衡性、强制性、公开性和极大的权威性等特征，其力度其他手段无法比拟，也不可替代。因此，在我国发展循环经济必须充分重视法律手段的作用，当前就是要抓紧制定《循环经济促进法》。

三　我国为什么要专门制定《循环经济促进法》

在制定一个新的法律之前，首先要清理我国在此类领域已经出台了哪些法律。

进入 21 世纪之后，我国对发展循环经济十分重视，2002 年 6 月 29 日通过的《清洁生产促进法》，是一个重要的标志，这是实施可持续发展的一个重大的战略举措。应该说，近年来中央和地方已相继出台了一些相关的法规条例。比如《城市节约用水管理规定》、《可再生能源法》、《清洁生产审核办法》、《国务院关于加快发展循环经济的若干意见》、《贵阳市循环经济条例》、《深圳特区循环经济促进条例》等等。尽管如此，仍然不能适应需要。存在的问题有哪些？法律规范的内容不完整、体系比较乱、法律位阶比较低、重要的制度没有建立、力度不够、配套法规跟不上需要等等。还有一些地方有了很多很有效的措施，但没有合法的地位，随时可能被撤销，即存在着合理但不合法的情况。所以很需要专门制定《循环经济促进法》。

下面我谈一下专门制定《循环经济促进法》的必要性。对于我国是否需要专门制定《循环经济促进法》的问题，存在以下几种观点。第一种观点认为，现在循环经济没有得到很好的发展，主要是现行的法律没有执行好，是法律的执行问题，因此不需要新制定专门的《循环经济促进法》。第二种观点认为，应该先制定规章或单项法规，然后再来考虑制定专门的《循环经济促进法》，这个观点有着相当的代表性。他们建议对发展循环经济采取循序渐进的战略，在试点的基础上再逐步推广，这个观点比较典型的是最近中科院发布的2006年《可持续发展报告》中提到，该报告指出要充分评估《清洁生产促进法》实施中存在的经验和问题，优先制定循环经济相关的法规和配套的政策，在条件成熟的情况下，再考虑制定综合性的循环经济促进法，这是一种很有代表性的观点。第三种观点认为当前应该抓紧制定《循环经济促进法》，然后在这个基础上抓配套法规的制定。

我赞成第三种观点。理由如下：

第一，胡锦涛指出，要大力宣传循环经济理念，抓紧制定《循环经济促进法》。我想这个观点就不需要做更多的解释了，胡锦涛代表党中央提出来抓紧制定《循环经济促进法》，我们理应坚决执行。因为，胡锦涛把握国际和国内大局，从我国面临的最紧迫的实际问题出发，代表党中央提出了发展循环经济的立法要求，既高瞻远瞩又深谋远虑，我们要从政治的高度来理解和执行胡锦涛同志的重要指示。

第二，全国人大常委会根据胡锦涛的指示，考虑到我国社会各界迫切要求制定循环经济促进法的呼声，及时调整了立法的计划。第十届全国人大常委会的立法计划原来没有制定《循环经济促进法》的项目，现在根据新的形势把制定《循环经济促进法》补充列入其中，并做出安排。全国人大常委会责成全国人大环资委组织该法起草工作，要求争取在2007年将《循环经济促进法（草案）》提请全国人大常委会议审议。

第三，从实际情况来看，制定《循环经济促进法》是我国推进发展循环经济的客观需要。一个是企业的需要，一个是地方的需要。而且，我们注意到各个地方近年来对于发展循环经济进行了有益的探索，总结了许多行之有效的经验。很多地方制定了一些地方性的法规规章，刚才我都点到了，需要以法律得到确认和推行。现在发展循环经济在全国为什么这么热？有其客观必然性。所以，胡锦涛和全国人大常委会提出制定循环经济促进法的要求，是顺应了社会各界的合理要求和呼声。

第四，制定《循环经济促进法》也是加强社会主义法制建设的需要。党中央在"十一五"规划建议中明确要求贯彻依法治国的基本方略，全面推进法制建设，形成有中国特色的法律体系，其中就包括建立循环经济的法律法规体系。所以，我们要善于运用法律来规范和引导循环经济的发展，有些方面还要做到法律制度先行，先把一些制度建立起来，用制度引导循环经济事业的发展。

第五，近年来全国人大代表、全国政协委员，特别是国务院有关部门也提出了要制定《循环经济促进法》的要求。比如国家发改委有关单位、国家环保总局有关单位都提出这方面的要求。一些专家学者，无论是在循环经济科学理论还是循环经济法学理论等方面都做了大量的有益的研究。

第六，法律也有能力满足发展循环经济的若干重大需求。最大的需求是什么呢？首先，发展循环经济很好，但是障碍重重又推不下去，怎么办呢？要运用法律的强制力去推行。法律能力的源泉在哪里？在于法律的内在功能。法律的功能很多，归纳起来主要有以下几个方面：

第一，法律具有规范性和一般性的特征。法律是调整人们行为规范的一种社会规范，从现象上来说它具有规范性和一般性的特点。所谓的规范性，就是它为人们的行为提供了一个模式和标准，告诉人们应该怎么做，指导人们应该做什么，不应该做什么，做的话应该承担的行为后果是什么，不做的话应该承担的行为后果是什么。所以，法律具有预期性。这个模式还有三个特点：第一是大家用，第二是长期用，第三是反复用，这叫一般性。大家用就是指法律公布以后，不管你是领导还是老百姓，大家都照着它办。长期用就是法律一旦公布，除非修改，就一直有效，在废止以前都有效。反复用，比如《婚姻法》，第一次结婚，要遵守这个法，承担法定的义务，如离婚后再婚，再去登记结婚的时候还要按照婚姻法的规定办，这叫反复用。所以，从法律的规范性和一般性等属性中还可以推出其他的属性，比如稳定性，法律不是朝令夕改的。所以，通过立法定下规矩，有法律监督部门，有执法机关去执行，制度效应就比较高。

第二，法律是由国家制定和认可的行为规范。法律是一种行为规范，具有国家意志的特点，这表明了法律与其他规范的不同，与道德、宗教、习惯、礼仪不同。法律由国家制定和认可这一特征，表明了法律具有权威性、普遍性、统一性的特点。

第三，法律是规定人们权利和义务的规范。法律的特点之一是公平公正。就是说它与一般的文件不一样。执行一般的文件随意性比较大。但如果立了法，必须按照法律的规定办。法律是明确人们权利义务关系的规范。一部严肃的法律，对调整对象的权利义务的规范是一致的。违反了权利义务相一致的法律，就不是一个公平的法律，就不是一个正义的法律，就不是一个好的法律。

第四，法律是由国家强制力保证实施的规范。法律之所以有威严，在于有国家机器做后盾。法律有国家强制力来保证实施。人们畏惧违法的后果，要小心翼翼地按照法律办事。

正是基于法律的上述特征，所以，法律在引导、促进循环经济方面具有以下作用：一是引导循环经济的发展方向；二是促进循环经济的顺利进行；三是保障发展循环经济决策的有效实施。

法律所具有的上述功能，是推动循环经济发展的根本保障。当然，法律也有它的弱点和不足。最大的弱点和不足就是徒法不能自行。法律不能自动地履行，还需要两个条件：一是要求法律所调整的对象依法办事，要有一定的道德基础，大多数人愿意遵守法律的要求；二是国家机关要严格依法办事，对违法行为要进行有力的制裁。

总的来说，没有法律是不行的，但法律也不是万能的。所以，要配合观念提升和道德教育。最近，胡锦涛同志提出要树立社会主义荣辱观，提出"八荣八耻"的要求，这对于贯彻法律、实施法律是非常重要的，只有全社会有良好的依法办事的氛围和道德基础，社会主义法制才能够得到更好的遵守。

四 我国应该制定一部什么样的《循环经济促进法》

循环经济理念在我国有着深厚的思想基础和漫长的发展历程。中国古代就有崇尚人与自然和谐的道家理念。这与"循环经济"是一脉相承的，因为循环经济从本质上讲，就是要解决人和自然的协调问题。这种注重保持人与自然和谐共处的理念也推动了相关实践的发展。尤其是新中国成立后，我国很早就开始了循环经济的实践活动，即再利用和资源化。不过当时的提法不叫循环经济，而叫做资源综合利用。但是，近年来，发达国家对发展循环经济十分重视，尤其在立法方面，创造了很多成功的经验。为了博采众长，为我所用，我们可以先看看外国是怎么规定的。

1. 国外的立法模式介绍

（1）德国的立法经验

德国的基本法建立了在联邦政府和州政府之间分享权力的制度，同时提供了联邦政府和州政府合作立法和行政的框架，这种框架普遍应用于环境立法中。德国政府和行政部门常常被赋予颁布法令和规章的权力，以执行广泛的法定目标。目前德国的环境政策由三项原则组成："预防原则"、"污染者付费原则"和"合作原则"。

1976年，德国的第一部垃圾管理法出台。该法对垃圾的处理、转运和处置进行管理以减小环境危害。1986年，这部法律被《垃圾预防和管理法》

取代，并建立了"减量化、再利用、循环利用"的实施原则，而处置只作为最后的手段。但仅有《垃圾预防和管理法》是不够的。到了20世纪80年代末，德国的垃圾填埋场迅速达到了其最大容量，同时德国的土地资源日趋紧张，不能满足垃圾填埋场扩建或新建垃圾填埋场的需要。在这种压力下，1991年6月德国政府通过了《减少包装物垃圾条例》。3年后，《物质闭路循环和废物清除法》对《减少包装物垃圾条例》进行了补充和扩增，成为目前德国循环经济立法的最重要的组成。

《物质循环和废物清除法》的第三部分"产品责任"（1996年生效）为《减少包装物垃圾条例》提供了新的法定权力。随着《减少包装物垃圾条例》在1998—2005年的修订，这部法律继续成为德国环境法规框架的主要组成部分。

德国《物质循环和废物清除法》是该国发展循环经济的代表性法律规范。该法主要内容包括：一是规定该法立法目的是为了发展循环经济，保护自然资源，确保废物按照有利于环境保护的方式进行处置；二是规定废物产生者、拥有者和处置者的原则和义务；三是谁开发、生产加工和经营的产品，谁就要承担满足循环经济目的的产品责任；四是制定实施计划；五是监测。法律规定废物的利用和处置要处于主管部门的监测之下。此外，该法还对公众义务、废物处置人员和主管部门的咨询义务、产生废物的企业组织的通知义务等做出了明确而严格的规定。

（2）日本的立法经验

在环境污染治理取得明显成效的基础上，20世纪90年代，面对资源快速耗竭问题和废物管理问题日益突出的形势，日本环境政策开始由前一阶段的污染治理转向建设可持续发展的经济，环保部门也开始实施了废物管理和回收政策。《建设循环型社会基本法》于2000年6月颁布并于2001年1月生效。该法旨在建立基于当代和后代的可持续发展考虑的循环型社会。按照基本法，"循环型社会"：（1）要求防止污染物产生；（2）促进资源回用（包括再利用，再生产和热量回收）；（3）保证适当的废物处置率。

《建设循环型社会基本法》是日本发展循环经济的基本法，处于循环

环境问题
是个综合问题

潘 岳

演讲时间：2006年11月10日

作者简历：潘岳，男，1960年4月出生，汉族，江苏南京人，历史学博士，副研究员。1976—1982年，在解放军第三十八集团军、铁道兵第十三师服役。1982—1986年，任《经济日报》资料员、《中国环境报》记者组组长。1986—1988年，任国家空中交通管制局研究室副主任兼机关团委书记。1988年2月—1988年12月，任北京房山区委外联处处长兼外经委副主任。1988年12月—1989年12月，任中国技术监督报社副总编辑。1989年12月—1993年2月，任中国青年报副总编辑。1993年2月—1994年5月，任团中央中国青年研究中心主任。1994年5月—1998年3月，任国家国有资产管理局副局长。1998年3月—2000年1月，任国家质量技术监督局副局长、党组成员。2000年1月—2003年3月，任国务院经济体制改革办公室副主任、党组成员。2003年3月任国家环境保护总局副局长，党组成员。2008年3月任中华人民共和国环境保护部副部长。

内容提要：首先从人口、资源与环境的三个方面谈了中国的环境问题的现状，然后分析了环境问题对中国发展产生的影响和带来的后果，最后谈了关于解决中国环境问题的思考：一是思想观念要转变，即要坚持科学发展；二是要进行环境管理的战略调整；三是要出台新的环境政策，包括绿色GDP与其他环境经济政策。

一　关于中国环境问题现状的认识

　　人口、资源、环境是不可分割的整体。中华人民共和国国土是960万平方公里，在1949年之前就已经有1/3天然不可居住了。这是两千多年来多次人口的迁徙和几次大屯垦造成的，一次在秦汉、一次在宋元、一次在明清，尤其是明清。三次大的迁徙，1/3的土地没了，沙漠化、荒漠化了。

　　建国以来，可居住的土地又因水土流失减少了1/3，现在可居住的国土面积是300多万平方公里。但人口却反而增加了一倍，从7亿增到13亿。许多人口学专家认为，中国人口在两三亿比较合适，7亿就是极限，实际上我们已经增加到了13亿。更不幸的是，人口增长得最快的地区，往往又是全国最贫穷的地区，也是全国生态屏障最重要的地区，也是水土流失最严重的地区，也是生态难民产生最主要的地区。

　　什么叫"生态移民"？这是一个有争议的国际词汇。它是指不是因为战争，不是因为贫穷，不是因为疾病，而是仅仅因为环境问题导致搬迁的移民。生态移民主要产生于非洲等穷国，因为那里干旱或沙漠化比较严重。但自从2005年袭击美国新奥尔良的飓风导致居民大规模迁居后，生态移民也开始敲响了富国的大门。联合国做了一个统计，到2010年全世界将有5000万以上人口因为环境退化而搬迁，到本世纪末有的说四亿，有的说六亿。

　　讲了人口问题再谈谈能源问题。能源问题与环境问题是孪生兄弟，是一个硬币的两个方面。全世界几千年的战争主要为两个目的而打：一个是意识形态，如宗教战争、西方民主化推销等等；再一个就是为了资源，两次世界大战都是为此而打的。

　　日本可以做个例子。日本当时国土面积狭小，人口多，素质高，野心大，有一个亚洲帝国的梦想。首要解决的问题就是能源。本来有个"西进"战略，即先朝鲜，再中国，然后进军西伯利亚的能源开发。后来发现，中国当时只有煤，没发现石油能源，而进军西伯利亚又成本太大，开发时间也太长（大约半个多世纪）。因此他们决定了另一个战略，即"南下"战略，就是打通马六甲海峡，进入印度洋，进入波斯湾，把中东的石油运过来。为此就必须发展海军，发展海军必须跟一路上所有的老牌殖民主义者发生冲突，而老牌殖民主义者的坚决盟友正是美国，日本背后的钉子正是美国太平洋舰队，所以它无论如何要打珍珠港，无论如何要把背后的钉子拔掉才能放心南下。它还必须占领澳洲，因为那里有铁矿砂。

西方传统工业文明的发展道路必然要走向资源枯竭，必然要为争夺资源而不断冲突。如今中国45个主要矿种在14年后将剩下6个，石油5年以后将60%以上依靠进口，木材铁矿等等也统统要依靠进口。中国GDP占世界4%，却消耗了全球26%的钢、37%的棉花、47%的水泥。传统工业化需要的三大自然要素，一个是土地，一个是水，一个是矿产资源，中国已耗损大半。

再说说环境问题。如今中国有三大污染：一是工业污染。我们现在拉动GDP增长几乎都是高污染高耗能的产业，如造纸、电力、化工、建材、冶金等等。二是城市污染。随着城市化迅速发展，城市空气严重污染。在城市地表上高楼大厦鳞次栉比。中国人好面子，所以"上三路"都修得不错，而"下三路"几乎都不通。不说地铁等设施，仅因排污管网不通，很多污水流不过去，那些建起来的污水处理厂就变成了形象工程。三是农村污染。这是我们治污工作中的弱项。农村面源污染那么重，别说治，因为体制制约，就连统计数据都算不出来。总体而言就两句话：一是1.5亿亩土地受到污染，其中一部分是重金属污染，很难恢复；二是1.5亿吨垃圾露天存放，农村的环保设施几乎等于零。现在谈新农村建设，生态安全应该是第一位，如果生态文明没有达到，社会主义精神文明、政治文明、物质文明都没有享受的基础。

如今，除了众所周知的这些老污染以外，一些新的污染接连而来，比如废旧电子电器的问题，比如机动车尾气问题，还有室内建材污染问题。北京的空气主要就是机动车尾气造成的，昏昏暗暗看不见。尤其是北京三面环山，这些污染就淤积在城市上空，形成阴霾。还有洋垃圾进口问题，因为我们缺资源，就进口洋垃圾。但洋垃圾进来后应该有一个循环利用系统，如果没有，他们将洋垃圾中有用的部件拆了，没用的就扔，这就造成了重金属严重污染。尤其在沿海城市十分突出，部分地方重金属污染土壤非常严重。还有生物多样性问题，还有争论不休的转基因生物安全问题，还有争论不休的核能核电的问题，还有我们至今不知道的、没有定性的新化学物质环境风险问题。

以上这些问题带来了一组数字：28年的改革开放，中国国力得以明显提升，创造了不少奇迹。中国的经济增长速度全世界第一，中国的外汇储备全世界第一，中国引进外资全世界第一。与此同时，中国的煤炭、石油、钢等能源消耗全世界第一，建材消耗全世界第一，原材料进口全世界第一。中国是工业用的木材纸浆纸产品全世界第二大市场，石油进口全世界第二，单位GDP能耗是发达国家的8—10倍，污染是发达国家的30倍，劳动生产率是发达国家的1/30。我们的COD，也就是化学需氧量排放是全世界第一，二氧化硫排放是全世界第一，碳排放是全世界第二。我们的江河水系70%受到污染，40%严重污染，流经城市的河段普遍受到污染，城市垃圾处理率不足20%，工业危险废物化学物质处理率不足30%。三亿多农民喝不到干净的水，四亿多城市人口呼吸不到干净的空气，其中1/3的城市空气是严重污染。世界空气污染最严重的20个城市，中国占了16个，一多半的城市空气不达标，山西几乎全不达标。1/3的国土被酸雨覆盖，"逢水必污、逢河必干、逢雨必酸"。

传统污染的数字非常可怕，但是还要有一段时间才能看出来，就像一个人得癌症还没到中期晚期时还可以撑一段时间。如今最头疼的也是最紧迫的问题是环境高风险时期提前来到。

以松花江事件为标志，平均每两三天发生一起和水相关的污染事故，现在已发生150多起了。这是一个布局和结构的问题，因为我们所有高污染、高风险的企业都建在水边。先不说钢铁厂、冶炼厂等等，仅石化化工企业一项，一万在长江，四千在黄河，还有两千在人口密集区与饮水源地，其中81%地处环境敏感区域，45%存在高风险隐患。有人会问，国外的石化企业也是在水边，因为取水方便、运输方便、排污方便，我们为什么不可以在水边？那是由于人家在建的时候，都考虑到了环境因素，为环境安全而建了很多设施。还有一个产业链的问题，即把这些重化工大规模、大集中、大封闭地建在一起，为未来的大综合、大循环奠定了整合的基础。而我们东一个西一个，重复建设不说了，但远远未考虑环境问题倒是真的。我们正在亡羊补牢，在高风险企业的旁边挖一个池子，建一个隔离带，争取一出事故能使污染物不流到江里。但这并未根本解决问题，它们确实成了一枚枚环境风险的"定时炸弹"。

未来几年里，水污染的危机和缺水的危机会成为中国环保的一块心病，也成为我们工作的重点。一方面水污染，一方面严重缺水。一缺水我们就抽地下水。过度的抽地下水，致使华北出现了一个25万平方公里的大漏斗，并且每年以一至二米的速度在下沉。这个大漏斗又在河北等地产生了一系列大裂缝，几十年之内难以恢复。华北平原各级政府现在都盼星星盼月亮地盼南水北调赶紧过来。但几乎所有当地领导想的不是让这些水来涵养生态，而是为了上更多的火电与传统高耗能工业。环保部门这点人根本管不了他们如何用这些水，也管不了南水北调工程对长江的生态影响，我们首先头疼的是南水北调的水是不是污染的水，一句话，流过来的究竟是几类水质？

一百年来，全球用水增加了五倍，40年后要翻一番。由于缺水，粮产必然下降，水价必然飞涨，水将继石油以后成为制约中国发展的主要因素，也是我们国家发展战略不得不考虑的。这是我讲的第一部分。

二 中国严峻的环境形势所造成三大严重后果

第一大后果是直接制约了中国经济的发展。在"十五"计划时，各省市GDP的指标全都超额完成了，一系列人因此升官，一系列人因此发财，一系列人因此上了广播电视，但是能耗的指标和环保的主要指标没有一项完成，全部都欠账，而且还有反弹。环保的指标一个是COD，水的指标；一个是二氧化硫，气的指标。COD每年的环境容量是700万吨，现在排的是1500万吨；二氧化硫每年的环境容量是1200万吨，2005年排了2500万吨，2006年有可能突破2700万吨，2020年可能是3500万吨以上。如果不采取措施到时候国土面积50%都将被酸雨覆盖，80%的人口将处于严重的空气污染中。

这源于我们重化工业发达，大气污染90%来自二产，二产中污染的70%来自火电。中国的能源结构85%都是燃煤结构。火电每年投资增长50%以上，2004年是三亿多千瓦，2007年有可能一跃进入五亿多千瓦。这当然要拉动煤炭的需求。煤炭每年增长2亿吨，2005年是21亿吨，2006年24亿吨，2010年将达到30亿吨。这一系列火电的发展，当然会产生二氧化硫和碳，为此就必须实行严格的脱硫政策。但如今全国火电厂相当部分没有安装或者没有运营脱硫设施，我们根本管不了，什么原因呢？是体制问题。

世行做了一个统计，说空气污染造成的一系列损失几年内将达到我们GDP的13%。可能估计得稍高一些，但确实表明我们必将回头支付巨大的治理成本，而这些治理成本很可能抵消我们取得的经济成果。GDP、能耗和污染物排放量的增长现在是"三同步"的，我们这几年都知道GDP增长10%，能耗增长10%，污染物排放量也差不多增长10%。"三同步"的增长就使大家理解为什么2006年的《政府工作报告》中，总理要把这三个指标并列到一起来考核各级干部的政绩；大家也就可以理解总局为什么对火电、石化项目这么敏感的原因。因此，大家要记住几个"三"：三个5年计划的环保欠账，三个指标的同步增长，三个指标的第一次并列，因此要实现环保工作的"三个转变"。

我对那些来上火电厂项目以大代小、以新代老的承诺越来越不相信。如果这些纸面承诺都兑现的话，中国的脱硫早完成达标了。这说明许多项目是在"蒙"我们，当然也就是在"蒙"中央。所以说严重制约了我们的经济这句话是不过分的。

第二个后果是直接带来了严重的社会稳定问题。 2005年全国共发生5.1

万起环境纠纷；上访投诉40多万起，每年以30%的速度递增。两会的提案，环境保护作为热门，已经超过公共安全、超过教育、超过医疗，成为前五位的热点关注问题。在北京等大城市已成前三位热点关注问题。未来的水电开发，将使移民、土地、环境三者搅和在一起，成为影响社会稳定的主要因素。

还有就是人体健康问题。环保局管的是污染，卫生部管的是癌症，但什么污染造成什么样的疾病？污染和癌症两者之间的研究是空白，在国外却有专门的研究。咱们不是说以人为本吗？人命值钱啊，我们这方面的统计机制还远远没有到位。总体而言，城市的四亿人口受到了严重的空气污染，1500万人因为空气污染患上了呼吸道的各种疾病。据肿瘤专家统计，每年200多万癌症病死者中，70%跟环境污染有关。甘肃徽县出现血铅中毒，其中相当部分为儿童患者。我刚处理完，随后又陆续接到浙江、福建、江西等地老百姓来信，反映那里的血铅中毒比甘肃还严重得多。大家知道环境友好型社会这个概念产生于循环型社会，循环型社会的概念产生于循环经济，循环经济的理论又来自于日本，或者说来自于日本一次声势浩大的环境运动。这个运动因为什么来的呢？因为水俣病。这个病是由汞污染引起的。

再有就是环境公平问题。环境不公平必然促成社会不公平，社会的不公平也反过来会加重环境不公平。城乡不公平大家已经知道了，农村的环保设施等于零，有限的环保投入全部用于城市和工业。区域也是不公平的，西部廉价的能源供应东部而没有得到生态补偿。人群不公平就更不用说了，有钱的洗桑拿、开高能耗的汽车。山西的煤矿主炒热了北京的房地产，现在进一步往东转移。炒房地产部分是因为他们也知道污染，也在逃避污染。他们发财的矿区都在严重污染，而承受的都是当地老百姓和居民，这便是严重的环境不公平，这能带来社会和谐稳定吗？

第三大后果是带来严重的国际问题。现在各主要西方国家已经把环境保护和人权宗教联系在一起，变成对华外交的主题。比如我在英国学习的时候，正好赶上总书记访问英国，英女王首先谈的便是气候变化。外交学院不断要求我们给外交官们讲课，因为外交官以后出去经常面对国际上关于环境的询问，外交部也经常让我们出函提供关于环境问题的口径。所有的国家、特别是发达国家，用环境问题制约中国，都会得到选票，特别会得到左翼的选票。

现在邻国关心的是什么问题呢？像日本韩国最关心的是沙尘暴百分之多少源于蒙古和中国，落在它们头上的酸雨有百分之多少来源于中国。东南亚抗议我们在上游修水电站，破坏了它们的生态。俄国、马来西亚和印尼认为我们的造纸业毁坏了它们的原始森林。美国认为我们十年内会成为它们西海岸的主要污染源。

这还是其次。最重要的是所有发达国家最关心我们的气候变化问题，也就是二氧化碳的排放。世界300多个环境公约，中国加入了50个。以《京都议定书》为例，美国虽然没有加入，但是它定出一个削减的计划，又定出一个新能源替代发展计划，估计会马上见效好转，可能在五年内有一个巨大的转变。也就是说美国从碳排放全世界第一会变成第二，中国将迎头赶上变成第一。我们变成第一是因为我们的燃煤结构。我们现在非常庆幸美国是第一，而且我们经常用这个把柄攻击它们。何况我们作为发展中国家在第一批第二批时没有削减任务，我们是第三批。可一旦到2015年必须履约的时刻，正赶上是全世界第一，我们将成为全世界关注的热点。

我们现在应该马上调整应对，因为要改变一个能源的生产结构和消费结构，不是一年两年就可以转过来的，要经过好几年的转型，包括加油加气都要转，我们很多消费方式也都要转。但似乎我们还远没有真正行动起来。因此再过若干年，中国将处于更加尴尬的境地：要减，是天文数字；要不减，将成为众矢之的，中国的外交形象、政治形象、负责任的大国形象就会受到严重影响。

借此机会想跟大家探讨一下文明问题，即西方传统工业文明与生态工业文明的问题。传统工业化产生于西方工业文明，新型工业化产生于生态工业文明。西方工业文明的产生发展原因很多，像宗教改革、文艺复兴、启蒙运动、科技革命、商业革命等等，但是能延续西方工业文明的最重要一点是资本主义制度无限自私的扩张本质，即海外殖民地。他们发现新大陆以后更加促进了科技进步与经济发展,更加需要大规模的商品输出与资源占有,更加可以把多余的人口、多余的矛盾,如阶级矛盾,经济矛盾,包括生态资源矛盾都转移出去。几百年来无一例外,美国就是这样来的。我们看的电影,《泰坦尼克号》上运的一船冒险家与最穷的苏格兰、爱尔兰移民,到美国新大陆去找机会。这些移民在东部发展起来后便往西部开拓,再驱赶甚至屠杀当地土著人,因为那片土地有大量的矿产资源。西方国家一方面对外转移矛盾与成本,一方面对内实行民主福利,缓解了内部矛盾。当所有的新大陆都被发现完毕后,资本主义自私的本质和无休止的饥渴,仍然会无限制地扩张下去。这个扩张不以人的意志为转移,不以某个制度、某个公约、某个规则来限制,它像一台失控的机器一样不断地扩张下去。

但由于地球的资源与面积有限,为了能更有借口不断扩张,就需要制定一系列保护它们进行扩张转移的规则。这些国际规则的制订首先需要几次大国间的战争与竞争,打到最后,便可把这些规则固定下来。当然这些规则只是对发达国家有利,本质是不公平的,导致南北矛盾、发展中国家和发达国家之间的矛盾很难得到真正解决。尤其生态问题更是如此。

发达国家以15%的人口控制了世界85%以上的资源,而且通过自己定的游戏规则实行生态殖民主义,一方面提高本国的环境标准,一方面将大量高耗能高污染的产业向发展中国家转移。这可能就是我们"第一外资引进国"的由来。引进了些什么?引进的比我们原来的先进,但是永远比人家先进的落后;落后再引进,引进再落后,永远跟在人家后面不断循环。我在伦敦看到英国最后的一个老牌汽车厂已经落户我的老家南京。英国的一些老贵族很留恋这个车厂,但更多人很高兴这个厂转移了。两边都很高兴:这边引来了一个新项目,那边外转走了一个有污染的老厂子,"各得其所"。

就全球范围而言,发展中国家正在为发达国家的环境和资源成本买单。鉴于中国劳动力无限供给,你300块钱不干有人干,有人200块钱,甚至150块钱也干。所以劳动力无限供给加上二元结构的限制,给我们一个错觉，觉得中国目前的生产模式仍然可以照样折腾下去。这造成我们经济学几大怪现象，除了对外贸易和外汇储备同时盈余外，还造成了产品过剩、产业过剩、劳动力过剩、货币过剩。

发达国家从没有全面兑现向发展中国家转让环保技术资金的承诺。它们说得好听，它们只转移设备，不转移技术。它们说技术在它们的企业手里，企业有自己的专利产权。那还不容易？如真想帮我们，政府可以买断这些技术，再无偿赠给我们，跨越式的可持续发展不就完成了吗？还有，这些环保和节能的产业如果出口发展中国家，政府可以给予优惠补贴呀！但它们不给，我们使用起来会很贵。与此同时，它们反倒设置了一系列绿色贸易壁垒，而且越来越多，来保护自己的制造业，限制我们产品的出口。对中国而言，以后是汽车，现在主要是机电、纺织。欧盟2005年关于机电的两项环保指令，使我们机电对欧出口损失了317亿美元，占我们对欧机电出口的71%。

说到西方工业文明，就涉及资本主义和社会主义的一个根本问题。传统的资本主义和社会主义在意识形态上势不两立，但有一点是传统的资本主义和社会主义都相同的，即工业化的发展模式是一致的，因为当时的科技水平与生产力水平是一致的，因为它们都产生于西方工业文明，都学自一个经济学老师，都认为地球的资源是无限的，资源开采出来之前是无价的，所以才会出现"按需分配"与无限扩张。其实，地球的资源是有限的，而人的欲望却是无限的。所以无论资本主义与社会主义都会产生工业化的奇迹，也都会出现传统工业化的污染与弊端，既会出现伦敦的雾，也会出现苏联切尔诺贝利核电站事故。马克思在当时强调了生产力与生产关系的矛盾，而较少强调了过度的生产消费与环境资源的矛盾，那是因为这个矛盾在当时并不突出。

近几十年全球爆发的绿色生态运动反对一切传统工业化模式，不管你姓资姓社，凡高耗能、高污染、不可持续的生产方式它全反对。这些运动的骨干分子，竟然许多都是当年苏东的老共产党员。尽管如此，生态运动这些人仍然觉得跟社会主义更接近，主要是与社会主义政治理念比较接近，如基层民主、公平公正、可持续、人的全面发展，包括现在说的所谓幸福指数等等。所以**生态运动**与社会民主主义在组织上出现了红绿结盟，思想上产生了很多新流派，其中一个就是**生态社会主义**。这就不展开讲了。

尽管西方发达国家在转移生态成本上占了大便宜，但是地球的面积和资源毕竟是有限的。它们终于发现一个问题，即什么矛盾都可向他国转移，唯独污染转移不了，谁让我们不幸生活在一个地球？我们国内污染也是如此，想转移也转移不到哪儿去，羊毛最后仍出在羊身上。这一点发达国家算是真正算明白了，明白了以后就做了很多政策上的调整。政治上的调整我不细说了，包括各政党的环境理念。在经济上，它们花了巨大成本进行了新型工业化的转型与实践，也就是取代了传统工业文明的生态工业文明。发达国家一边在进行自身工业化的转型，一边"有限帮助、无限督促"发展中国家也向新型工业化转型。

在所有发展中国家里，它们最关注中国。因为它们没看到中国真正在转型，它们不相信中国一再宣传的"和平崛起"。因为它们是"过来人"，它们知道中国如按它们的老路往前走会发生什么。它们算了一个账：中国如在25年内仍按照现在的传统工业化模式实现现代化，中国会消耗全球今天粮食总产量的2/3；每天会耗掉一万亿桶原油，超过全球今天总产量的25%；煤会超过全球总产量的30%；钢会超过西方所有工业国家产量的总和；汽车会超过全球总产量的38%。这样，中国需要1.2个地球来支撑。因此它们推断，中国必然会插手全球资源开发；必然会影响全球资源价格；必然会插手和涉及国际金融秩序；必然去保护能源通道；而为了保护能源通道就必然会发展国防力量，特别是海军，例如发展航空母舰，为此必会与唯一的武器供应国俄罗斯联盟。这便是所谓中国威胁论的由来之

> **重点提示**
>
> 生态运动，是以保护生态为宗旨的运动。全球生态运动的基础是环境保护，是20世纪60年代末兴起的新社会运动之一。

> **重点提示**
>
> **生态社会主义**（Eco-socilism），也称生态马克思主义，是20世纪下半叶蓬勃兴起的生态运动中形成的一个新思潮、新学派。生态社会主义试图把生态同马克思主义结合在一起，以马克思主义解释当代环境危机，从而为克服人类生存困境寻找一条既能消除生态危机，又能实现社会主义的新道路。

一。所以欧美发达国家集合起来一起向我们施压，所有的代表团来到中国，越来越多地要谈中国的环境问题，变成环境外交；所有中国的代表团出访，越来越多谈的是能源问题，变成能源外交。人家进来给我们造成了环境压力，我们出去被人家夸大成能源压力，环境和能源的两大项将成为中国外交的主轴之一，直接关系到中国推动"和谐世界"的结果。

我们只能实行"绿色和平崛起"。"绿色和平崛起"是什么内容？一共八条：第一是低消耗的生产体系，第二是适度消费的生活体系，第三是稳定高效的经济体系，第四是持续循环的环境资源体系，第五是不断创新的技术体系，第六是更加开放的金融贸易体系，第七是注重公平的分配体系，第八是开明进步的民主体系。由于国情所限，我们必须对内对外都得这么说这么走，唯有此才能真正减缓我们的压力。但既然要这么走，就需要钱，需国际援助。钱从哪儿来？例如中国的环境问题是世界的环境问题，中国的环境问题不是中国一家造成的。既然是大家的事儿，大家就一齐掏银子，尤其是发达国家应该多掏一些。为了让它们多掏，就要修订那些不公平的国际规则，就要迫使它们真正负起全球环境的责任。你既然要当世界警察，你也要负起能源和环境的责任。它们承担不承担正好成为衡量它们是否真正义的标准。如不愿承担，那就由社会主义大旗去承担。总有一天社会主义必然能在国际层面上团结发展中国家向发达国家讨还生态成本。这就是生态社会主义的国际内涵。

三 关于解决环境问题的几点思考

第一个是讲思想观念问题。新中国建国57周年，前半段是阶级斗争，一切以政治为中心。后半段是改革开放，一切以经济建设为中心。但是我们很多人的观念走入了误区，就是把发展等于单纯的经济增长，经济增长等于单纯的GDP增长。认为只要GDP增长了，人口、资源、环境、政治、文化等等问题都能迎刃而解，都有了充足的物质条件，这就是"先污染、后治理"思路的由来。

我也希望先污染后治理，反正治理是后代的事。可惜不成。许多因素表明我们无法先污染后治理。第一是中国工业化和城市化开始时世界早已经制定好了国际一系列不公平的规则，中国的生态成本根本转移不出去。**绿色贸易壁垒**就是其中之一，发达国家想什么时候制定就什么时候制定，它们往我们转移时不制定，我们往它们那儿出口它们就制定，WTO也是这样。第二个是中国人口资源环境的结构太差，人家能够折腾到人均8000—10000美元时解决环境问题，但我们在人均2000美元的时候环境危机已提前来到，不用等到小康，5年后就是环境风险高发期了。我们只能提前付出成本解决环境问题。第三，我们是社会主义国家，我们不能当生态殖民主义或生态帝国主义，我们不能剥削亚非拉国家，我们不能不讲和谐世界。

> **重点提示**
>
> 绿色贸易壁垒，也叫环境壁垒，产生于20世纪80年代后期，90年代开始兴起于各国，指在国际贸易中一些国家以保护生态资源、生物多样性、环境和人类健康为借口，设置一系列苛刻的高于国际公认或绝大多数国家不能接受的环保法规和标准，对外国商品进口采取的准入限制或禁止措施。

第四点最重要，中华民族的传统文化是和谐文化，中华民族是全世界两三千年以来唯一以国家形态存留下来的同根、同种、同文的民族。犹太民族虽然同根、同种，但是它们不是以国家形态存留下来的。什么叫国家形态？国家形态一是指伦理体系，二是指国家制度。中国的伦理体系和国家制度充满着非常丰富的生态智慧，可以说没这些生态智慧，中华民族存留不到今天。生态智慧的核心就是一个"度"字。在伦理体系上，大家都知道儒家的天人合一，道家的道法自然，佛家的众生平等，琴棋诗画中的山水自然等等；国家政治制度上一直体现一种平衡、有序、协调、和谐的结构设计。如我们农耕时代的中产阶级乡绅制，乡绅制度是上传下达的矛盾隔离带，起到政权平衡的作用。还有科举制，还有历史上最早最完善的官僚体制等等。

存在了两千多年的中国农耕文明，在1840年迎头碰上西方工业文明。西方工业文明发现了新大陆觉得不够，觉得中国这块大陆还是一块没有开垦的处女地，出于它无限扩张的饥渴本性，开始了鸦片战争，也开始了我们的民族屈辱史。一百多年来，无数仁人志士开始只觉得是技不如人，特别是在经济、科技、商业上不如别人，便开始了蓬勃的洋务运动；过段时间发现还是不行，又觉得制度不行，制度不行就要改良，又开始了风起云涌的戊戌变法；最后还是觉得不行，觉得我们的思想文化有问题，儒学为代表的传统文化是中国实现现代化的唯一思想障碍，因此又开始了新文化运动，砸烂孔家店，以革命文化代替传统文化。最后，大家无论左右都选择了工业文明的发展道路。但正是这条西方传统工业化道路，转移不出我们的成本与矛盾，耗尽了我们的资源与环境，我们实在是撑不下去了。

中国改革开放20多年取得了西方100多年的经济成果，而西方100多年发生的环境问题在中国20多年里集中体现，20年的成果与20年的污染，这笔账要好好地算一算。一系列问题说明，经济如果出现问题，宏观调控可以解决；社会出现问题，付出一定的政治成本也可以解决；但环境要出了问题，那可是民族的灾难，是多少年无法扭转的。

我是绿色GDP课题组的组长。所谓绿色GDP的环境成本只占1/3，因为还有资源等等，但即便是环境成本，我们也只算出其中1/3，就这1/3，已占2004年GDP的3.05%。很多朋友经常责问我，说我是在用发达国家的标准来要求发展中国家，来限制我们国家的发展。我说你们才刚刚知道你在发展中国家啊？那你为什么用发达国家的标准来高消费呢？买豪车住豪宅吃豪餐？你何必不惜国力地建设比欧洲还要豪华的城市大理石广场，还要耗水建大草坪？你又何必将70%的农村人口留在"二元结构"这堵墙以外，正是这至今落后贫穷的广大人群成为中国实现现代化、实现公平正义的沉重负担。一句话，北京、上海这些大城市不能全面代表中国，这些城市以外的广大农村才是中国发展水平的真正现实。我们不能过高地估计自己的国力。

一场突如其来的非典危机使我们发现，单纯的经济增长不能解决全部的危机。新一届党中央因此适时提出科学发展观。中央的科学发展观其实跟世界可持续发展理论完全吻合。它绝对不是单纯经济发展模式的改变，而是政治、经济、文化、社会各个领域的深刻变革，是解决"怎么活"的问题。就像一万年前所有的东西方文明都是在信息隔绝、道路隔绝的情况下，惊人相似地产生一样，现在又惊人相似地归结到一个点上。西方叫生态工业文明，我们叫科学发展观下的新型工业化。西方生态工业文明的内涵主要是可持续发展三大理念、新教伦理、新社会主义流派思想与新经济发展模式（包括循环经济、新能源、绿色消费等等）。中国的科学发展观的内涵主要是可持续发展三大理念、和谐社会、资源节约型与环境友好型社会、中国传统文化中的生态智慧等等。我们强调传统文化中的人与自然和谐，并不是鼓励人们回到农耕文明时代，而是用高科技和现代经济方式走新型工业化的"第三条道路"。

和谐社会理论解决的是"为什么而活"的问题。也就是说我们自从革命党转变成执政党后，我们的社会主义制度和资本主义制度当然不是比谁最能斗争，谁最革命，但也不仅仅比的是生产力，比的是谁最公平，谁最能共同富裕，谁最能使人全面发展，谁最能达到可持续发展，谁最讲诚信道德。如果将《马克思恩格斯全集》看一遍，我们就会发现马克思哲学本身就不是为斗争而斗争的哲学，终极目标还是共产主义，还是和谐社会。

我是个百分之百的科学发展观的拥护者，我也将终生不折不扣地执行科学发展观。希望在场的所有同志跟我一道去转变观念，去执行科学发展观。既然已将"又快又好"改称为"又好又快"，那么我们已从求数量向求质量、从求单一向求综合转变。25年前政协委员中的企业代表选的是谁最革命，今天以前的政协委员中的企业代表选的是谁交利税最多，明天以后的政协委员应比的是谁最公益慈善、谁最有社会责任、最具道德诚信。科学发展观的新时代已经开始了。

如果思想观念转变了，我们就可谈第二个问题了，即战略调整问题。科学发展观这条路必然涉及国家战略的调整，可持续发展战略有两个没做好，第一个是国土整治规划，第二个是产业发展规划，前一个关系到我们的城市化，后一个关系到我们的工业化。

现在的环境问题都是从前的大布局和大结构问题，新上马的工业项目从单个上看基本都符合环保，起码字面上是符合环保的，但是挤在一起，这个地方环境与资源是不是能承载得了，就需要对这个区域的规划进行环境影响评价。

未来大工业和大城市的规划制订，必须打破行政区划，根据不同地区的人口、资源、环境、经济的容量总量，制定不同地区的发展目标，再根据不同地区的发展目标制定不同的考核体系，再根据不同的考核体系制订不同的经济政策与责任机制。在这考核体系中，环境评价是主要考核指标。有些部委已经开始这么做了，比如人口计生委提出根据人口总量来划分，如人口限制区、人口疏散区、人口聚集区等等，我们环保也在做规划环评，根据不同的区域，根据生态环境来设定不同的开发区域。其实这些战略规划应由谁做？当然应由宏观经济部门做。可很多部门都正在热衷于审批。

目前，我国在立法体制上存在不少问题。争那个法就是为了争那个权，争那个权又是为了争那个利，由此陷入了恶性循环的行政泥潭。上面把该管的宏观规划变成微观审批，而下面则把该管的微观事务变成雄心万丈的战略规划，使各区域间画地为牢、以邻为壑、重复建设。这便是典型的"宏微倒挂"。

比方说内蒙的鄂尔多斯相邻四个省，根据不同行政区划，建成了完全相同的煤化基地，而几个不同的大能源公司到那里又上马了一批内容重复的产业项目，下面那些市县又成立了数以百计内容重复的相关企业。这种无序，这种浪费，这种分割，正说明这是一个大决策、大规划、大体制问题。宏观部门当然要重新系统地去制定战略规划。

战略规划一旦调整，我们就可谈第三个问题了，即政策和体制问题。

政策上首先需要创新干部考核体系，就是一个新的干部考核体系中应该加上什么新内容，我们绝不能再仅凭着GDP和政治口号就提拔干部。我们要产生综合指标，综合指标必然产生综合干部，综合干部必然产生综合业绩，综合业绩必然产生综合国力。

其次是制定环境经济新政策。谁都知道环境和经济双赢的路，比如新能源，循环经济等等，但是有一点没有算出来，就是我们在人均2000美元的时候走人家人均8000美元才走的路，我们的发展速度会降多少？我经济立法的核心地位。该法主要特点如下：

第一，立足于日本环境与资源的现实情况，战略性地将立法提高到建立循环型社会的高度，以可持续发展为宗旨。

第二，国家、地方政府、企业和公众合理分担责任。

第三，避免企业生产经营活动和公众的消费活动产生废弃物，尽量实现可循环利用的生产消费方式。

在基本法的统领下，是一些重要的循环型社会专项（个体）法。包括：《资源有效利用促进法》、《容器和包装物的分类收集与循环法》、《废物管理和公共清洁法》、《家庭电器回用法》、《建筑材料回用法》、《食物回用法》以及领跑者计划，绿色采购等相关法律。这些不同的单项法从不同的领域支持着基本法的具体落实。

（3）欧盟的立法经验

20世纪90年代以来，随着世界范围内的资源短缺和环境恶化，各国纷纷探索有利于本国经济发展和环境保护的新的经济模式。德国是世界上进行循环经济尝试并最早进行相关立法的国家，目前也是该方面立法最完备的国家之一。其他国家，尤其是欧洲各国纷纷仿效，尽可能地以多种方式多次使用资源，从而将经济活动对自然资源的影响与破坏降到最低。欧盟及其前身欧共体先后通过了《废油指令》、《废物处置框架指令》、《有毒废物指令》、《共同体废物管理战略》、《废物运输规则》、《废物指令》、《报废车辆指令》和《报废电器和电子设备指令》等。

这些具体立法的基本内容着眼于废物的管理和利用，首先进行废物预防，抑制废物形成；其次是回收使用；最后才是进行焚烧产能和填埋处理。欧盟及其成员国以预防优先和回收利用作为循环经济立法的基本原则，这些原则在国际上被简化为4R原则，即减量（Reduce）、再生（Recovery）、再用（Reuse）和循环（Recycle）。在欧盟机构不断加强和完善循环经济法制建设的影响下，欧盟成员国根据本国国情，丰富和发展了欧盟的循环经济立法，并在本国立法中加以确认和促进，如在环境法律中补充了废物回收利用和处置制度，把欧盟的一些指令转化为国内立法，并把循环经济的发展要求渗透到了政府采购法等其他法律之中。

（4）美国的立法经验

美国目前虽然还没有一部全国性的循环经济法规，但现有《资源保护和回收法》（1976年通过，1980年修订）和《污染预防法》（1990年制定），一定程度上体现着发展循环经济的要求。同时，联邦政府和各州政府还推行了一些有利于发展循环经济的相关立法和政策，自20世纪80年代中期以来，美国已有半数以上的州先后制定了促进资源再生的循环法规。如《固体废物管理和回用计划》、《饮料容器回收法》、《电子垃圾处理法》等。

综上所述，就立法性质而言，目前发达国家有关循环经济的立法模式大体上可分为三种：一种可称之为污染预防型，如美国等国，将资源的回收利用纳入污染预防的法律范畴，属于广义上的环境法；另一种可称之为狭义的循环经济型，或者称之为"垃圾循环经济"，如上面所提到的德国1994年公布实施的《物质循环和废物清除法》；第三种是日本2000年公布实施的《建立循环型社会基本法》，将整个社会活动纳入循环型轨道，建立循环型社会，已经超出了一般意义上环境法的范畴。我个人认为，污染预防型立法虽然比末端治理前进了一大步，但仍然没有摆脱狭义上的环境保护的理念，没有从根本上解决发展与环境保护之间的矛盾与冲突；德国的狭义的循环经济型或者称之为"垃圾循环经济立法"，虽然在一定意义上比起污染预防型立法前进了一步，但由于规范的范围较窄，因此对指导社会生活发挥的作用并不是很大。日本的循环型立法从全社会的高度来协调发展与环境保护的关系，其影响的范围和深度显然都超过了德国等发达国家，对我国的借鉴意义比起其他国家要大，但这部法律仍然没有超出环境法的范畴。因此，我国循环经济立法必须走自己的道路。

2 我国的立法选择

我认为，我国制定《循环经济促进法》，首先要有正确的立法指导思想、目标和立法思路、立法原则、调整范围等，其要点是：

（1）关于制定《循环经济促进法》的指导思想

① 坚持科学发展观。制定一部成功的《循环经济促进法》，必须坚持

正确的立法指导思想。这个指导思想，核心就是党中央提出的科学发展观。科学发展观，即以人为本，全面、协调、可持续的发展观，其重大创新就在于它把全面、协调和可持续发展作为核心内涵，解决了什么是发展、为什么要发展以及如何发展等重大问题，明确了经济增长和发展的关系。根据科学发展观的要求，要在以人为本的原则下，转变发展观念，创新发展模式，提高发展质量，把经济社会发展切实转入全面协调可持续发展的轨道，尤其要实现经济领域又好又快的发展。发展循环经济是实现可持续发展的重要途径。在循环经济立法中坚持以科学发展观为指导，是提高循环经济立法质量的根本保证。

②从我国实际情况出发。一个国家的环境问题常常与全球环境问题相关联，在一定程度上具有共性。我国的循环经济法制建设起步较晚、经验不足，无疑应大胆吸收、借鉴国外循环经济法制建设的经验。但是，每个国家的地理条件、环境、资源、人口、文化等各具特点，对外国的立法决不能照抄照搬。为了有效地保护环境和资源，各国必须建立与自身特点、需求相适应的法律制度。我国的循环经济立法一定要从我国的实际出发。例如在研究循环经济法的调整范围时，我们既要吸收发达国家的经验，更要考虑我国的基本需求。日本、德国因处于后工业化时代，资源利用效率已经很高，前端减量化的潜力相对较小，这些国家发展循环经济侧重于资源的再生利用（日本称之为"静脉产业"）；而我国正处于工业化的初期，能耗、物耗普遍较高，环境污染严重，前端减量化的潜力很大，因此当前应当特别强调和抓紧减量化。

③法律规定要适当，要有可操作性。法律既要有国家对发展循环经济的宣示性规定，内容也要尽量实在，具有可操作性。实践中我们看到，有些措施在发达地区如上海可能还嫌"力度不够"，但在欠发达地区特别是经济落后地区就显得要求过严难以承受，因此，法律规定一定要"适当"，即各个地方经过努力都能够做得到。法律规定只有"适当"才能令行禁止。循环经济法一方面要表明我国支持发展循环经济的政治态度和方针政策，体现法律的宣示性作用，同时各项规定又要尽可能的"实在"，敢于在矛盾的焦点上"开刀"，真正解决实际问题。

（2）关于循环经济立法的目标

《循环经济促进法》的制定和实施应当达到三重目标：一是保护环境；二是节约资源；三是促进经济发展。过去，一些单位和个人仅仅强调环境保护一个方面，但由于脱离了"发展"这个实际需求，就难以得到政府、企业和人民的支持；现在国家强调发展循环经济，将保护环境、节约资源和促进经济发展三者紧密地融为一体，因而得到了社会各界的普遍欢迎。

全国人大常委会制定循环经济法，显然要为实现上述目标有所作为，而只有实现这一目标，循环经济法才有生命力。

（3）《循环经济促进法》的立法思路

法律规定既要有纲领性，又要有可操作性，这是我的观点。为什么这么讲呢？因为，目前在法律怎么立的问题上，大家意见还不一致。主要是有三种观点，第一种观点是促进法说。实际上就叫做纲领性说，主张不要限定得很细，纲领性就是要表明国家对于循环经济的政治态度，具体、详细的内容再说，我是不同意这种观点的。第二种观点称为实在说。这种观点认为法律就是要解决具体问题，规定要有力量、实在。但是法律要规定的特别实，特别是在经济行政方面的法律，的确又不能特别细，中国的省情差异很大。第三种观点是我的结合说。我认为中国国家层面还是要有经济行政方面的法律，具体思路就是先搞一个框架性的法律，然后，各个省、国务院各个部门再制定一些配套的法规，但这些配套的法规不能脱节，尽量同步出台，既要实在又要有可操作性。

（4）循环经济立法应遵循的原则

循环经济立法的原则，是指其效力贯穿于整个《循环经济促进法》，对发展循环经济具有普遍指导意义的基本准则。根据我国发展循环经济的实际情况，并参考国外有关循环经济立法的实践，我认为循环经济立法应当坚持以下原则：

①发展循环经济总体上要按照"减量化、再利用、资源化"的顺序进行。"减量化、再利用、资源化"（国际上简称为3R，即reduce, reuse, recycle），是国际上公认的发展循环经济的主要内容。三者缺一不可。分解看，"减量化"（reduce）属于输入端方法，指在生产建设过程中，尽可

能地减少资源消耗和废弃物的产生，核心是提高资源生产率；"再利用"（reuse）属于过程性方法，是指产品尽可能多次使用或经修复、翻新或再制造后继续使用，尽可能延长产品的使用寿命，防止产品过早地成为垃圾；"资源化"（recycle）是输出端方法，是指将废物最大限度地转化为资源，变废为宝、化害为利，这样既可减少资源能源的消耗，又可以减少污染物的排放。

发展循环经济要按照"减量化、再利用、资源化"的先后次序进行。这个顺序由以下基本步骤组成：第一顺序是通过提高资源利用效率等手段，尽可能节约资源能源消耗、尽可能抑制废物的产生；第二顺序是通过设备、产品的维修、翻新和再制造等手段，尽可能延长产品的使用寿命；第三顺序是在产品消费后、废弃后将其再生利用实现资源化；最后，要将目前经济技术条件下尚无法利用的废物进行无害化处理。以上基本顺序需要通过法律加以明确，成为法定顺序。

发展循环经济为什么要按照"减量化、再利用、资源化"的次序进行？这是因为，虽然循环经济的特色是"循环"，强调资源在生产、消费等过程中的循环，但也要清醒地看到"循环利用"也有一定的负面因素：一是"循环利用"总体上仍然是一种对废物的事后处理，而不是一种预防性措施；二是以目前的加工方式进行的"循环利用"，有的对环境并不友好，加工过程中往往产生新的污染。三是如果废弃物中的有用物质含量较低，加工的成本就会很高，这样企业开展"循环利用"的积极性就会大受影响。因此，在循环经济的"3R"的适用上，必须按照先后顺序进行，即首先要减量化，其次是再利用，然后才是资源化。还要强调，发展循环经济的前提是必须遵循生态规律，不能污染或破坏环境，不能打着发展循环经济的旗帜从事污染环境、破坏生态的行为。《循环经济促进法》必须对资源循环利用全过程的无害化提出明确的要求，并将对无害化的监督管理贯穿于循环经济的各个阶段或者领域。

②发展循环经济要多层次推进。发展循环经济是一个系统工程，必须从企业、区域和全社会三个层次上全面推进。在企业层面上，就是要推行清洁生产，采用生态设计和技术，实现污染物产生的最小化，减少生

产建设中资源和能源的使用量，将单位产品的各项消耗和污染物的排放量限定在标准许可的范围之内；在区域层面上，就是要按照生态规律和经济规律，通过在企业群、工业园区和农村发展生态工业和农业，建设生态园区，将一系列彼此关联的企业和农业组织结成生态产业链，通过企业、农业组织和产业间的废物交换和循环利用，减少或杜绝废弃物的排放，提高资源利用效率；在社会层面上，就是要建立废弃物分类回收利用体系，推进可持续消费，注重三大产业间物质的循环和能量的逐级利用，最终建立资源节约型和环境友好型社会。

③发展循环经济要将政府、企业和公众的力量密切结合。循环经济是一项系统工程，需要政府、企业和公众的共同努力。首先，要明确规定中央政府、地方政府以及有关部门在发展循环经济中的各项职责。政府要建立和完善相关的法规、政策体系，加强公共管理与服务，为社会各界发展循环经济排难解忧。其次，要明确企业是发展循环经济的主体。要从根本上调动企业自身节能降耗、防止污染的积极性，并从标准和定额上对企业提出硬约束和硬要求，促使企业不得不在发展循环经济上竭尽全力。再次，公众是推动循环经济发展的重要动力。"公众参与"要全过程进行，前提是要有知情权。在发展循环经济过程中，政府、企业和公众都应发挥各自的优势，加强合作，形成合力。政府、企业、公众要形成良好的合作伙伴关系，共同推动循环经济的发展。

④经济刺激原则。就是要运用经济手段来诱导、调节和控制人们的经济活动。具体来说就是通过价格、税收、信贷、利率、财政补贴、汇率等经济杠杆来引导企业，促使企业朝着循环经济的方向发展，而且当企业遇到困难时还要帮助解决。

⑤鼓励技术创新原则。我这里特别强调的是什么呢？那就是鼓励发展环境友好的技术，特别是提高资源生产率的技术。

（5）关于《循环经济促进法》的调整范围

法律的适用范围包括三个方面的内容：①适用主体是谁；②主体的哪些行为适用这个法律；③本法在哪些领域适用。首先，适用的主体是谁。有人提出来仅仅是企业，我说这不行，首先政府得管，那加上政府，有人说这就行了，我说恐怕不行，个人也得管，从循环消费的角度考虑，要促进公民个人绿色消费，而且也要鼓励公民个人购买废旧资源制造的产品，从减量化的角度，公民个人也要节约。其次，主体的哪些行为适用这个法律。刚才讲法律是管行为，也就是说上述主体从事了与循环经济有关的生产、服务、消费活动，以及政府部门从事的相关管理活动都应该适用本法律。所以，这些主体在从事清洁生产、促进产品延长使用、资源循环利用和循环消费等经济活动时都要适用这个法律。再次，关于《循环经济促进法》的适用领域。这个领域比较明确，那就是在中华人民共和国领域适用，但是香港和澳门地区要适用《香港特别行政区基本法》和《澳门特别行政区基本法》的规定。

（6）关于《循环经济促进法》的性质和定位

《循环经济促进法》的性质是什么？法学家们很喜欢讨论法律的性质，具体地说，《循环经济促进法》是经济法、环保法还是行政法？有人认为还是属于宏观调控类的法律，其实法律分类也没有这一类，但是这个问题也还需要大家来讨论。总之，基本的意见还是一部经济法律，但它是一部环境友好型特征很强的经济法律。那这部法律怎么定位呢？所谓法律的定位是指一部法律在整个社会主义法律体系当中的地位。首先是指这部法律是一部基本法还是普通法。什么叫基本法？就是对国家经济、社会生活等基本方面作出规定的法律。比如说民事法律、刑事法律，基本法律是由全国人民代表大会通过，普通的法律就是由全国人大常委会通过，是有效力等级的，但是，普通的法律有的也很重要，在社会主义法律体系当中也起到支架性作用。总的来说，全国人大常委会的法律不能跟全国人民代表大会的法律相抵触。当然，《循环经济促进法》由全国人大常委会通过就可以了。

（7）法律框架

立法与写一篇文章有一定的共性，例如如何搭架子，框架怎么定？关于这个问题，目前有这么几种意见：一是按照权利义务，从主体的角度，规定政府、企业、个人分别应该做什么；二是按照不同产业，按照第一产业、第二产业、第三产业这么写；三是按照产品的生命周期，从产品开发—制造—使用这种生命周期来写；四是按照行政管理的程序，先规划再监督的套路；五是按照"3R"原则，第一步是减量化，第二步是再利用，第三步是资源化。六是按照在生产、建设、流通、消费这几个阶段如何实施"3R"原则进行框架设计。我个人是比较倾向于第六种意见。

（8）主要法律制度

实际上，立法就跟盖房子的道理一样，首先要搭上支柱。同样，法律也需要有针对性，就是这个法律究竟要解决什么问题，解决这些问题的主要措施是什么，主要的制度性创新有哪些。

我个人认为，制定《循环经济促进法》，其基本点，就是以"减量化、再利用、资源化"为主要内容和主线，依法建立一系列强有力的制度，来克服循环经济发展所面临的障碍，切实推进循环经济的发展。建议重点构建以下制度：

①发展循环经济的规划制度。要将发展循环经济确立为国民经济和社会发展的重要战略目标之一，明确优先发展的领域。将其与环境保护规划相协调后，纳入中央和地方的国民经济和社会发展计划，并运用国家投资、财政预算等手段予以支持。在国民经济和社会发展计划之下，国务院有关部门还要编制全国循环经济发展专项规划，报国务院批准后公布施行。设区的市级以上地方人民政府有关部门编制本地区循环经济发展规划，报同级人民政府批准后公布施行。循环经济发展规划应当包括规划目标、适用范围、主要内容、重点任务和保障措施等内容。

科学有效的规划制度可以解决发展无序、资源配置不合理等问题。新中国成立以来，我国精于运用计划和规划手段来指导经济运行，这方面的成功经验应当写进法律。

②资源消耗和排污的总量调控制度。草案在基本管理制度一章规定建立"总量调控制度"，要求"县级以上地方人民政府应当依据上级人民政府制定的本行政区域用水总量控制指标和污染物排放总量控制指标，规划或者调整本行政区域的产业结构和经济规模"。"新建、改建、扩建用水或者产生污染的建设项目，不得超过前款规定的本行政区域用水、用地总量控制和污染物排放总量控制指标的要求。"这项制度主要是根据国家目

前实现节能减排规划目标的严峻形势，贯彻循环经济减量化的要求，强化有关用水、用地和污染物总量控制的约束力，以推动地方和企业调整和优化产业结构，从源头上推动实现可持续发展。

③市场准入制度。实现《国民经济和社会发展第十一个五年规划纲要》规定的资源节约和环境保护目标，必须要有市场准入制度作保障。这里所称市场准入，有两方面的含义。第一，是指在建立行业资源技术标准体系的基础上，设置行业准入门槛，严格限制或者禁止能耗、物耗高于国家规定标准的企业的进入，以从根本上解决企业能耗、物耗过高的问题。与此同时，对于废旧电器和危险产品的拆解以及销售，涉及污染控制和社会安全问题，也要通过建立健全市场准入制度，将达不到资质的企业拒之门外，以保障国家的资源环境安全。

第二，是指资源节约及循环利用产品的优先准入制度。凡是利用各种废物生产的再生产品，要促进市场优先准入。对企业利用余热、余压、生物质能、垃圾热能、沼气等生产的电力，电网必须优先收购，并给予一定时期、一定幅度的不同的价格优惠；国家对利用生产、建设和生活中产生的废物生产循环利用产品的项目，实行优先立项、财政补贴、投资倾斜等优惠政策。

④强化重点企业资源节约的定额管理。我国目前正处在工业化加速发展的阶段，钢铁、有色金属、煤炭、电力、石油石化、化工、建材、建筑、造纸、纺织、食品等主要工业行业资源消耗高，资源利用效率低，污染物排放量大，其中重点企业在资源消耗中又占很高比重。为了保证资源节约各项规划目标得以实现，对主要工业行业的重点企业实行定额管理是非常必要的。抓住了这些重点企业，就等于抓住了资源节约和循环利用的关键。为此草案规定"列入名录的重点企业应当根据高耗能产品单位能耗限额国家标准和取水定额国家标准，制定先进、合理的单位产品能耗限额企业标准和取水定额企业标准，并报送省、自治区、直辖市人民政府综合经济主管部门和标准化主管部门备案。"这样规定，注意了同《节能法》、《水法》等法律有关能耗限额标准和取水定额标准制度的衔接，统一通过有关节能、节水的标准对重点企业进行监管，也有利于根据企业自身情况

合理安排节能减排工作。

⑤发展循环经济的评价考核制度。循环经济评价考核制度是评价区域或者企业循环经济发展状况的基础，也是对区域社会、经济、生态环境系统协调发展状况进行综合评价的依据和标准。建立循环经济评价考核制度，有助于解决过去以GDP（国内生产总值）指标作为考核地方领导政绩的主要标准的弊端，也有助于解决当前对循环经济发展状况评价标准不一等问题，从而为区域和企业发展循环经济提供科学的基础。循环经济评价考核制度的建立需要以准确的统计核算制度为前提。

循环经济评价指标体系既是考核政府发展循环经济绩效的重要依据，又是政府为企业提供资金倾斜、技术支持、税收优惠的主要参考。《循环经济促进法》应当对循环经济标准和指标体系的制定主体、基本准则和法律效力等进行规定，并将之贯穿于其他法律制度的运行过程中。循环经济评价指标应当包括资源生产率、循环利用率等具体指标。

当前应当抓紧制定各行业的单位产品能耗、物耗和污染物排放标准，特别是优先考虑重点行业和产品的能源、水资源、土地和污染绩效标准及实施时间表的制定。这项标准同其他资源综合利用政策有机结合，可以对一些重点产业的发展发挥重要的指导作用。

⑥以生产者为主的责任延伸制度。在当代，企业不仅仅要在生产中对环境负责，而且要对所生产的产品在其使用期间以及报废之后对环境造成的影响负责，这就是以生产者为主的责任延伸制度的基本内涵。《循环经济促进法》应当对以生产者为主的责任延伸制度作出全面细致的规定，明确生产者、消费者对消费后废弃的产品的回收和利用的责任，以推进资源的回收和利用。生产、销售被列入强制回收名录的产品和包装物的企业，必须在产品报废和包装物使用后对该产品和包装物进行回收。企业不能进行回收的，可委托销售单位或回收企业回收。

建立和完善生产者为主的责任延伸制度，加大了企业对最终处置废物的强制性责任，必然促使企业在设计、生产产品的过程中，把产品的再商品化率作为一项重要指标，纳入到企业经济考核中来，促进生态设计等工作的开展。这是推进循环经济发展的一项重要制度。但是，由"污染者负责"发展为"生产者责任延伸",给企业增加了新的义务,这会增加企业的生产经营成本。因此,有关部门要根据产品对环境的危害情况和企业的承受能力,制定严格的产品名录,以稳妥、有步骤地进行。

⑦可持续性消费制度。社会再生产的末端是消费者。在传统的环境法律体系中,消费者承担的环境保护义务很少。在循环经济法律体系中,要促进消费者积极采购、消费以废旧资源制造的产品,即优先采购循环产品。公众树立与环境保护相协调的价值观和消费观,优先采购和消费循环产品,不仅节约了资源,保护了环境,而且有助于废旧资源利用产业的生存和发展。将公民个人的消费行为纳入循环经济法的调整范围,这是《循环经济促进法》与《清洁生产法》的重要区别之一。

政府优先采购循环产品,实施绿色采购意义更为重大。通过政府的绿色采购,不仅为废旧资源制造的产品创造越来越大的市场需求,使废旧资源利用产业能够在激烈的市场竞争中站稳脚跟,而且政府的这一模范行为,也为在全社会倡导可持续消费发挥了表率作用。

⑧经济激励制度。《循环经济促进法》要建立有利于循环经济发展的经济激励制度。该制度主要包括税收优惠、投资倾斜、循环经济专项资金、财政贴息、合理定价等方面的内容。

一是税收政策。总的调整方向是实行鼓励节约与惩罚浪费相结合的税收政策。国家对于符合循环经济发展的产业政策的单位、项目要给予抵扣增值进项税、减免企业所得税等税收优惠。为了减少原生材料的消耗和废物的排放,国家应当适时开征资源消费税、原生材料(土地、水、木材等)税等新税种。

二是投资倾斜与专项资金。有关部门应当将有利于循环经济发展的项目列为重点领域,优先立项,加大投资支持力度。国家及各级财政部门要设立循环经济发展专项资金,用于鼓励和支持重点领域的循环经济发展的重大项目。

三是财政贴息。凡符合循环经济发展产业政策和信贷条件的,金融机构应当在财政部门的支持下,提供有财政贴息的优惠贷款。

四是逐步建立起能够反映资源稀缺性、资源性产品供求关系和资源开采成本的价格形成机制，促进企业积极主动地发展循环经济。

⑨公众参与和信息公开制度。公众参与要有必要的程序作保证。《循环经济促进法》应当明确公众参与循环经济管理的内容、渠道、方式，鼓励和支持公众参与发展循环经济。公众参与的层次很多，例如参与制定有关的法律和政策，参与法律实施的社会监督，等等。当前公众参与的重点应当在社区。与此同时，应当建立信息公开制度，使企业和公众及时了解废物的产生、社会需求等情况，这样一方面便于公众对企业违法排污的情况进行监督，另一方面又为公众合理利用废旧资源提供了便利条件。

⑩法律责任制度。

五 我们应当如何制定《循环经济促进法》

根据当前我国的实际情况，在循环经济立法中应特别注意把握以下几点：

1. 认真评估、总结经验

法律起草单位要组织力量清理与发展循环经济有关的法律法规，并对其实施情况认真进行评估。在清理我国相关法律法规的同时，也要广泛收集国际上的有关法律并进行研究。对待外国的法律不能持迷信的态度，而是要认真研究国外立法的背景、实施状况、发展趋势等，认真分析其中的演变规律。例如德国的循环经济法律主要解决微观层次的垃圾处理问题，如废物的处置和利用；日本主要表现在中观层次，强调抑制废物的产生，推行循环型社会的建设。到底哪个模式优点多，更加接近我国的国情而便于借鉴？这就需要我们在认真评估和研究的基础上，提出适合我国国情的具体办法。

对法律实施的效果进行评估有多种方式。我们既要重视国务院部门对法律实施的情况进行评估，同时也要发挥民间机构、科研机构、专家的作用对法律的实施情况开展评估。后者地位超脱，评估的结果与自己的政绩考核无关，得出的结论可能更为客观。

2 一法多规、协调配套

中国幅员辽阔、人口众多，各地发展情况不平衡，法律体系的特点是"一法多规"，因此，在制定循环经济法的同时，要抓好配套法律法规的制定。根据全国人大常委会和国务院的有关工作安排，当前还应抓紧有关法律法规的配套工作：制定能源法；修改节约能源法、煤炭法、电力法；制定节约用水的法规；制定节约原材料的法规；制定推进资源综合利用的法规；制定废旧家电回收处理的管理法规；制定节约石油的法规；制定建筑节能的法规；制定墙体材料革新的法规；制定包装物和废旧轮胎回收等的法规等。争取在法律生效的同时使相当一批配套法规也公布实施。

近年来，各地制定了若干促进循环经济发展的地方性法规和规章。对其中的经验，要认真总结。地方性法规和规章一定要有本地特色，要在真正解决本地实际问题的同时，为全国性的立法提供经验。

3 通盘考虑，整体推进

加强循环经济法制建设，不仅要制定完善的循环经济法律法规，而且要在其他法律中充分体现发展循环经济的要求，以排除发展循环经济的障碍，这也是《中国21世纪议程》所倡导的"综合决策"在立法过程中的具体体现。例如，通过明晰资源产权，有利于调动企业和个人节约资源的积极性，因此，加快物权法的制定与发展循环经济的目标是完全一致的；再如，在制定有关的财政、金融、税收、对外贸易等法律法规时，也要考虑从法律措施上支持循环经济发展的问题。总之，要通过相关法律的制定，形成发展循环经济的合力，以有效克服过去存在的环境资源法律"孤军奋战"的问题。从一定意义上讲，强调形成发展循环经济的法律合力，似乎比仅仅制定一部专项的《循环经济促进法》更为重要。

4 正确处理与有关法律之间的关系

按照已经确立的立法指导思想和基本原则，循环经济法将"生产、流通和消费等过程中进行的减量化、再利用、资源化活动"作为主要规范内容，因此，本法同其他相关法律，包括《清洁生产法》、《节能法》、《水法》和《固体废物污染防治法》等，在适用范围上存在一定的重复。事实上，为了实现制定一部"适用、管用，有极强的针对性和可操作性"的法律的立法目的，这种重复很难避免。从《循环经济促进法》和其他法律之间的法律关系上看，两者存在综合法和单项法的关系。立足于这一点，草案应当以四种方式处理法律之间的关系：

一是把各法律的有关规定整合，形成有关循环经济的综合性法律制度。"基本管理制度"一章中的几项制度，包括总量调控制度和高耗能、高耗水企业的重点管理制度，是在《节能法》、《水法》等法律的有关规定基础上综合形成的，并且根据实践需要有所发展。

二是根据减量化、再利用和资源化的实际需要，适当扩展原有相关法律规定的内容。"减量化"和"再利用和资源化"等章节中的一些内容，包括有关产业政策和名录制度，对生态设计的要求，对节水、节能等方面的一些规定，是在现行法律相关规定基础上，根据当前循环经济发展的要求，适当进行了充实和提高。

三是为保持循环经济法内容的完整性，适当重复有关法律规定，以衔接《循环经济促进法》与有关法律，如有关矿产资源的规定，有关节水的规定等，这是法律之间衔接的需要。

四是对《清洁生产促进法》加以特别处理。由于和《清洁生产促进法》有较多重复，删除有关内容又严重损害循环经济法体系的完整性，为了解决这个问题，在附则中特别规定"清洁生产促进法与本法规定不一致的，适用本法"。

以上处理，既有助于解决循环经济发展实践中存在的急迫问题，又有利于实现法律之间的衔接和配合，是一个既积极又稳妥的办法。因而受到多数专家的高度肯定。

5 注意国际社会发展循环经济的新趋势

在经济日益全球化的大背景下，我们也要高度关注国际社会发展循环经济的新趋势。一是欧盟的新指令，第一个是要求必须回收的产品；第二个是禁止使用某些有害物质。二是欧洲的综合产品政策。实际上是环境保护综合决策的意思，他们虽然不提环保综合决策，但是做得却比较好，价格、税收、环保这些问题，放在同一个框架里。三是日本循环经济立法当中的领跑者制度。在每一个行业当中找一个能耗水平最低的企业作为标准，要求同行业的其他企业在一定的宽限期内达到该标准，达不到就要淘汰。

六　关于《循环经济促进法》的实施

我们要高度重视法律的实施问题。借鉴国际经验，总结我们的教训，《循环经济促进法》通过后，我们一定要制定一个《循环经济促进法》的实施计划。实施计划出台后，坚决按照计划分布实施。我们要对现行的法律实施机制以及监督机制进行评估，通过评估认真总结以往法律实施不力的教训，促进我国法律的有效实施。

我认为，当前我国制定《循环经济促进法》，的确面临一定的困难和问题，但是，有利的因素要远远大于不利的因素。我坚信，在党中央提出的科学发展观的指导下，在全国人大常委会组成人员和各有关方面的共同努力下，我国一定能够制定出一部适应中国需要、具有中国特色的《循环经济促进法》，为建立能循环、可持续的国民经济体系，为建设资源节约型、环境友好型社会，作出应有的贡献。

以上我简要汇报了自己学习循环经济理论、学习循环经济法学知识方面的一点体会，在座的都是国务院有关部门的负责同志，应该说你们的经验比我多，你们的水平比我高，如果我讲的不对的地方请大家批评指正，谢谢大家！

（根据主讲人在 2006 年 5 月中央和国家机关司局级领导干部"资源节约型、环境友好型"社会建设专题研究班上的讲课录音整理）

们的财税能否支撑得住？经济转型成本究竟有多大？至今，还没有一个部门、一个机构、一个组织认真去算过。由于没有人算，中央就处于两难而下不了决心。这个问题没有算出来，一系列政策也就没有办法出台，比如生态环境税，比如区域平衡的生态补偿等等。

我个人认为，这新能源与循环经济的路还必须勒紧裤腰带下决心提前走。为什么呢？一是国情所迫。二是即便降些速度，只要能在若干年后实现全民族的可持续发展，也很值得。三是还会有其他收获，比如能带来新的就业，带来科技的创新，带来外交的主动，带来人体健康和社会稳定，带来社会主义一系列新指标的建立。

最后再说一下体制问题。我们如今最头疼的问题就是职能交叉与权责不明，这颇具中国特色。我原来在体改办当副主任，国务院领导批示我们研究一下注水猪问题。我说太容易了，定几条标准来限制市场准入不就成了吗？后来才发现，居然九个部门跟这头猪有关系，九个部门吵得晕头转向，因为这关系到部门的切身利益。光相关法律就有那么厚一叠，至今这个问题也未根本解决。我在国资局时，九个部门管国资局；我在技术监督局时，七个部门管市场。现在环保局，一条河几个部门，水利部管水，我们管岸，他们上不了岸我们下不了水。大家都在抢权，但一出事儿就先找环保，谁叫你全称叫环境保护局的？国际和国内都统统认为你就是中国环境保护的唯一品牌，中国的环境保护出了事儿就是你负责。再例如在沙尘暴的问题上，有不少人批评我们环保部门，说环保工作是怎么干的。其实防治沙尘暴的体制很复杂。草原是畜牧部门管，治沙是林业局管，发布是气象局管。还有，城市污水建设部管，海洋污染海洋局管，农业污染农业部管。我也不明白，为什么完整的林木水草土的生态系统非要人为地分割成不同部门职能。最近不断有人讨论环保局升环境部的问题。我个人认为名称很不重要，我不要这个"面子"，我希望给更多"里子"，把分散到各部门的职能尽可能多地统一起来。不让环保局统也可以，谁统都可以，但是中华人民共和国的环境问题是综合的问题，必须要有综合管理的机制，必须达到综合权能的统一。实在不行就在上面设一个大协调机制，协调各部门的利益关系，并且还应有最终裁断权。

还有就是地方垂直问题。环保是不是该垂直，我们非常矛盾，根据环境保护法规定，环境保护是当地党政一把手负总责，但是他不负责也没辙。这时候就需要监管，监管就需要有限垂直，起码我们要在执法与监测上垂直。行政执法垂直好理解，为什么环境监测也要垂直呢？因为我治不好起码也能说得清，要让中央知道真情况。要承担环境监管责任就要赋予一定的权力，权责利必须统一。

我还要强调一点，我们以后的法律、机制、观念上一定要扭转，就是我们对人大、政协、学术界、新闻界、公众、社团、中介组织等等要有一个良性互动的机制。世界上自从有环保部门出现的那天起，就必然会和所有的利益集团、所有的地方保护主义、所有的传统生产生活方式、传统的发展思维发生冲撞。但是中央政府是支持环保的，因为中央政府看到的是全局综合信息，算的是政治大账，不会只算局部经济账，中央政府会为它的执政地位、执政基础算这个大账。中央反复提出以科学发展观统领一切就说明了这一点。另外环保工作是公共事务，涉及全社会方方面面的共同利益。因此环保部门要全面推动全社会的广泛参与，环保的法规法律应该是公众参与、维护群众合法权益的法规，为此要加大环境信息的披露。

（根据主讲人在2006年11月中央和国家机关司局级领导干部"资源节约型、环境友好型"社会建设专题研究班上的讲课录音整理）

能源安全
与经济可持续发展战略

徐锭明

演讲时间：2007 年 3 月 23 日

作者简历：徐锭明，国务院参事，高级工程师。1946 年出生。
曾任国家发展改革委能源局局长、国家能源领导小组办公室副主任。长期从事能源发展战略研究、规划编制、重大工程实施等工作。

内容提要：从能源发展简史谈了我国能源的现状和形势，特别是我国在能源战略方面的重大举措。然后从资源、通道、运输、储备、油价几个方面谈了能源安全问题。最后就我国能源可持续发展的政策作了重点阐述。

请我来汇报这个能源的问题，心里面不踏实，但是我还是很认真地准备了，给大家提供了两份材料，一份是我们组织给的官方的一个权威材料，发给大家做参考。第二份材料是最近我们给中央报刊的关于2006年的形势分析和2007年的形势分析，这两份材料供大家参考。就围绕能源的安全问题和可持续发展的问题，给同志们提供一些信息。你们是天军，我是陆军，因为我是搞技术的，搞技术就像现在陆军一样。你们站得高看得远，你们看到的是全世界全宇宙，我看到的就是一个行业，很小。讲得不好大家批评，希望大家监督批评。

最近，大家都在学习胡锦涛提出来的三种意识，忧患意识、公仆意识和廉洁意识，在人大会议上胡锦涛讲了，讲得非常好。今天我们讲的题目就紧扣这三个意识。第一个叫忧患意识，第三个叫廉洁意识，当然，我们更要有公仆意识，为人民服务。我看干部学院的教学方针里面最后一个是"执政为民"，我就围绕这些给大家讲一些东西。

感谢各行各业对我们能源办的支持。我们能源办才不到两岁，能源领导小组是2005年6月2日正式成立的，总理是组长，13位部长是成员，办公室就放在发改委，由发改委的马凯主任兼主任，我和另外一位同志作为副主任。感谢外交家们在能源外交方面作的重大贡献。我看了一篇文章，实际上最早的能源争夺是外交家在争夺，而不是能源家在争夺，我看到美国的一本书专门讲这个问题。能源是外交方面很重要的一张牌，国家在打牌。好多人说我搞能源外交，我有什么资格搞能源外交？外交家们搞能源外交，大家一起来，我们就共同把能源工作做好了。

今天的题目是能源安全与经济可持续发展，我想讲这样几个部分。这个题目非常大，如果一天讲一课，讲一个礼拜也讲不完。因为新的问题不断出现，我这里面把20号的最新材料放进去了。

第一部分，讲一些基本概念，我国能源发展简史，人类能源发展简况。

第二部分，我国的能源形势。

第三部分，安全。你们是外交家，我是从你们那里学来的。我看了好多书，把它归纳一下。我有我的看法，能源安全应该怎么做，给同志们报告一下。

第四部分，可持续发展问题和我国的能源政策。能源的可持续发展、经济的可持续发展，是中央讲的两个切入点。能源"四十八字方针"，国务院对替代能源做的总体部署，今后可再生资源发展方向等等。欧盟最近刚发布了要提高可再生资源比例。昨天电视里面讲，美国汽车制造厂也要生产混合动力车。前段时间布什到巴西，人家写文章，说布什是在搞乙醇。我想把这几部分给外交家们、政治家们作一个汇报，不对的大家一起来讨论批评。

一　我国的能源发展

讲到能源，到底什么是能源，我想这是一个基本概念问题。能源这个词在上世纪70年代之前，在我国基本上没怎么用，国际上也不通行。地球上的能源从哪里来的？最根本的是三个来源，第一，就是地球以外天体的能量，包括太阳和其他天体的能量；第二，地球自身的能量，地球内部有核的反应、重力、地震等等。第三个来源是天体和地球互相间的作用。所以，地球上的能量就来源于这三个方面，潮汐能就是月亮和地球作用形成的。大部分能量是来自于太阳，其他能量就相对比较少了。第一类是太阳辐射能。太阳辐射能有一部分散失掉了，如果我们能把太阳能用起来，那对我们是一个很大的好处。现在太阳能存在几个问题，我们正在研究发展太阳能的问题。

能源这个名词在上世纪70年代之前用得比较少，那时候叫动力，燃料动力，是这样一个词。上世纪70年代之后，世界能源危机之后，人们更多地用能源这个词。我们国家这个词是什么时候用的呢？是1978年3月份，科技大会关于科技规划里面，把电力、石油、煤炭、节能四个方面归结一起叫做能源科学技术。从那个时候开始能源这个词就比较广泛地被人们所接受，开始广泛地用"能源"这个词了。但是现在还是有说动力的，比如说燃料动力，但是能源这个词得到了人们广泛的认可和使用。

能源的概念，包括《大英百科全书》、《日本百科全书》，物理学里面都有明确的概念，叫提供能量的物质资源。当然，各家的定义有不同的地方，但是，基本上还是要按照物理学的概念在定义这个能量、能源。

能源还分成一次能源、二次能源，根据能源的成因可以分成一次能源和二次能源。天然的、自生的能源我们把它叫做一次能源，经过人类加工的能源叫二次能源，像电是二次能源，通过煤的加工形成了电；汽油属于二次能源，原油的加工形成了汽油、柴油。

还可以把能源分成可再生能源与不可再生能源。按其性质还可以分成燃料能源、非燃料能源。比如说开车的就叫燃料能源，有些不是燃料能源，水能它不是燃料能源。还可以分成含能体含能能源、过程性能源，它本身使用的时候就是能源，它的过程才产生能源。像水电，它的重力作用推动水轮机才产生能源，它本身不是。还可以分成常规能源、新能源、清洁能源、非清洁能源，现在还有一个叫可动能源，可移动能源、不可移动能源，我听一个外国朋友给我讲，给大家简单介绍一下这个概念。

我国能源发展简史就讲几句话。好多人认为玉门油田是我们第一个油田，不对的。我国的第一个油井在台湾，第一个油矿局是在台湾成立的，我国第一个现代化煤矿是在台湾建的，所以，台湾是我国能源最早开发的地方。我国第一个火电厂在上海。1949年解放的时候，全国人民平均每人才用7—8度电。中国新中国成立以后，中央人民政府成立"燃料重工业部"，由陈郁担任部长。后来50年代陆续分成了煤炭部、电力部、石油部等等。文革当中又合并。

新中国建立以来变化最大、变化最频繁的是能源系统，合了分、分了合。这次人大好多人提案要不要成立能源部，我们国家能源部门的变化比较大。改革开放以后我们成立了几大石油公司，几大电力公司；煤矿基本下放了。我们发展的历史是什么历史？比如说我们在上海建立了第一台双水内冷汽轮发电机，上世纪80年代开始我们研究新能源、太阳能、沼气等等。这是我国的基本情况。

我们再看看国际上的基本情况。前两天有机会和英国大使馆的朋友们交谈，他们来了一个代表团，交谈当中谈起了工业革命。我说没有能源的革命就没有工业革命，在人类历史上能源的使用是人类进步的一个重要的里程碑，这就是人类能源发展的基本历史。从木材时代到煤炭时代到石油时代，今后走向哪里？世界都在讨论 oil peak "石油顶峰问题"，美国能源部正在研究这个题目。

火的利用就不用多讲了，这是人类进步的一个起点。没有火的利用，我们今天脑袋没有这么大，脑容量很小，因为我们食物的结构不一样。正因为火的利用，所以恩格斯讲，"火的利用的伟大意义，大于以后火再变成机械能"。因为，火使人脱离了野蛮时代。所以，恩格斯讲，正是因为火的利用，使人类最终摆脱了动物结构，这是非常重要的一次能源的利用。因为，火的利用缩短了人的消化过程，增加了大脑的发育。

专家们计算，从公元纪元开始到1850年，全世界总共消耗了3000亿吨标煤，这是专家们测算的。从公元纪年零年开始到1850年，人类整个能源发展经过了木材时代到煤炭时代，到石油时代。什么时候进入了煤炭时代？人类6000多年的历史，不断地在利用各种方法掌握能源。从历史上看，人类发展经过了几个转换时代，但每一个时代转换都伴随着阵痛，是一个漫长的过程，不是那么简单的转换。所以，我们现在讨论石油时代以后是什么时代？

考察一下能源发展的三个时期。能源是木柴的时候。15世纪的时候，英国木材贵到一般老百姓买不起，贵族才能买。当时在英国，随着农业革命和工业革命的开始，人们大规模使用燃料，首先形成的能源工业是木材，当时炼10磅铜需要1吨木材。炼铁工厂，小的铁工厂要400平方英里的木材。英国木材并不多，当时谁都发展，把木材砍光了。所以，当时英国的皇家政府和我们现在一样，限制高耗能产业，关停并转，不让下面干，再干就没有木材了，出现了能源短缺。随后，是煤炭的开发，逐步替代了木材。煤炭替代木材不是主动的，是被动的。因为原来开发煤炭是在地表，这些煤炭的质量不太好，含硫比较高，热量不是那么高，还有烟，又脏，英国人不愿意用煤炭。为什么？没法烤面包，含有硫黄，含有脏的东西，没法酿酒。现在到欧洲去，烤火还是木材。煤炭替代木材是一个漫长的过程。因为整个从上游到下游全部要改变。所以说没有能源革命就没有工业革命。为了推动煤炭的发展，英国有一个发明家发明了一个工具，什么工具呢？发明了一种可以替代马匹来从矿井中提水的一个工具，这个是蒸汽机的前身，一下使煤炭工业有了大发展，可以到深井开发，而深井的煤炭很干净。这样，人类慢慢地就进入了煤炭时代。专家们认为这个发明使人类真正地进入到煤炭时代。

煤炭时代也带来好多问题。英国开发煤矿、欧洲开发煤矿和我们现在小煤矿一样，掺假的也有，联盟的也有。后来，伴随着蒸汽机的发展，煤炭使用更加广泛，到1850年，英国人均用到3吨了。与此同时，大城市造成了污染，煤炭的污染。当时英国成了煤炭中心了，同时带来了好多问题。

1901年1月10日，在美国一个小山上，有兄弟两个打了一口井，这个井所生产的石油比当时在其他地方找到的油井生产的石油要多十几倍、上百倍。你们都知道，1859年在宾夕法尼亚打了第一口井，但是，半个多世纪以来，石油在世界上没有成为主导的能源产品，没有大量地生产。1901年1月10日，随着这一口井的发现，石油被推上了国际能源的舞台，专家们认为这是石油时代的开始。石油时代不等于它被广泛地使用了，还有慢慢发展的一个过程。当时，世界上大多数油井日产量才50—100桶，俄罗斯当时最高的时候是5000桶，而这里打的这一口井每小时5000桶，一天达到10万桶。所以，石油时代就开始了。

但是，石油时代也不是那么顺利的，石油要大量推广靠什么？内燃机。随着内燃机的发展把石油又推到了更高的历史舞台。在这同时，20世纪初，飞机的发明、汽车的使用把石油推上高峰。当时美国的汽车老板抓住了机遇，大量生产内燃机。当飞机被发明的时候（莱特兄弟）法国的一些军事家看不起，说这个飞机是儿童玩具，他没有看到内燃机和石油结合在一起，飞机会有重大的突破。过了不多久，在飞机上就可以扔炸弹了。

英国政府非常有眼光，1908年把英国所有的海军燃料更替，把原来煤为燃料的军舰改成石油为燃料，这是一个大胆的决策，因为当时英国本身没有一滴石油。所以，从这里开始就有了能源安全问题。因为，英国把它的军事力量完全绑在了石油上面。所以专家们讲，1908年英国海军的改革为打败德国的第一次世界大战奠定了基础。当时，英国军舰所用燃料石油占的体积小、速度快，与德国抗衡中胜出一筹，占据主动。石油还促使工业化更快地往前推进。

因为石油与安全紧密联系在一起，所以石油一出生就和外交结合在一起，就和政治连在一起，就和军事连在一起。可以概括地说，战争为了石油，战争需要石油，战争摧毁石油。举两个小例子，外交家们都知道，珍珠港。日本人是拼命炸美国的舰队。战争之后美国的一个司令讲了一句话，他说日本人如果当时炸我们珍珠港的油库，整个二次大战将会推迟两年胜利。再有一个小故事，斯大林。希特勒进攻苏联以后，斯大林派了一个人到高加索去。他说，如果这个油田被希特勒占领了，你没有炸毁掉，回来我要枪毙你；如果，希特勒没有进去，你把油田油库给炸掉了，我也要枪毙你。这个同志很难受了，他说斯大林同志，那怎么办，你总是要枪毙我的。他很聪明，最后希特勒没有能够打到高加索。战争结束以后，他就是斯大林任命的苏联的能源部长。科索沃战争、伊拉克战争为什么？现在看来美国没有任何理由，除了军事利益以外，关键的问题就是为了能源。

二 我国的能源形势

第二部分，给同志们讲讲能源形势。我把去年我国的能源形势总结成10+5，东盟不是10+3吗，我就弄个10+5。10件大事是宏观的战略的，5件大事是微观的战役的：

第一件大事，G8会议。会议宣布了中国的新能源安全观，本人也有机会跟代表团参加这次会议。在会议之前我就看到了胡锦涛主席的讲话，讲话非常重要，向世界宣布了中国政府的新能源安全观，这是第一件大事。

我认为这里面有两句话是必须要注意的。一个就是"每个国家都有充分利用能源资源促进自身发展的权利，绝大多数国家都不可能离开国际合作而获得能源安全保障"，这句话非常重要。然后就是安全观的12个字。

第二件大事，5国能源部长聚会北京。经过外交部、发改委一年的努力终于完成了聚会。原来美国人不想来，说不来部长来副部长，后来副部长不来来司局长，最后全来了。

我认为这是我国能源外交的一个重大转折，这是我们主动在搞能源外交，是我们的倡议，所以发了一个宣言，这是第二件大事。

第三件大事，能源法。根据温家宝总理指示，能源法起草工作已经启动。2006年的1月24日启动，15个部委，5位部长参与，本人有幸当秘书处负责人，专家组组长。

第四件大事，国务院颁布节能决定。"十一五"规划把节能作为硬指标，这是大事情。

第五件大事，人大常委会组织节能法执行情况的检查，检查情况令人担忧。李铁映在人大常委会上有一个报告，认为节能存在五个问题，体制不适应、政策不配套、结构不合理、技术支撑不到位、法制不完善。李铁映指出，能源形势相当严峻，这个报告得到国务院的充分肯定，最近国务院作为文件下发了。所以，我们既要金山银山，更要绿水青山。马凯讲，2006年我们国民经济完成得不错，但是在环境方面也付出了沉重的代价。

第六件大事，人大常委会正在修订我国的《节能法》。《节能法》已经十年了，节能法修订小组组长是傅志寰。

第七件大事，根据温家宝总理指示启动了我国新一轮能源战略研究，包括外交部在内，我们十几个部委集中了各方面的专家，正在进行我国新一轮能源战略研究。这项工作已经引起世界关注，各国都在关注我们的能源战略研究，我们的课题，原来18个，现在增加到20个课题。

第八件大事，国务院对于发展替代能源做了总体部署。2006年11月

20日国务院开了会，对于如何发展替代能源作出了明确指示，落实胡锦涛总书记的批示和温家宝总理的批示。关于替代能源问题，胡锦涛总书记有明确批示，要选准目标、选准方向、确定战略。

这里面有两句非常重要的话，在发展替代能源当中，要"按照以新能源代替传统能源，以优势能源代替稀缺能源，以可再生资源代替化石能源的方向，逐步提高替代能源在能源中的结构比重，努力为经济社会发展提供清洁、经济、安全的能源保障。"我认为这一个文件非常重要，是继2004年6月30日国务院批准我国第一个《能源中长期规划纲要》之后又一个重要文件。这是对我国今后能源发展的方向作了一个指导性的意见，要求我们把车用燃料和替代石油产品作为发展的重要方面，加强规划、加强统筹、加强开发研究、加强政策支持。

第九件大事，加强能源统计工作。随着经济全球化，信息要公开、要透明，要加强能源统计工作。

第十件大事，我国生物质能发展里程碑。2006年8月18日，国家发改委、农业部、林业局共同召开了我国第一次全国生物质能开发利用工作会议，确定了生物质能发展的目标和方向，部署了工作。

这是宏观方面的十件大事，另外在微观方面也有五件大事：

第一，6月28日温家宝总理和澳大利亚霍华德总理在深圳共同参加了我国第一个液化天然气（LNG）项目投产仪式。我国第一个液化天然气接受站建设投产，开创了我国能源工业又一个新的领域。

前两天广播了，上海的沪东船厂的第三条液化天然气船下水了，这是世界造船业上的皇冠，有专家说，如果你能造液化天然气船了，基本上所有的商业用船你就都能够制造了。

第二件大事，三峡二期蓄水156米顺利完成，左岸电站全部发电，右岸电站加快建设。

第三件大事，我国第一期石油战略储备基地，镇海基地8月份验收完毕，10月份交付使用，填补了我国历史上没有战略石油储备的空白。

第四件大事，能源安全生产。2005年春节2月14日初六，也就是情人节，214位煤矿工人在辽宁的复兴孙家湾煤矿遇难。不但每年有近6000

位煤矿工人遇难,还有1万煤矿工人因为矽肺病死亡。全国现在有矽肺病80万,其中60万人煤矿工人。安全工作非常重要。

2006年,领导同志讲话中三个地方用了极端这个词。第一,是安全生产的极端重要性;第二是能源工作的极端重要性;第三个极端重要性是2006年7月1日总书记讲话关于党风建设的极端重要性。一般情况下领导讲话极少用极端这个词。可见安全是非常重要的。

第五个,就是能源生产。能源生产继续创历史新高,能源供应紧张形势不断获得有效缓解。整个能源工业正在入轨上路,朝着又好又快的方向发展。入轨上路就是指步入科学发展之轨道,走上建设社会主义和谐社会之道路,实现又好又快的发展目标。

这就是2006年我们的10+5大事。2006年是我国能源工业的重大转折点,一年建设装机突破1亿,水电投产接近1千万千瓦,在世界历史上是没有的。我认为这是我国能源工业进入到一个新的发展时期,资金、技术、装备、设计、建设、运营已经不是我们能源工业发展的瓶颈。你要我们建设多少我们就能够建设多少,今后的瓶颈是什么?是节约能源、提高能效、保护生态、保护环境,这将是制约我们能源工业的一个重大的瓶颈,下面我还会讲这件事情。

2006年年底胡锦涛主持政治局专题学习节约能源问题。我曾和同志们讲,为什么年底那么繁忙,领导同志还要学习,学习什么?学节约能源。那次政治局学习会上讲的就是节约能源,所以节能非常重要。按照辩证唯物主义的观点,我们人人都是能源消费者,人人都是能源生产者,节约能源就是生产能源,要提到这个高度来看问题。面向未来,我国的国情要求我们必须做到可持续发展,"节约能源就是生产能源,提高能源效率就是生产能源,调整能源结构就是生产能源,转变经济增长方式就是生产能源,保护生态环境就是生产能源,技术进步就是生产能源,加强管理就是生产能源"。这次人大会议上关于节约能源问题,总理讲了八条。关于2006年的能源形势,我总结为十五句话:新能源观昭示天下,五国能源部长聚会北京,首部能源大法正在草拟,国家节能决定颁布实施,节能减排情况令人担忧,节能法的修订稳步推进,新的战略研究全面启动,替代能源工作总体部署，能源信息统计地位提升，生物质能利用树立新碑，液化气第一站投产运营，三峡二期蓄水顺利完成，一期生产基地交付使用，能源安全生产日渐趋好，能源供求矛盾有效缓解。

关于能力生产的基本情况，简单一讲。

2006年我们的能源生产煤炭达到23.8亿吨，电力装机总量突破6亿，电力发电2.8万亿度，石油1.84亿吨，天然气不到600亿立方米，都在往前发展。能源生产增长了7.4%，能源消费增长了9.3%。看看我们电力工业，电力工业解放初期的时候是多少呢，才185万千瓦，没有我们现在一个大电厂多，两台机组200万，现在多少？突破6亿。刚改革开放的时候5千万千瓦，后来10年增长1亿，7年增长1亿，5年增长1亿，3年增长1亿，1年增长1亿。这是什么概念呢？

印度，2005年全国电力装机1.3亿，英国8000万。我们去年一年建多少？1亿2000万，1个半英国，仅次于一个印度。我们能源工业的发展速度是世界历史上罕见的。

三　能源安全问题

纵观人类历史发展，人类文明的每一次重大的进步都伴随着能源的改进与更替，能源是非常重要的一个基础产业。中国民间有一句谚语，"开门七件事，柴米油盐酱醋茶"。中国人很聪明，把柴放在第一位。我模仿《孙子兵法》写了这几句话："能源问题，国之大事；能源安全，强国之本；节约能源，人人有责。谋能源发展之大计，抓能源发展之大事"，能源发展是大事情。

石油安全是国家战略管理中必须面对的一个重大课题，石油正在一步步陷入政治漩涡的中心。伊拉克战争，安哥拉，俄罗斯，普京要搞天然气，等等一系列问题。

党的十六大提出来新的安全观，树立互信互利、平等可协作的新能源安全观。G8会议上胡锦涛总书记是把党中央的安全观具体应用到能源工作上，提出了新的能源安全观，这是中国政府第一次向世界全面表述中国政府对能源安全的基本观点，这是我们的基本方针。

中国古代思想家就有安全的思想，据说在我们的中文当中开始还没有安全这个词。《易经》当中讲，"危者，安其位者也；亡者，保其存者也；乱者，有其治者也。是故，君子安而不忘危，存而不忘亡，治而不忘礼，是以身安而国家可保也。"这就是我们安不忘危的成语的来源。类似这些在古文当中很多，最典型的唇亡齿寒，就是国家安全问题，你们都是外交家比我更清楚，我这都是班门弄斧了。

当然，现在国际安全当中是一个新的安全概念了。安全的概念在不同的国家、不同的场合、不同的时代人们对于安全会作出不同的解释。汉语里面"安全"有三层意思，没有危险、不受威胁、不出事故。英文里面安全与我们有区别，但也有共同的意思，就是不存在威胁和危险。随着安全的探讨，安全在不断深入，包括主观方面和客观方面。所谓安全就是客观上不存在威胁，主观上不存在恐惧。2006年11月20几日我跟外交部代表团到英国开会，当时会上有一个公司代表发言，用了恐惧这个词。当时我问他是不是用这个词，Panic，他说对中国石油公司走出去，西方公司感到恐惧。一个国家没有安全的现状是不安全的，同样，没有不安全的心态也是不安全的。

前几年SARS的时候，救护车一叫，小孩子都很紧张，一些老人也很紧张，这是心态，也是一种安全感。所以，国家维护安全，本质上是维护国家安全的利益，不同的国家有不同的利益。我看到了美国的利益划分，我认为这完全是强权政治、霸权主义的安全观。其他国家做不到这样的，不可能像它这样。生死攸关的利益、人道主义还有其他，第一个要动军队的，第二个是可以动军队的，第三个就是所谓影响美国的问题。

我们还是要按照毛泽东的教导从本质上、长期上看问题，从战略上看问题，我们还是要把帝国主义看成是纸老虎，对不对？这是我们基本的战略思想。我们要建立在这个上面，当然，我们在战术上要重视这个。

下面结合实际问题讲讲我们的安全问题。讲到能源安全，我个人总结了8个字，现在讲石油安全，就是"资源、通道、价格、市场"这8个字，还可以加字，像我们写对联一样，"强占资源、控制通道、左右油价、占领市场。"

第一部分，讲一讲资源。关于世界各国的资源情况，当前国际能源合作情况，以及对于今后战略的思考。各国的消费，资源的不均衡性，通道问题等等。我国整个"十五"的情况执行得不错。

在这里简单讲一下资源安全的基本内容。这是中科院写的一本书，它对资源安全的内涵概括了这几句话："资源的可获得性、稳定性、经济性和保护环境的生态稳定性和可恢复性"。还讲了资源安全的基本含义，包括数量、质量、结构均衡、经济等等，就是能够找到能源，有数量，有质量的；能符合我们国家能源结构的要求，我们缺的是液体能源；另外一个，能够均衡的拿到能源；还有经济。这就是能源安全。

石油安全有两个方面，第一欢迎外国人进来，第二，我们也走出去。"十五"期间我们签订了20几个合同，我们从改革开放以来已经和外国20多个国家签订了石油合同，总的外资已经超过120亿美元了，石油产量达到1600万吨，天然气40亿立方米。我们现在也得走出去，走出去我们签了多少合同，有多少投资你们都很清楚。

走出去我们面临很多困难。现在有些同志在研究，我最近也在做一些研究，怎么样解决所有制问题。有一大部分同志讲，走出去在商言商，不涉及其他。我和他们讲不可能是在商言商。因为，在美国人眼里面，中国任何公司出去，它认为是中共在行动，它不可能认为你是公司在行动。收购优尼科就是典型例子。所以，走出去有相当的难度。

第二部分，是运输。我国的原油运输大部分还是用外国油轮，所以这两年随着走出去战略实施，中石油、中石化和交通部的远洋公司、中海运都在结成联盟。前一段时间中石油在大连船厂造三条30万吨的VICC，要加强我们运输的能力。2006年进口了1.5亿多吨原油，若30万吨的船，每天在海上运输的油轮要几十条。怎么保证我们的运输的需要？现在看来国内的需求量还在增长，所以外国人也看好中国的原油运输市场。现在国内我们鼓励运输公司和油公司结成联盟，建设我们自己的运油船队，这是一个运输安全问题。

此外是通道安全。世界上有16个海峡，霍尔木兹海峡和马六甲海峡和我们关系比较大。最近几年，马六甲海峡的问题比较多，各家都想插手，美国人想插手，日本人也想插手，确保马六甲海峡安全问题对我国石油运输是一个重大的问题。我记得不太清楚。霍尔木兹海峡，伊朗有一个目标就是控制霍尔木兹海峡，我们油的近一半要出霍尔木兹海峡。所以，在能源安全里面，通道和运输问题也是一个重大问题。

油价问题炒得比较多，2006年4月份受命由我带队到维也纳和欧佩克（OPEC）的成员国进行了油价对话。在会上我有一段讲话，当时即兴讲的，对方问我对于油价怎么看？我当时就讲，我们现在在维也纳，维也纳是音乐之都，莫扎特去世250年了，为什么莫扎特音乐那么优美、那么动听，因为它和谐，它符合自然界规律，符合人的审美感，所以它很优美。我说油价和音乐是一样的，也是一串音符。但是，这些音符里面有噪音、有杂音，噪音来自何方、杂音来自何方？我说，OPEC先生们很明白。世界上有著名的歌唱家帕瓦罗蒂，能唱2个高8度，但是也不能太高了，太高了帕瓦罗蒂也唱不上去，音乐界把上台唱不上去的叫失声。油价也是一样。我看到了文章，美国财政部长说美国可以承受100美元（每桶），我说中国扛不了100美元，太高了。首先受到损失的是印度、中国这些发展中国家。谁在油价中得到好处？司马昭之心路人皆知。油价已经不单纯是油价问题，油价是金融问题、物流问题、投资流向问题，带来的好处给谁，大家都很清楚。关于油价，我用了五个成语来评价，油价是"难以预测、不可捉摸、变化无常、瞬息万变、扑朔迷离"。油价给我们带来多方面的思考。有形的手、无形的手，不要以为在市场经济就没有有形的手，我认为后面还是有政府行为，有组织行为，有政治和战略的较量。油价涨落形成了几个循环，石油美元的循环、物资供应的循环、资本流向的循环、利益盈亏的循环，所以我认为油价不能单独看油价，资本大量回到美国。这要求我们适应变化，改变我们的观念，改变我们的认识，要有应对预案。

大家可能记得在油价往上冲的时候，在没有突破50—60美元的时候，世界预测一片惊慌，突破50、60美元以后不惊慌了，不怕了，不喊了。后来日本有人写了一篇文章，油价的飙升根源在美国。第一，美国是世界能源消耗第一大国，美国是世界石油第一进口大国，美国是石油储备第一大国，美国是资本雄厚第一大国。我个人感觉到美国在后面话语权的重量非常大，我们没法衡量。

同志们比较关心石油储备问题，我把石油储备问题展示一下。

石油储备，我认为是十年磨一剑。我国从大庆油田发现以后，30年自给自足，周总理在人大会议上宣布，中国用洋油的时代一去不复返了。王铁人讲，我们石油贫油国的帽子扔到太平洋里面去了。事过30年，洋油又来了，当然不能同日而语，不能类比，因为时代不同了。有人讲，中央为什么不在1993年开始进口石油，我国成为净进口国时就建立石油储备？同志们的想法是好的，专家们的批评是对的。但是，不当家不知柴米油盐贵，所以我认为石油储备是十年磨一剑。从1993年我国成为石油净进口国开始到2003年中央决定建立石油储备整整十年。国外储备你们都看到，第一次石油危机以后世界就开始储备石油了。我看到美国准备要提高到15亿桶，那天在报纸上看的，真的假的我也不太清楚。日本有民间储备、有政府储备。日本全国各地的石油储备基地有10个。韩国的就在洞窟里面，直径有30米，高30米，长1000—1200米，比我们长安街还要雄伟，连续12个，在釜山，非常漂亮。日本在海岛上也有储备库，按照基本要求还有消防、防污染等等。美国在墨西哥湾形成了三大系统和几十个炼油厂。美国的有独特的巨厚的盐层，可在里面储油。

经过研究，我们认为储备不是简单几个罐，是一个系统，是一个体系。为此，搞石油储备，要有深水良港、可用腹地、分输系统、配套炼厂等。没有这个建不成。油进去要出来的，不是说进去放在那儿不动的，出来的时候要很快出来，进去要很快进去，它才能用。所以，石油储备是一个科学的概念，选择库址和建设原油储备基地不是孤立的，必须综合考虑，所以就形成了以储备基地为核心的存储、中转、分配系统。现在，我们基本上是这么一个概念，按照安全性能最可靠、综合成本最经济、分配利用最方便三个原则，选择了第一期的基地。

关于可持续发展问题。所谓可持续发展就是要既考虑当代发展需要，又要考虑未来发展需要，不要以牺牲后代人的利益为代价来满足当代人的利益。可持续发展是人类社会发展的必然要求，现在已经成为世界许多国家关注的一个重大问题。中国是世界上人口最多的发展中国家，这个问题就更重要。可持续发展最早起源于环境保护，外交上不断地围绕着这个问题在进行斗争。秦大河说，今后气候的谈判也许要比WTO的谈判还要难，这就是外交问题了。我们不能吃祖宗饭断子孙路，这就是可持续发展。中央要求我们要提高环保的意识和生态意识，十几年来党中央、国务院一直在这方面下大力气在做工作。我们有13亿人口，资源相对不足，人口压力又很大，怎么样解决这些问题，唯一道路可持续发展。所以，环境意识和环境质量如何，是衡量一个国家和民族文明程度的重要标志。

党的十六大提出了全面建设小康社会目标第四个目标，就是可持续发展人类不断增强，生态环境得到改善，资源利用效率显著提高，促进人与自然的和谐，推动整个社会走上生产发展、生活富裕、生态良好发展的文明道路。其中第一句话就是可持续发展能力要得到增强。关于环保的问题人们也有一个认识过程，在世界上围绕环保开了很多会议，开始对环保的认识并没有那么高。到20世纪70年代以后关于环保和经济增长的关系辩论中萌发和形成了可持续发展的思想。

1980年联合国呼吁必须研究自然的、社会的、生态的、经济的，一些自然资源利用过程中的基本关系，确保全球的持续发展。1983年联合国秘书长要求研究这个问题，1987年出了一个我们共同的未来，首次提出了可持续发展的概念。这个报告对可持续发展的定义大意是"既满足当代人的需要，又不对后代人满足其需要的能力构成危害的发展"。这个是外语翻译过来的，表达了两个观点，一个是人类要发展，尤其是世界贫困人民要发展，二是发展要有限度，不能危及后代人的发展。联合国环境发展大会报告（1992年）拟定了一个宣言，对可持续发展作出了进一步的阐述，人类应享有和自然和谐的方式、过健康而富有的生活的权利，并公平的满足今世后代在环境发展方面的要求。可持续发展被世界各国所接受了，我们是一个大国，要解决我们的人民生存和富裕、资源环境制约的问题，我们也要寻求一个可持续发展的模式，走可持续发展的道路，不能再这样先污染后治理了。

1992年，我们国家批准的中国环境发展十大对策，第一条就明确提出实行可持续发展战略，响应国际号召。我们编制了21世纪的议程等等，在可持续发展方面做了大量的工作。1996年3月，人大报告当中提出要促进人口、资源、环境协调发展，把实施可持续发展战略放在更加突出的位置。现在，实施可持续发展已经成为我们国民经济发展的基本的指导方针。环境保护是基本国策，节约资源是基本国策，计划生育也是基本国策。有的同志讲，凡是基本国策都是最难办的事情。节能减排，"十一五"要完成20%非常困难，最近温家宝总理作了批示，要动员全国来下大力气，一定要完成这个节能指标。否则没法向人民交代，没法向世界交代这个问题。

紧接着就是科学发展。在可持续发展的基础上，我们党提出了科学发展观。恩格斯讲过我们共产党的优点，是有一个科学的思想观，就是辩证唯物主义和历史唯物主义。列宁也讲了要研究规律，规律是事物内部本质的联系。实际上，可持续发展和科学发展观就是我们党对发展的认识过程，在马列主义高度上进行了总结，从哲学角度看，发展观是人们对经济社会发展根本看法的根本观点，实际上代表了人们的世界观。

发展观是关于发展的本质、目的、内涵和要求的总体看法的基本观点，有什么样的发展观就有什么样的发展道路、发展模式、发展战略和发展速度。第二次世界大战以来，全世界的发展观的演变有这样的一个过程：第一，发展就等于经济增长的发展观。当时认为GDP是首要标准，结果就在一些国家出现了有增长而无发展，总体上它损害了社会的发展，GDP上去了但是后患无穷。第二，经济增长加社会变革。这是上世纪60年代。注意到这些问题，提出发展是多元的，克服片面的单一性。第三，可持续发展的发展观。上世纪60年代美国有一本书《寂静的春天》引起了强烈反响，有人说这本书可以和达尔文的《进化论》相媲美，给人们引起了警觉，地球只有一个。最后，到了上世纪80年代，法国的经济学家佩鲁发表了新发展观，认为要以人为中心加社会综合发展，提出发展应以人的价值、人的需要和人的潜力的发展为中心，促进生活质量的提高和社会每位成员的全面发展。这个已经和我们提的科学发展观有相似的地方。

从发展观演变的轨迹看到，人类对发展观的认识越来越深化，越来越把经济发展、社会发展、人的发展，以及人与自然的和谐统一起来考虑。新中国成立初期，由于缺乏经验，我们党在发展观上也走过弯路。改革开放以来随着经济的突飞猛进，中央对发展观的问题越来越重视，邓小平、江泽民都提出了不少重要观点，在三中全会上以胡锦涛为总书记的党中央明确提出来，要树立和落实科学发展观，这是我们党在这个理论上的一个概括和总结，对于50年发展的一个总结。

大跃进的时候我还很小，当时我也参加了大炼钢铁，现在回过头来看都觉得非常好笑的，每家都把锅也砸了，家里有小铁片也要上交出去，要炼铁。中小学，学校的操场也破坏了，建一个小高炉，现在看来当时很幼稚的一些思想。但是，人当时就是那样认识的，人的认识有一个过程。所以，党的十六届三中全会提出了完整的科学发展观，坚持以人为本，树立全面协调、可持续的发展观，促进经济社会和人的全面发展。强调，按照统筹城乡发展、统筹区域发展、统筹经济社会发展、统筹人与自然和谐发展、统筹国内发展与对外开放的要求，这是一个全面的科学发展观，是对世界发展观的一个认识的总结，是在可持续发展的基础上又一升华。牢固树立和全面落实科学发展观，对于全面建设小康社会，进而实现现代化的宏伟目标具有重大而深远的意义。所以，新一届的党中央两大战略思想，一个是科学发展观，一个和谐社会，这是作为我们国家部门都要认真来贯彻落实的两个方面。

对这个发展问题，马克思早就讲过以每个人"全面而自由的发展"为基本原则的社会形式，推动人的全面发展。所以，我们必须理解，应当坚持以人为本，一切为了人民，一切依靠人民。胡锦涛总书记讲了，发展为了人民，发展依靠人民，发展的成果要让人民共享。最近，又讲了一句话，共建中共享，共享中共建。但是真正做到以人为本很不容易的。我们到医院去看病去，这里划单，那里付钱，那里透视，那里拿药，有病的人走一大圈，这哪是以人为本？

有人提出来，为什么"三中全会"以后才提出科学发展观呢，这是一个认识的过程，水到渠成、瓜熟蒂落。毛泽东讲过，人的正确思想是从哪里来的？天上掉下来的吗？不是的。是自己头脑里面固有的吗？不是的。人的正确思想只能从社会实践中来。我们党经历了这几十年的发展，对于发展有了我们的看法才能提出这样的科学发展观。没到时候它提不出来。马克思和恩格斯在这方面也有很多论述，关于人和自然问题，人与社会的发展，人与人的问题，这都是一个指导性的东西。社会是人同自然界本质的统一，恩格斯早就讲过了，你对自然的掠夺是会得到报复的，在《自然辩证法》中都有表述。

四　能源的可持续发展

能源可持续发展存在五大矛盾，资源开发、运输建设任务艰巨、安全隐患加大、环保矛盾突出、能源效率低制约可持续发展，这五大矛盾制约着我国能源的发展。煤炭，我们虽然生产了 23.8 亿吨煤炭，但是从 2001—2020 年，我们缺少精查储量 1700 亿吨。设计矿井的时候，给出的储量必须是扎扎实实的储量，这叫精查储量。所以国家准备拿 400 亿投资来鼓励和支持勘探。我国虽然是煤炭大国，但是人均拥有煤炭储量仅仅是世界平均数量的一半。石油，现在我们找到了一半，整个可找到的储量是 150 亿到 180 亿，现在找到了八九十亿，还能找个八九十亿，但是很难找，边边角角，自然条件很差，地下地质条件很差，这是石油。天然气，现在虽然勘探程度比较低，我们国家号称有 40 万亿立方米的天然气资源量，我们现在才找了 4 万亿。在四川的海相地层找到了气田，希望有突破。准备从四川往东建管道，要形成一个 100 亿—120 亿立方米的天然气。我们有 40 万亿立方米的煤层气，美国现在一年的煤层气产量相当于我们一年的天然气产量。现在煤层气开始开发了。为什么原来不能开发，原来没有管道。随着管道的建设，小的煤层气都可以开发，40万亿当中现在可以开发利用的14万亿。

我国水电资源量6亿千瓦，经济可开发储量4亿，现在已经开发建设的（到2006年年底）1.3亿千瓦，预计到2020年应该建设3亿千瓦，相当于经济可开发储量的75%。我们要建设12个大的水电基地，去年在金沙江开了两个电站，一个是溪洛渡，一个是向家坝，加起来比三峡还要大，这是水电资源。

西部的水电开发对中国是很关键的，如果我们到2020年不能建设3亿水电，将缺1亿千瓦电。缺1亿千瓦电是什么概念？就要3亿吨煤，要增加3亿吨煤。任何其他电力弥补不了水电，所以，有人说万里长江滚滚流，流的都是煤和油。

第一个谈到资源状况，那么第二个建设任务重。我们的煤炭从2001—2020年基本要翻一番，现在已经翻一番了。美国的煤炭工业10亿—11亿吨，11亿吨是什么概念。一条大秦线运1亿，需要10条大秦线，建设任务非常重。整个投资算下来，要18万亿。去年我们电站建设，自己的三大电力，东方、上海、哈尔滨造不了那么多设备，大部分都承包出去了。日本人很高兴，韩国人也很高兴。现阶段的工作量非常大。

第三个是安全隐患。除了煤炭工业，我们紧接着还有两大隐患，一个电力安全，一个天然气安全。北美9·14大停电、莫斯科大停电，加上美加大停电，赢家是谁，赢家是纽约市市长。停电以后半小时，黑人市长发表演说，朋友们、先生们，当你在城里的时候，请你坐下来喝一杯啤酒，当你在外面的时候你不要开车进城，现在没有电，当你在地铁上的先生们请你安静一下，因为20万人在地铁里面。如果在我国上海停电你看怎么样？还有天然气安全。现在西气东输4000公里，输120亿 m^3，上海现在用25亿 m^3。莫斯科一年用天然气350亿 m^3，相当于我们前几年全部天然气的产量。上海要建立大都市必须要降低对煤炭的依赖。现代化的城市是让人们生活得更美好，让人们生活得更安全。它有一个要求，就是清洁能源的利用和能源的清洁利用。一半的煤炭不取消，不能建成新的能源体系，上海就不能成为国际大都市。

下面谈能源效率。世界上三个地区的能源战略不一样，美国的能源安全战略是四面出击，全世界都去。欧洲的能源战略重点是可再生资源、新能源。日本的能源战略是节能，节能技术，节能效率日本是最高的。所以，我们怎么办，中央下决心，"十一五"单位 GDP 能耗降 20%，这是一个极端艰巨的任务，要靠全国人民来完成它。

五大问题制约着我们能源工业的发展，那么能源工业怎么可持续发展？邓小平很有远见，指出能源问题将是中国长期的问题。历史事实证明了邓小平的论断是正确的，建设小康社会没有能源建设不起来，小康社会能源是基础。

我们前 20 年能源翻一番支撑了 GDP 翻两番，今后仍然需要我们以能源翻一番来支撑 GDP 翻两番，否则没有出路。现在资源缺乏的是三个，水、土地、能源资源，遗憾得很，水和土地没法进口的。世界上发达国家占领了世界资源的 85%，使 15% 的发达国家完成了工业化，还有 85% 的人口要用 15% 的资源来实现自己的工业化，包括中国在内。

最后讲环境问题。人类的发展与环境保护是矛盾的两个方面，所以环境保护和生态保护始终是我们一个发展的基本前提，所以可持续发展要有前提，这些大道理就不讲了。中央提出来要建设环境友好型社会，什么叫环境友好型社会？指人与自然和谐发展的社会，目的是使各类社会主体的行为有利于保护并改善环境，构建经济、社会、环境协调发展的社会体系。什么叫环境？以人为中心的周围叫环境，环境包括物境、人境、心境，我们讲到物境，包括人工自然和自然。

人的自然环境五大基本要素，阳光、空气、水、土壤、生物体，五大要素是一个整体，缺一不可。自然环境对于人类生存具有重要的意义，没有合适的环境人类就无法生存和发展，环境为人类提供物质、能量和有利于人的身心健康的氛围，环境同时承受着人类生产和生活的废弃物，并使部分废弃物转化为有利于人生存的物质，环境能够自净，能够自己来生存。生态系统，从大的地球圈到一个小的动物，都是一个生态系统，生态系统几个方面，生物途径、生物系统，都集中在一起，都有较大的部分，这个就给大家看一下，生物资源、生物圈、生态圈。

生物圈中不同部分通过大气、水和生物体彼此联系在一起，所以，现在世界上非常重视这个问题。植物和环境间许多交换，许多热的交换形式，生物资源的问题。生物的能量结构、生态，不能破坏，破坏了以后就麻烦。一层一层的能量结构，食物链一旦破坏了以后整个自然生态就破坏了，就不能自净了，所以要强调生态的多样性。

在人类的早期，氧气是很少的，多少亿年来，陆续形成了一个适合人类生存的环境。工业革命之后，人类的环境遭到破坏。

生物系统中的生物地球化学循环是一个复杂的过程，一旦破坏了人类就不适应生存，所以，非常强调这个问题。第一是水的循环。水是地球上重要的一个循环，它通过大循环、小循环，保证人类生活的用水，整个自然界需要用水。水循环是自然界中一个重要的循环，国内水循环很不得体，要水的没水，不要水的又来水。第二是碳循环，现在我们讲二氧化碳，现在全球二氧化碳浓度380ppm不到，如果加上六种温室气体效应，相当430ppm。《京都议定书》和第四次报告要求控制在450ppm以下，如果超过450ppm将给我们的生存带来威胁。第三是氮循环，氨化过程、硝化过程、反硝化过程、固氮过程，都是这个意思。还有硫的循环也有几个化学过程，还有沉淀循环，在循环当中还有一些是沉淀下来的，像磷，像我们用的肥皂粉不能带磷的，带磷的会引起污染。

生态系统有四个特点，即系统的动态特点、相克相生互为依存的特点、生生不息的循环演进特点、自我调节的再生能力特点。但是，你超过它了就破坏了系统的结构和功能，系统就不能自净了。所以保护环境关系到广大人民的切身利益，是中国人民长远发展的需要，是中华民族长远发展的需要。概括起来可以几句话：自然规律不变性、自然生态可变形、自然平衡相对性、环境保护艰巨性、生态建设长期性、以人为本科学性、持续发展艰巨性、能源利用多元性。

什么时候当节约成为习惯，环保成为时尚，当每一个电灯开关都像安在自家卧室，每一个自来水龙头都像安在自家厨房，当冬天还有雪，冰川也不再早早消融，那个时候我们共同栖息的共同地球家园才有希望。人类已经走到应对全球变暖的十字路口，帮助人们了解全球变暖的气候应该成为必修课。我们国家编制了环境保护规划，我们古人就很强调天人合一，保护自然。

什么叫温室气体？六种气体，《京都议定书》规定的。工业革命以后，人的活动对气候的影响，根据大气中的二氧化碳的增加的情况，可以预测其环境影响和效应。

温室效应浓度变化、范围变化、速度变化、植物适应、动物适应、人类适应，最后到人类不能适应就麻烦了。

小康社会要求我们走生产发展、生态良好的发展道路，保证一代又一代的永续发展。爱因斯坦讲过科学是一种强有力的工具，怎么样用它，究竟给人类带来幸福还是带来灾难，完全取决于人，而不取决于工具。刀子对人类生活是有用的，但是也能用来杀人。所以，怎么样利用科技为我们人类发展服务，取决于人类自己。所以，要使我们的能源工程和自然融为一体，成为生态的自然的。这是我写的两首诗，关于水电，2006年向家坝开工，我写了一首诗："山高水接云崖，红军巧渡金沙，向家坝上号角，今又横刀立马，水电挺进西南，能源开发领先，叠山理水造园，风景独好这边。"

为什么我要写一个"叠山理水造园"，这是我国的园林学家陈从周老先生他写了一本书，他讲中国的园林建设非常重视人和自然的和谐。我们搞水电也要强调人和自然的和谐，中国环保事业很难。你看大量死亡的鱼、垃圾、污水口、气候报告，青藏高原冰川在融化，这都给我们带来了人类生存的灾难。有个漫画很好，画中的圣诞老人是北冰洋的，北冰洋化了没地方去了，北极熊被困在浮冰上孤立无援，什么时候人类也被困在浮冰上那我们这个气候就完了。

胡锦涛总书记指出，气候变化既是环境问题，也是发展问题，归根到底是发展问题，尽管各国对气候问题的认识和应对手段尚有不同的看法，但是，通过合作和对话，共同应对气候变化带来的挑战是大家基本的共识。温家宝总理讲要高度重视全球气候持续变暖问题，采取综合有效措施，积极应对气候变化带来的威胁和灾害，所以说我们可持续发展任务非常重。

循环经济非常重要，是可持续发展里面非常重要的一个方面。循环经济的概念来自于环境保护，鲍丁有一本《宇宙飞船的理论》。掌握循环经济的基本知识，要学习自然科学知识，要学习经济知识，要学习马克思、恩格斯关于经济发展的一些基本理论，要学习循环经济的一些基本概念，我这里展示一下。循环经济有一个过程，有小循环、中循环、大循环。清洁生产是循环经济的基石，循环经济是清洁生产的扩展，我们国家有《清洁生产促进法》，正在编制《循环经济促进法》。世界经济发展两大趋势，一个知识经济，一个循环经济。知识经济叫做软化的方向，循环经济叫做绿色的方向。刚好前两天我看到了3月20日《人民日报》刊登了联合国副秘书长金学洙的讲话，对于中国的增长问题作了评价。这是中国记者在泰国首都采访的，他对中国搞循环经济、绿色经济非常赞赏。他认为利用财政和税收杠杆改变人们的消费模式，以及在基础设施建设方面加大对环境意识的重视是中国和其他亚太国家实现经济绿色增长的有效途径。中国为此作出了巨大的努力，取得了显著的成效。

他对中国的增长表示赞赏，在绿色方面作出了很多贡献，对中国绿色的经济增长模式充满信心。他指出，中国政府已经注意到，经济绿色增长的重要性，并为此采取了许多行之有效的措施。

最后，简单谈谈可持续的能源战略。要建立能源的生态系统。给同志们看一个例子，丹麦卡伦堡是世界上一个搞循环经济的典型。滨海小镇，它将电厂、炼油厂、药厂和建材厂形成一个园区，提高了能源使用效率，没有污染排放，提高了经济效益。世界各国都很赞赏丹麦的卡伦堡。

生物质能的情况，我给同志们展示一下。生物质能，现在欧洲、欧盟特别强调生物质能的发展。我国有相当量的生物质能，中央很重视对生物质能的利用，农业废弃物、林业废弃物、工业废弃物，资源、生活垃圾、有机废水、能源植物、甘薯、木薯、油菜、甜高粱、副森林、麻风树等等，可以热利用、燃气利用，可以做生物质能燃料、生物质发电、生物质液化、搞乙醇、生物柴油、合成燃料等，这是未来的发展方向。

人类能源利用的轨迹告诉我们，人类最早用的是太阳能、风能，然后是用生物质能，再后来到用煤炭、石油，现在又回到地面用生物质能，又回到上面用风能和太阳能。实际上，人类能源发展的历史是从高碳到低碳有可能进展到无碳。现在有一句话叫低碳经济。英国和欧洲特别强调碳的收集、碳的贸易等等，能源利用从低效到高效，从不清洁到清洁，从分散到集中，从小型到大型，从不可持续到可持续。根据能源发展的规律，我们国家制定了《能源中长期发展规划纲要（2004—2020年）》，规定了我国能源的基本方针，就是这48个字，节能优先、效率为本；煤为基础、多元发展；立足国内、开拓国外；统筹城乡、合理布局；依靠科技、创新体制；保护环境、保障安全，为全面建设小康社会提供稳定、经济、清洁的能源保障，以能源的可持续发展和有效利用支持我国经济和社会可持续发展。我们很清楚，就是要走可持续发展的道路。

这每一句话都有丰富内涵。节能优先、效率为本是从我国能源实际情况出发的必然选择。煤为基础、多元发展是我国未来能源结构的基本方略。立足国内、开拓国外，是我国能源开发的重大战略转变。统筹城乡、合理布局，是能源发展重大区域政策。技术进步、技术创新，是解决能源深层次矛盾的根本措施。保护环境、保障安全，是未来经济发展对能源发展的两大基本要求。人类只有一个地球，我们考虑到后代的发展，中华民族的发展，我们不能像美国人那样消耗。如果像美国那样，到2020年我们每人要消耗3吨石油，按15亿人口计算，我们就要45亿吨石油。现在，世界上的石油产量40亿吨，到2020年翻一番，其中贸易量没有那么大，现在石油的贸易量16亿吨，加上成品油20亿吨，只有一半是拿出来贸易的，那石油全部给中国都不够。所以我们不能这样，所以中央坚持要加强节能，建设节能型社会。

胡锦涛总书记在前年第二次可再生资源国际大会上有一个致辞，讲到：加强可再生资源开发利用，是应对日益严重的能源环境问题的必由之路，也是人类实现可持续发展的必由之路。两个必由，还有一个途径。总书记在去年的科技大会上讲：能源科技将进一步为化解世界性能源和环境问题开辟途径。温家宝总理提到了"三个重要"，温家宝总理2006年10月20日讲了：可再生资源是重要的战略替代能源，对增加能源供应、改善能源结构、保障能源安全、保护环境有重要作用。开发利用可再生资源是建设资源型、节约型、环境友好型社会，实现可持续发展的重要战略措施。我认为这"两个必由，一个途径"，"三个重要"是我国今后能源发展的方向。

2006年10月份温家宝总理又作了重要批示，大力发展风能、太阳能等可再生资源是我们坚定不移的方针，要鼓励生物质能的开发利用。中央领导反复强调这个问题，国务院对替代能源做出总体部署，刚才我也讲了三个替代，新能源替代传统能源、优势能源替代稀缺能源、可再生资源代替化石能源，这都是中央指出的能源发展的方向，这就是我们能源的政策取向。

哲人云：知道变，而能应变，属于下品境界；能在变之先而先天下的变是上品境界。石油等那些不可再生资源最后总是要完结，我们怎么样应对？随着能源规律的发展，在煤炭替代木柴的时候，石油替代煤炭的时候，是人们的一种被动的转变。这一次转变是人们主动的、有意识的转变，全世界都在做这个事情。

后石油时代是一个新的主体能源接替时期，它将是一个相当长的时期，至少需要20—30年，甚至更长时间。后石油时代是新能源可再生资源快速成长和发育时期，也是这些替代产品培育和成长的发展时期。在后石油时代我们一方面要应对高油价，一方面要鼓励发展新能源。整个替代是一个历史的发展过程，我们要尊重规律，为此我还到处宣传，写了诗"人生易老天难老，岁岁能源，今又能源。替代能源分外香。一年一度油价涨，不是石油，胜似石油，能源安全有保障。"毛泽东讲"战地黄花分外香"。关于风能，我也写了一首诗："微风起兮送电忙，风能利用兮遍城乡，国产风机兮守四方。"我加了一句，人与自然兮和谐长。

太阳能。我们气象局成立了一个太阳能风能评估中心，我去参加大会，我也写了两句话：太阳万能之母，风能前景无限，气象能源联姻，开创风光明天。

生物质能。我更是鼓吹，在生物质能大会上，我写了一首快板词，这个快板词写出来以后，有一位能源专家非常高兴，为我的快板词配了画面，新年作为礼物发给了我。我写的基本反映了生物质能的规律："黄土地上长能源，绿色环保可循环。固态当作煤炭使，发电清洁少污染，液态当作汽油用，交通使用新能源。沼气应用好处多，农村大嫂乐开怀。生物能源靠土地，荒山荒地换新天，不争农田不争水，万亩盐碱变良田。绿色植物用途多，化作能源做贡献，建设未来新农村，能源工业可领先，亿万农民种石油，化石能源退二线，能源工业谱新篇，能源老兵立新传。"

中央经济工作会议有一条非常重要的指示，就是"坚持以节约能源资源和保护生态环境为切入点，积极促进产业结构的深化、优化升级"。这是2007年经济工作会议八条任务的第三条。胡锦涛总书记讲，必须进一步统一认识，下最大决心，花最大力气力求使节能和环保工作达到目标。

2007年的工作，我编了几句话，节约能源资源，保护生态环境，调整能源结构，提高能源效率，深化改革开放，完善市场体系，落实新安全观，保障能源安全，坚持入轨上路，实现又好又快。能源工作任务也还是很艰巨的。政府工作报告用了又好又快，用好统领快，这是一个根本的转变，表明我们经济正在进入到一个新的阶段。

粗放增长要不得，好中求快，科学发展领全局，快服从好，任重道远莫松劲，真抓实干，实现又好又快。

（根据主讲人在2007年3月在中国驻外使节班上的讲课录音整理）

论循环经济

冯之浚

演讲时间：2005 年 4 月 21 日

作者简历：冯之浚，国务院参事。回族，北京人。教授、博士生导师。建筑工程专业毕业。历任上海科学学研究所所长，国家软科学指导委员会副主任，国际欧亚科学院通讯院士，中国循环经济发展论坛组委会副主任兼秘书长，中国科学学与科技政策研究会名誉理事长，中国可持续发展研究会副理事长，中国软科学研究会副会长，第五届全国政协委员，第六届全国人大代表，第七、八、九、十届全国人大常委。2008 年 3 月受聘为国务院参事。著有《领导科学基础》、《现代化与科学学》、《软科学新论》、《现代文明社会支柱》、《循环经济导论》、《论循环经济》、《循环经济与文化模式》等。

内容提要：从对人与自然关系的反思谈到了人类社会经济发展的三种模式，提出了循环经济是遵循生态学规律、合理利用自然资源和环境容量、在物质不断循环利用的基础上发展经济的新"范式"。讨论了循环经济的原则、体系和层次，说明了发展循环经济在企业、产业园区、城市和区域等四个层次的内容，并指出这些层次是由小到大依次递进的，前者是后者的基础，后者是前者的平台。最后讨论了循环经济立法的必要性和基本思路。

中共十六届三中全会总结了改革开放25年的经验，第一次以中央文件的形式，全面深刻阐述了科学发展观，提出了"五个统筹"和"五个坚持"，构成了科学发展观的完整理论体系。从"发展是硬道理"到"发展是第一要务"，再到"全面、协调和可持续的科学发展"，标志着我们对发展观的内涵有了更加深刻、更加全面的认识。

中共十六届三中全会将要处理的重大关系概括为"五个统筹"：统筹城乡发展，统筹区域发展，统筹经济社会发展，统筹人与自然和谐发展，统筹国内发展和对外开放，核心是"统筹"。要科学地把握、正确地认识、全面地理解"发展"的内涵，就要做到"五个统筹"。"五个统筹"是解决改革的力度、发展的速度和社会可承受程度的基础性工作，是全面建设小康社会强有力的保障，是一种新的发展观，它不仅是对客观世界最真实的认识，也是中国特色发展道路的指导思想。

一 人与自然关系的反思和经济发展的三种模式

在统筹城乡发展、统筹区域发展、统筹经济社会发展、统筹人与自然和谐发展以及统筹国内发展和对外开放中，要特别关注人与自然的关系。关于人与自然的关系研究，从来就是人类安身立命的重要命题。在处理与自然的关系上，人类经历了三个阶段：崇拜自然阶段、征服自然阶段和协调自然阶段。

崇拜自然阶段在人类社会的早期，由于生产力极其低下，原始人群在生产中软弱乏力，因而，同自然之间的关系是十分狭隘的。他们看到有些自然现象给人们带来意外的享受，同时，有些自然现象却给他们带来祸害甚至伤亡。人们虽然想尽办法企图克服自然界带来的灾难，可是所能办到的却极其有限。在这种背景下就产生了一种崇拜自然的原始宗教——图腾崇拜。图腾是一种印第安语的译音。在印第安人那里，图腾就是氏族的意思。19世纪中期，美国民族学家摩尔根考察了北美印第安人的风俗习惯。

他发现那里的氏族绝大部分是用动物的名称命名的，如鹤氏族、狼氏族、熊氏族、麋氏族、鹿氏族、兔氏族、羚羊氏族、响尾蛇氏族等等。为什么用动物的名字命名？因为他们认为自己是这些动物的子孙。图腾从来不是无缘无故产生的。不仅给人们带来益处的动物会被人们当做祖先，严重危害人类生存的动物也曾被人类当做祖先崇拜过。远古的人类不仅崇拜动物，对大自然的许多现象，如日月星辰、风雨雷电、土地山河等，无不加以神化并对它们崇拜，祈祷日神、月神、雷公、电母、河伯以及土地爷等神灵保佑平安，帮助人们战胜无法预料又无力抵御的灾祸，其实质是对大自然的恐惧和依赖。人们所崇拜的都是与人们相对立，异己的自然力量。正如马克思、恩格斯所指出的："自然界起初是作为一种完全异己的。有无限威力的和不可制服的力量与人们对立的，人们同它的关系完全像动物同它的关系一样，人们就像牲畜一样服从它的权力，因而，这是对自然界的一种纯粹动物式的意识（自然宗教）。"

就在崇拜自然的人类社会早期，先民们已经开始凭简陋的工具、坚韧的意志和不断增长的智慧与险恶的自然环境搏斗。人们在生产斗争中获得了驾驭自然的知识，这些知识鼓励人们做进一步的尝试。在漫长的石器时代。火的使用和农业的发明是人类历史上的两件具有划时代意义的伟大创造。当然人类先后发明了青铜器和铁器，生产力水平有了质的飞跃，社会发展速度逐渐加快。

当人类历史进入16世纪后，随着资本主义的发展和第一次工业革命的出现，人类进入了大规模征服自然的阶段。征服自然的阶段近400年来，人类依靠科学技术的力量，不断发展生产力。社会生产力从蒸汽机时代进入电气化时代，继而又步入以电子计算机、核能开发、空间技术、生物技术为标志的高科技时代。若从历史的跨度进行比较，人类的历史约有300万年，人类的文明史约有6000年，科学技术的历史约有2500年，近代科学的历史约400年，现代科学技术的历史还不到100年，然而，这短短的四五百年中，人类社会发生了迅速而巨大的变化。何以如此？靠的是科学技术的力量，如果没有科学技术的发展，这样迅速的社会变化显然是不可能的。

然而，把科学技术作为征服自然利器的人类在此时恰恰缺乏对自然的深刻认识，把自然界当做取之不尽并可肆意挥霍的材料库和硕大无比可以乱掷污物的垃圾桶，巧取豪夺，竭泽而渔的大规模征服自然的做法，终于导致了自然大规模的报复，环境污染、生态失调、能源短缺、城市臃肿、交通紊乱、人口膨胀和粮食不足等一系列问题，日益严重地困扰着人类。此外，城市臃肿、交通紊乱、人口膨胀和粮食不足等一系列问题，也日益严重地困扰着人们。

"身后有余忘缩手，眼前无路想回头"。严酷的事实，迫使人类对自己对待自然界的态度，作一次全面的反省。事实教育并警告人们，把自然界看做是人类的对立物或被统治的观点是错误的，只有合理地利用自然界，才能维持和发展人类所创造的文明。人类的科技和经济发展的目标，应当向协调人与自然界关系做战略转移。人类应该进入人与自然协调发展的新阶段。在这个阶段，人类应当充分发挥人的聪明才智，不断升华境界，提高自身的素质，达成"人与自然共同发展"的思想共识，既注意代内需求，更应当关心代际公平，以求得人类能同自然协调和谐，共生共荣。

就与环境的关系而言，人类社会在经济发展过程中经历了三种模式，代表了三个不同的层次。第一种是传统经济模式。它对人类与环境关系的处理模式是，人类从自然中获取资源，又不加任何处理地向环境排放废弃物，是一种"资源—产品—污染排放"的单向线性开放式经济过程。在早期阶段，由于人类对自然的开发能力有限，以及环境本身的自净能力还较强，所以人类活动对环境的影响并不凸显。但是，后来随着工业的发展、生产规模的扩大和人口的增长，环境的自净能力削弱乃至丧失，这种发展模式导致的环境问题日益严重，资源短缺的危机愈发突出。这是不考虑环境的代价的必然结果。第二种是"生产过程末端治理"模式。它开始注意环境问题，但其具体做法是"先污染，后治理"，强调在生产过程的末端采取措施治理污染。结果，治理的技术难度很大，不但是治理成本畸高，而且生态恶化难以遏制，经济效益、社会效益和生态效益都很难达到预期目的。第三种是循环经济模式。它要求遵循生态学规律，合理利用自然资源和环境容量，在物质不断循环利用的基础上发展经济，使经济系统和谐地纳入到自然生态系统的物质循环过程中，实现经济活动的生态化。其本质上是一种生态经济，倡导的一种与环境和谐的经济发展模式，遵循"减量化、再利用、资源化"原则，采用全过程处理模式，以达到减少进入生产流程的物质量、以不同方式多次反复使用某种物品和废弃物的资源化目的，是一个"资源—产品—再生资源"的闭环反馈式循环过程，实现从"排除废物"到"净化废物"再到"利用废物"的过程，达到"最佳生产，最适消费，最少废弃"。

著名历史学家汤因比在其代表作《历史研究》向世人公布了他的统计研究成果：世界古往今来共有26个文明，并断言在这26个文明中，5个发育不全，13个已经消亡，7个明显衰弱。而在其最后一部著作《人类与大地母亲》中，汤因比十分重视并着重论述了文明形成和发展的地理、气候、水利、交通条件等外部环境。汤因比深刻地注意到人类物质技术力量的进步对大自然的毁坏所造成的恶果，他关注着人类将与自然环境建立怎样的关系。在汤因比所论述的26个文明中，衰落的特别是那些消亡的，都直接或间接地与人与自然关系的不协调有关，由于人口膨胀、盲目开垦、过度砍伐森林等造成的对资源的破坏性使用是其中的主要原因。举其要者，诸如玛雅文明、苏美尔文明和复活节岛上的文明的失落都有力地证明了这个判断的正确性。

中国古代的天人调谐思想，强调人与自然的统一，人的行为与自然的协调，道德理性与自然理性的一致，充分显示了中国古代思想家对于主客体之间、主观能动性与客观规律性之间关系的辩证思考。根据这种思想，人不能违背自然，不能超越自然界的承受力去改造自然、征服自然、破坏自然，而只能在顺从自然规律的条件下去利用自然、调整自然，使之更符合人类的需要，也使自然界的万物都能生长发展。另一方面，自然界对于人类，也不是一个超越的异己的本体，不是宰制人类社会的神秘力量，而是可以认识、可以为我所用的客观对象。这种思想长期实践的结果，是得到自然界与人的统一，人的精神、行为与外在自然的一致，自我身心的平衡与自然环境的平衡的统一，以及由于这些统一而达到的天道与人道的统一，从而实现了完满和谐的精神追求。

在全球性生态危机凸显的当代，西方的深生态学是非常注重从东方思想，特别是中国的天人调谐思想中吸取营养。天人调谐的思想，不仅对于解决当今世界和中国由于工业化和无限制地征服自然而带来的环境污染、生态失衡等问题，具有重要的现实意义，而且对于当今发达国家和发展中国家人民由于异化和无限制地膨胀欲望而带来的道德污染、心态失衡等问题，具有重要的启迪意义。

二 两种发展"范式"的比较

从人类与环境关系的合理分析中，我们可以借鉴"范式"（Paradigm）理论来探讨发展模式问题。范式这个概念是由美国著名学者托马斯·S.库恩（Thomas Samual Kuhn）在其代表作《科学革命的结构》一书中提出来的，本义是指科学理论研究的内在规律及其演进方式，用库恩的话讲就是"科学共同体的共有信念"。库恩描述了一种常规时期和革命时期相互交替的科学发展模式。他提出，科学首先在"范式"的支配下，为解决"范式"所提出的"疑点"的高度定向的研究活动，这是科学的常规活动；只有当已有的"范式"不足以应付新的问题的挑战时，这个常规的发展才会暂时中断，科学便因此陷入危机，最后导致新"范式"取代旧"范式"的科学革命。不同的范式拥有不同的前提假设、概念体系、理论方法和社会实践。由此，基于不同的社会历史状况、技术水平、经济发展的前提条件及其运行机制和对环境问题的不同理解与认识，我们借鉴科学发展的范式理论，可以探索和总结出两种不同范式，一种是生产过程末端治理范式，另一种是循环经济范式。

在现阶段，许多国家和地区的经济发展范式仍然以生产过程末端治理为主，其理论依据，前期主要是庇古的"外部效应内部化"理论，提出通过征收**"庇古税"**来达到

> **重点提示**
>
> 根据污染所造成的危害程度对排污者征税，用税收来弥补排污者生产的私人成本和社会成本之间的差距，使两者相等。由英国经济学家庇古提出，这种税被称为庇古税。

减少污染排放的目的；后期主要是"科斯定理"，指出只要产权明晰，就可以通过谈判的方式解决环境污染问题，并且可以达到**帕累托最优**。再后来，又兴起了"环境库兹涅茨曲线理论"，认为环境污染与人均国民收入之间存在着倒"U"关系，随着人均GDP达到某个程度，环境问题会迎刃而解；还有环境资源交易系统的"最大最小"理论，等等。这些理论为早期的环境经济学研究提供了理论分析的基础，即"污染者付费原则"的确定。这一范式曾经对于遏止环境污染的迅速扩展发挥了历史性作用。但是，环境恶化、资源枯竭无法从根本上得到遏止，正如恩格斯所说："我们不要过分陶醉于我们人类对自然界的胜利。对于每一次这样的胜利，自然界都对我们进行报复。每一次胜利，起初确实取得了我们预期的结果，但是往后和再往后却发生完全不同的、出乎预料的影响，常常把最初的结果又消除了。"所以，面对我们赖以生存的各种可用资源逐渐从稀缺走向枯竭的现状，我们不得不进行反思，在理论上探索能够解决目前困境的途径已经十分迫切，走出末端治理范式危机的时机已经成熟。

> **重点提示**
>
> 帕累托最优也称帕累托效率，这个概念是以意大利经济学家维弗雷多·帕累托的名字命名的。它是指资源分配的一种状态，在不使任何人境况变坏的情况下，不可能再使某些人的处境变好。

20世纪60年代，美国经济学家鲍尔丁提出了"宇宙飞船理论"，指出，地球就像一艘在太空中飞行的宇宙飞船，要靠不断消耗和再生自身有限的资源而生存，如果不合理开发资源，肆意破坏环境，就会走向毁灭。这是循环经济思想的早期萌芽。随着环境问题在全球范围内的日益突出，人类赖以生存的各种资源从稀缺走向枯竭，以资源稀缺为前提所构建的末端治理范式逐渐为循环经济范式所替代。我们称这种替代为范式革命，之所以这样定义，是因为通过比较两种范式，我们发现确实发生了质的变革。

第一，生态伦理观由"人类中心主义"转向"生命中心伦理"和"生态中心伦理"的探索。人类中心主义生态伦理观认为，人类是世界存在最高目标，人类的价值是最崇高的且是唯一的，其他物种的价值只有在人类使用它们的时候才表现出来。生命中心主义生态伦理观认为，所有生命，特别是动物，都有价值，判别善恶是以是否伤害生命为标准的，导致生物痛苦的行为是不道德的。生态中心主义生态伦理观认为，天下万物，包括无生命的岩石等，都是有价值的，生态系统是一个整体，休戚与共，对局部或个体的破坏就是对整体的伤害，不能够为了局部的利益伤害整体。循环经济范式扬弃人类中心主义生态伦理观，集成人类中心主义、生命中心主义和生态中心主义生态伦理观，强调"生态价值"的全面回归，主张在生产和消费领域向生态化转向，承认"生态位"的存在和尊重自然权利。在这个范式里，人类不应该是自然的征服者和主宰者，而应是自然的一部分，既要维护人类的利益，又要维护整个生态系统的平衡。维护和管理好自然是人类的神圣使命，人类必须在道德规范、政府管理、社会生活等方面转变原有的观念、做法和组织方式，倡导人类福利的代内公平和代际公正，实施减量化、再利用和资源化生产，开展无害环境管理和环境友好消费。

> **重点提示**
>
> 生态阈值，即环境容量，是指某一环境区域内对人类活动造成的影响的最大容纳量。大气、土地、动植物等都有承受污染物的最高限制。就环境污染而言，污染物存在的数量超过最大容纳量，这一环境的生态平衡和正常功能就会遭到破坏。

第二，**生态阈值**问题受到广泛关注。认为生态阈值的客观存在是循环经济范式的基本前提之一。环境的净化能力和承载力是有限的，一旦社会经济发展超越了生态阈值，就可能发生波及整个人类的灾难性后果，并且这个后果是不可逆的。循环经济范式强调在生态阈值的范围内，合理利用自然资本，从原来的仅对人力生产率的重视转向在根本上提高资源生产率，使"财富翻一番，资源使用减少一半"，在尊重自然的基础上切实有力地保护生态系统的自组织能力，达到经济发展和环境保护的"双赢"目的。

第三，重新认识自然资本的作用。循环经济范式强调，任何一种经济都需要四种类型的资本来维持其运转：即以劳动、智力、文化和组织形式出现的人力资本；由现金、投资和货币手段构成的金融资本；包括基础设施、机器、工具和工厂在内的加工资本；由资源、生命系统和生态系统构成的自然资本。在末端治理范式中，是用前三种资本来开发自然资本，自然资本始终处于被动的、从属的地位。而循环经济范式中将自然资本列为最重要的资本形式，认为自然资本是人类社会最大的资本储备，提高资源生产率是解决环境问题的关键。要发挥自然资本的作用，一是通过向自然资本投资来恢复和扩大自然资本存量；二是运用生态学模式重新设计工业；三是开展服务和流通经济，改变原来的生产和消费方式。

第四，从浅生态论向深生态论的转变。末端治理模式是基于一种浅生态论，它关注环境问题，但只是就环境论环境，过分地依赖技术，认为技术万能。可是，一旦技术不能解救生态阈值，则束手束脚，拿不出解决的办法，甚至产生反对经济增长的消极想法。而循环经济模式是一种深生态论，它不仅强调技术进步，而且将制度、体制、管理、文化等因素通盘考虑，注重观念创新和生产、消费方式的变革。它防微杜渐，标本兼治，从源头上防止破坏环境因素的出现。所以，循环经济模式是积极、和谐的，是可持续的稳定发展。

三　循环经济的基本原则、体系和层次

所谓循环经济，就是按照自然生态物质循环方式运行的经济模式，它要求用生态学规律来指导人类社会的经济活动。循环经济以资源节约和循环利用为特征，也可称为资源循环型经济。在现实操作中，循环经济需遵循减量化原则、再利用原则和资源化原则。减量化原则，要求用较少的原料和能源投入来达到既定的生产目的或消费目的，在经济活动的源头就注意节约资源和减少污染。在生产中，减量化原则常常表现为要求产品体积小型化和产品质量轻型化。此外，也要求产品的包装简化以及产品功能的增大化，以达到减少废弃物排放量的目的。再利用原则，要求产品在完成其使用功能后尽可能重新变成可以重复利用的资源而不是有害的垃圾。即从原料制成成品，经过市场直到最后消费变成废物，又被引入新的"生

产—消费—生产"的循环系统。资源化原则，要求产品和包装器具能够以初始的形式被多次和反复使用，而不是一次性消费，使用完毕就丢弃。同时要求系列产品和相关产品零部件及包装物兼容配套，产品更新换代零部件及包装物不淘汰，可为新一代产品和相关产品再次使用。这些原则构成了循环经济的基本思路，但它们的重要性并不是并列的，只有减量化原则才具有循环经济第一法则的意义。

循环经济的提出，是人类对难以为继的传统发展模式反思后的创新，是对于人与自然关系在认识上不断升华的结果。循环经济从相反的假设开始探索：将整个经济系统预想为生态系统的一种特殊情况，而且，经济系统总体来说是建筑在生物圈所提供的资源与服务的基础上的，在某种意义上，经济系统是生物圈的赘生物。总之，循环经济把整个经济系统（即所有同产品和服务的生产和消费有关联的活动）作为生态系统的一个特殊形式来看待，基于这一点出发，改进经济系统使之能与生物圈兼容，以能最终持久生存下去，就成为研究与发展循环经济的根本目的。

循环经济就是要借助于对生态系统和生物圈的认识，特别是产业代谢研究，找到能使经济体系与生物生态系统"正常"运行相匹配的可能的革新途径，最终就是要建立理想的经济生态系统。

地球生命的最初阶段（与现代经济运行方式之间非常类比）是一级生态系统，与其说是一个真正的"体系"，倒不如说是一些相互不发生关系的线性物质流的叠加。其运行方式，简单地说，就是开采资源和抛弃废料，这是形成环境问题的根源。

在随后的进化过程中，资源变得有限了。在这种情况下，有生命的有机物随之变得非常地相互依赖并组成了复杂的相互作用的网络系统，如今天我们在生物群落中所见到的那样。不同组成部分之间的——也就是说二级生态系统内部的——物质循环变得极为重要，资源和废料的进出量则受到资源数量与环境能接受废料能力的制约。

与一级生态系统相比，二级生态系统对资源的利用虽然已经达到相当高的效率，但也仍然不能长期维持，因为物质、能量流都是单向的：资源减少，而废料不可避免地不断增加。

为了真正转变成为可持续的形态，生物生态系统进化为完全循环的系统。在这种形态下，对一个有机体来说是废料的东西对另一个有机体来说就是资源。只有太阳能是来自外部的支援。这可称作三级生态系统。在这样的一个生态系统之内，众多的循环借助太阳能既进行独立的方式，也以互联的方式进行物质交换，这种循环过程在时间长度方面和空间规模方面的差异性相当大。理想的工业社会应尽可能接近三级生态系统。

　　总的来说，一个理想的经济生态系统包括四类主要行为者：资源开采者、处理者、消费者和废料处理者。由于集约再循环，各系统内不同行为者之间的物质流远远大于出入生态系统的物质流。

　　在近亿年的过程中，生物圈产生了一个三级生态系统运行所需的一切要素。人类活动，特别是工业革命以来的发展活动，在很大程度上属于一级生态系统的范畴。产品的使用寿命常常极短，往往仅使用几星期，甚至几天。而我们目前的工业体系正艰难地和部分地从一级生态系统向二级生态系统过渡，只是半循环的，而这还是由于一些资源的稀少，由于各种各样的污染和立法的或经济的因素所促成的。

　　循环经济思想的主旨是促使现代经济体系向三级生态系统的转化。转化战略的实施包括四个方面：将废物作资源重新利用；封闭物质循环系统和尽量减少消耗性材料的使用；工业产品与经济活动的非物质化；能源的脱碳。循环经济已经在一些发达国家中取得了一些成功的经验，包括企业层次污染最小化方面，以及企业间废弃物的交换和传递，还有产品生产过程中和消费过程中物质和能量的循环。

　　发展循环经济有企业、产业园区、城市和区域等层次，这些层次是由小到大依次递进的，前者是后者的基础，后者是前者的平台。

　　在企业层次，与传统企业资源消耗高、环境污染严重，通过外延增长获得企业效益的模式不同，循环型企业对生产过程，要求节约原材料和能源，淘汰有毒原材料，削减所有废物的数量和毒性；对产品，要求减少从原材料提炼到产品最终处置的全生命周期的不利影响；对服务，要求将环境因素纳入设计和所提供的服务中。因此，循环型企业是通过在企业内部交换物流和能流，建立生态产业链，使得企业内部资源利用最大化、环境污染最小化的集约性经营和内涵性增长获得企业效益。在众多循环型企业中，以广西贵糖（集团）和山东鲁北集团较为典型和突出，国外最为典型的是美国杜邦化学公司。

在产业园区层次，生态工业园是一种新型工业组织形态，通过模拟自然生态系统来设计工业园区的物流和能流。园区内采用废物交换、清洁生产等手段把一个企业产生的副产品或废物作为另一个企业的投入或原材料，实现物质闭路循环和能量多级利用，形成相互依存、类似自然生态系统食物链的工业生态系统，达到物质能量利用最大化和废物排放最小化的目的。生态工业园具有横向耦合性、纵向闭合性、区域整合性、柔性结构等特点，与传统工业园区的主要差别是园区内各企业之间进行副产物和废物的交换，能量和废水得到梯级利用，共享基础设施，并且有完善的信息交换系统。生态工业园区有别于传统的废料交换项目，在于它不满足于简单的一来一往的资源、能源循环，而旨在系统地使一个园区总体的资源、能源增值。由于园区企业之间的关系是互动与协调，又使得企业获得丰厚的经济、环境和社会效益。生态工业园作为循环经济的一个重要发展形态，正在成为许多国家工业园区改造的方向。

在城市和区域层次，循环型城市和循环型区域通常以污染预防为出发点，以物质循环流动为特征，以社会、经济、环境可持续发展为最终目标，最大限度地高效利用资源和能源，减少污染物排放。循环型城市和循环型区域有四大要素：产业体系、城市基础设施、人文生态和社会消费。首先，循环型城市和循环型区域必须构建以工业共生和物质循环为特征的循环经济产业体系；其次，循环型城市和循环型区域必须建设包括水循环利用保护体系、清洁能源体系、清洁公共交通运营体系等在内的基础设施；第三，循环型城市和循环型区域必须致力于规划绿色化、景观绿色化和建筑绿色化的人文生态建设；第四，循环型城市和循环型区域必须努力倡导和实施绿色销售、绿色消费。

循环经济就是立足于循环型企业、生态工业园区、循环型城市和循环型区域，通过立法、教育、文化建设以及宏观调控，在全社会范围内树立天人调谐观念，实现可持续发展。

四 我国发展循环经济的必要性和紧迫性

目前,我国在发展循环经济时,必须建立起一整套符合其范式要求的政治、法律、经济、文化体制,从"促进人与自然的协调与和谐"出发,面对资源枯竭和环境恶化,探索新的概念体系和理论方法,建立起满足需要的、符合生态文明要求的循环型企业、循环型区域和循环型社会。发展循环经济是一次深刻的范式革命,是实施可持续发展战略的重要实践方式。这种全新的范式与生产过程末端治理模式有本质的区别,从强调人力生产率的提高转向从重视自然资本,强调提高资源生产率,实现"财富翻一番,资源使用少一半"。绝不能将末端治理范式简单地套用到循环经济上来,循环经济范式不是对旧范式进行细枝末节的修改、补充和调整,而是一次真正意义上的升华和改造。

我国是自然资源的人均占有量极低、环境容量很不容乐观的发展中大国,实现全面建设小康社会的目标和满足这一目标要求的自然资源储备的矛盾日益突出,发展循环经济的必要性和紧迫性也日益凸显。

第一,发展循环经济是我国推进可持续发展战略的需要。

在 20 世纪末,我国政府就已经确定在新世纪中坚定不移地实施可持续发展战略。循环经济要求对污染进行全程控制,在工业生产中实行清洁生产,倡导生态工业,提高全社会的资源利用效率等等,循环经济的这些特点符合了可持续发展的要求,具有可持续性、和谐性、需求性和高效性。

发展循环经济还是实施资源战略,促进资源永续利用,保障国家经济安全的重大战略措施。

从资源拥有角度看,我国的资源总量和人均资源量都严重不足。在资源总量方面,我国石油储量仅占世界 1.8%,天然气占 0.7%,铁矿石不足 9%,铜矿不足 5%,铝土矿不足 2%。在人均资源量方面,我国人均矿产资源是世界平均水平的 1/2，人均耕地、草地资源是世界平均水平的 1/3，人均水资源是 1/4，人均森林资源是 1/5，人均能源占有量是 1/7，其中人均石油占有量是 1/10。

从资源消耗角度看，我国的消费增长速度惊人。从 1990 年到 2001 年，我国石油消费量增长 100%，天然气增长 92%，钢增长 143%，铜增长 189%，铝增长 380%，锌增长 311%，十种有色金属增长 276%。如今，我国的钢材消费量已经达到大约 2.5 亿吨，接近美国、日本和欧盟钢铁消耗量的总和，约占世界总消费量的 40%；水泥消费约 8 亿吨，约占世界的 50%；电力消费已经超过日本，居世界第二位，仅低于美国。中国油气资源的现有储量将不足 10 年消费，最终可采储量勉强可维持 30 年消费。在铁、铜、铝等重要矿产的储量上，无论是相对还是绝对，中国已无大国地位。而我国原储量、产量和出口量上均居世界首位的钨、稀土、锑和锡等优势矿种，因为滥采乱挖和过度出口，绝对储量已下降了 1/3—1/2，按现有产量水平保障程度亦已不超过 10 年。

从资源利用效率来看，我们仍然处于粗放型增长阶段。例如，以单位 GDP 产出能耗表征的能源利用效率，我国与发达国家差距非常之大。以日本为 1，意大利为 1.33，法国为 1.5，德国为 1.5，英国为 2.17，美国为 2.67，加拿大为 3.5，而我国高达 11.5。每吨标准煤的产出效率，我国相当于美国的 28.6%，欧盟的 16.8%，日本的 10.3%。

从资源的对外依赖度看，未来一个时期，中国的产业结构仍然处于重化工主导的阶段，高能耗、高污染产业仍然具有高需求。由于国内资源不足，到 2010 年，我国的石油对外依存度将达到 57%，铁矿石将达到 57%，铜将达到 70%，铝将达 80%。

从资源再生化角度看，我国资源重复利用率远低于发达国家。例如，尽管我国人均水资源拥有量仅为世界平均水平的四分之一，但水资源循环利用率比发达国家低 50% 以上。资源再生利用率也普遍较低。我国即将进入汽车社会，大量废旧轮胎形成环境污染不断上升。而我国的废旧轮胎再生利用率仅有 10% 左右，远低于发达国家。因此，加快发展循环经济在节约资源方面是大有可为的。

总之，我国的国内资源已难以支撑传统工业文明的持续增长。同时，我国的生态环境状况也难以支撑当前这种高污染、高消耗、低效益生产方式的持续扩张。

第二，发展循环经济是防治污染、扭转防治思路的重要途径。

我国长期以来的城市化和工业化过程所引发的环境问题愈来愈不容忽视，再加上经济、科技和历史等多方面的原因，污染问题并没有得到很好的解决，当前我国所面临的环境形势十分严峻。因此，转变经济增长方式，缓解生态压力，遏止环境恶化，加快实施可持续发展战略刻不容缓。发展循环经济势在必行，其要求转变生产方式，从源头上减少污染物的产生，是保护环境的治本措施。各种产品和废弃物的循环和回收再利用也可大大减少固体污染物的排放。

第三，发展循环经济是我国调整产业结构，扩大就业的一条有效途径。

我国"十五"发展规划纲要中明确提出，"坚持把结构调整作为主线"。结构调整以提高经济效益为中心，转变经济增长方式、发展集约式经营，围绕增加品种、改善质量、节能降耗、防治污染和提高劳动生产率，鼓励采用高新技术和先进适用技术改造传统产业，带动产业结构优化升级。

循环经济所倡导的新理念正符合结构调整的原则。根据减量化、再利用、资源化的原则，循环经济的核心是资源和能源的少投入，而社会产品产量不减甚至增加。发展循环经济要求摒弃粗放式经营方式，建立生态工业园，在企业中推行清洁生产，提高能源和原材料的使用效率，改进生产工艺和流程，对可能产生的污染进行全程控制。

循环经济不仅仅是在传统经济基础上增加废弃物回收、资源化和再利用环节，更是要带动整个环保产业的发展，或者说发展环境产业。环保产业是循环经济体系的重要组成部分，环保产业的不断发展也是国民经济和就业岗位新的强劲增长点。发展环保产业对于解决下岗职工的再就业和富余劳动力的就业问题具有十分重要的作用。

第四，发展循环经济是我国应对入世挑战，增强国际竞争力的重要途径和客观要求。

我国踏入世贸组织的门槛将近两年，国际上各式各样严格的法规和标准接踵而来，如何在日趋激烈的国际竞争中占有一席之地是急需探讨的重大问题。我国企业走向世界的一个主要阻力是贸易壁垒。近几年，资源环境因素在国际贸易中的作用日益突显，"绿色壁垒"成为我国扩大出口面临最多也是最难突破的问题，有的已对我国产品在国际市场的竞争力造成重要的影响。随着经济全球化的日趋形成，企业正面临来自ISO的多重压力。一方面企业必须实施ISO-9000质量标准，以使企业保持竞争力，树立质量形象；另一方面企业必须实施ISO-14000并通过认证，以此来树立自身的环保形象。未获得认证的企业将有可能被外国政府禁止进口，同时外国企业为保持自身的环保形象，中止与无证企业的生意往来。

我们不仅要有清醒的认识，更要及时和巧妙应对。发展循环经济，可以在资源和能源消耗相对较少的基础上增强企业竞争力，在突破"绿色壁垒"和实施"走出去"战略中也能发挥重要作用。

五 ｜ 促进循环经济发展的政策选择

第一，制定相关经济政策，形成循环经济发展的激励机制。

扶持循环经济应该体现在：逐步提高各项排污费用，使污水处理厂、垃圾处理单位达到保本或赢利水平，这样既可以吸引国内外资金和技术，保证其良性发展，也可以促使全社会加快实行清洁生产，减少排污，提高社会产品的循环率。同时，对采用清洁生产工艺和资源循环利用的企业给予减免税收、财政补贴以及信贷优惠政策，保证其产品的市场竞争力，为社会树立模范企业，以点代面。另外，对上述企业以及新兴生态工业园的建设要在征地、审批和投资环境方面予以倾斜。政府有必要设置专门的部门以负责指导和协调全国范围的循环经济的建设和实行。

第二，加快建设环境产业市场，发挥市场对循环经济建设的推动作用。

将传统的环保产业升级为环境产业，需要先完善环境市场。中国的环境市场，虽然说已经有了一定的发展，但是还相当不成熟和不稳定。由此，需采取一些举措以振兴我国的环境市场：（1）要有效地发挥环境法规的制约作用。中国应从发展环境产业角度，对现有的环境法规（特别是环境标准与环境税费制）进行一番审视，对这些法规执行的可操作性进行一番检查，以确保它们能对环境产业的开拓和发展起到应有的驱动作用；（2）要有效地提高现有环保设施的运行效率；（3）要促进政府对环境产业的管理职能。

发展环境产业市场，关键是充分利用环境企业的成本—效益型驱动机制；社会大众对更高生活质量追求而形成的消费需求驱动机制。将"谁污染，谁治理"的模式扩充为"谁污染，谁治理；谁治理，谁受益"的模式。具体来说，需要大力发展以下市场：一是生产活动源头无废或少废产业市场；二是再生资源回收利用市场和多元化经营市场，包括废旧物资交易市场和可再生资源分拣、再加工和综合利用市场以及垃圾末端处置的能源转化市场；三是绿色产品和绿色消费市场；四是相关科技产品市场，如管理软件、技术专利以及先进设备和工艺市场。

第三，加快相关理论和科技发展，为循环经济发展提供有力的技术支撑。

循环经济的减量化、再利用和资源化，每一个原则的贯彻都离不开先进的处理和转化技术，也离不开这些先进的载体——设施、设备的开发和更新，可见，科学技术是建设循环经济的决定性因素。下述相关科技理论和项目应该成为研究人员加快研究，政府加大投入的重要方向：节约能耗和物耗，污染轻或无污染工艺，包括清洁生产工艺；提高材料使用寿命，研发新材料以替代有毒材料和污染材料；开发资源再生技术，特别是废家电、废电池、废电脑及废灯管等特种废物的再生技术，提高资源使用效率；开发各类预测模型，以确定经济效益与循环率、资源再生费用以及产品价格等因素之间的关联度，研究新的成本—效益分析方法；研究不同产业和不同企业间生态链的合理性及稳定性。

第四，探索建立绿色国民经济核算体系。

传统的国民经济核算体系主要使用国内生产总值（GDP）统计方法。

GDP作为一项一国的经济水平与经济实力的综合指标具有重要作用。由于传统GDP不能准确反映一个国家财富的变化，不能反映某些重要的非市场经济活动，不能全面反映人的福利状况，特别是不能反映经济发展给生态环境造成的负面影响，因此，国内外学者对如何衡量经济发展、社会进步和生态环境保护，开展了有关研究。举其要者，盖有绿色GDP（EDP，绿色国内生产总值）、人文发展指数（HDI）、生态需求指标（ERI）、经济福利指标、真实进步指标（GPI）、主观幸福指标（SWB）、国内发展指数（MDP）、联合国环境经济综合核算体系（SEEA）以及各种"净经济福利"指标、"净国民福利"指标、"净国内生产"指标，研究的目的大多是扣除经济发展中的生态损失、环境损失，以得真实的增长率。绿色GDP受到特别的关注。绿色国内生产总值（EDP）等于国内生产总值减去产品资本折旧、自然资源损耗和环节资源损耗（环境污染损失）之值。建立循环经济要求改革现行的经济核算体系，从企业到国家探索一套绿色经济核算制度，包括企业绿色会计制度、政府和企业绿色审计制度、绿色国民经济核算体系等，与传统核算体系并行，或者以此为主，以达到结合环境因素和消耗量全面和客观地评价经济状况。目前，绿色GDP指标体系，国内有关单位正在研究之中，并取得一定的成效。同时，我国新的GDP的核算体系，将和干部考核、政府绩效挂钩，以改变用单纯的GDP取人论事，造成地方政府只关注眼前的GDP，而对全面、协调、可持续发展重视不够。

第五，加强循环经济的宣传和教育，积极倡导绿色消费。

在经济、管理、环境专业高等教育中，设置循环经济相关课程，提高将来的各级领导干部和企业管理人员及科研人员的循环经济认识水平。通过各种媒体和手段，大力开展循环经济宣传活动，积极倡导绿色消费和垃圾分类，使社会各阶层人群了解并认可循环经济，在生产中为发展循环经济贡献才智和力量，在生活中优先使用和采购再生利用产品、环境标志产品和绿色产品，为这些产品培养稳定市场。

第六，加强国际合作，追踪先进理论和科技。

加强与国际组织和外国政府、金融、科研机构等在循环经济领域的交流与合作，大力发展环境贸易，追踪并学习其先进理论和科技，借鉴发达国家发展循环经济的成功经验，引进国外先进技术、设备和资金，并向其展示我们的成果，以期反馈，彼此联合起来，为人类和世界经济的可持续发展，共同努力。

国际社会在20世纪90年代确立了可持续发展战略，一些发达国家继之把发展循环经济、建立循环社会作为实施可持续发展战略的重要途径。从可持续发展到循环经济，反映了人类社会正在不断寻求与自然相和谐的发展道路。目前，循环经济的发展正方兴未艾，已经波及人类社会的各个领域，成为一股世界性的潮流和趋势，并以立法的方式加以推进。

六　促进循环经济发展的立法建设

要推进循环经济的发展，当前的一项重要任务就是加快我国循环经济的立法研究和循环经济促进法的制定。《循环经济促进法》应该是一部以战略的高度、全局的眼光制定的带有基本法性质的法律，国家已经提出加快《循环经济促进法》的立法工作，全国人大环境资源委员会也已经成立了《循环经济促进法》起草工作领导小组，并负责有关部门的协调。

1. 制定《循环经济促进法》的必要性

制定《循环经济促进法》是十分必要的。第一，制定《循环经济促进法》是坚持科学发展观，建设节约型社会的客观要求。我国人均资源量很低，人均矿产资源是世界平均水平的1/2，人均耕地、草地资源是1/3，人均水资源是1/4，人均森林资源是1/5，人均能源占有量是1/7，其中人均石油占有量1/10。而且我国单位能耗、物耗大，我国GDP占全世界GDP的份数为4%，能耗与物耗却占全球30%，比平均水平高4—5倍。我国资源能量效率低，资源重复利用率低，水资源污染、荒漠化、大气污染十分严重。总之，国内资源和生态环境状况已难以支撑高污染、高消耗、低效益生产方式的粗放型增长。立足于现实国情，以法律的形式推动循环经济发展，对于促进资源永续利用，扩大就业，突破"绿色壁垒"，保障国家经济安全都是十分必要的。

第二，我国循环经济的实践呼吁《循环经济促进法》的出台。近年来，循环经济的实践活动不断向前推进，许多地区、行业在不同层次上都有所发展，正在建设循环型企业、生态工业园区、循环型城市和循环型区域等。但是，这些实践活动和政策制度还缺乏法律依据。部分全国人大代表、政协委员、国务院有关部门和一些地方的立法机构也多次提出制定循环经济促进法的建议。对于这些呼吁和建议，我们应该顺应时代发展的要求，予以重视和吸纳。

我国具有一定的《循环经济促进法》的立法基础。我国已经制定了《环境保护法》、《大气污染防治法》、《水污染防治法》、《固体废物污染环境防治法》、《清洁生产促进法》等法律，许多地方也在这一方面做了不少有益的探索，现在的任务是，如何将它们统一纳入循环经济法律框架内综合考虑。发展循环经济是一场经济、环保和社会的重大变革，迫切需要权威的法律手段作为支撑、保障和引导。在这一过程中，必须要注意到循环经济模式与末端治理模式之间存在着根本的差别，二者体现在立法方式和立法理念上也会有所区别。

第四，从国际经验看，专门制定发展循环经济、建立循环型经济和社会的法律，对于推动和保障循环经济的发展、对于提高自然资源的利用效率，对于从根本上预防污染，对于循环型社会的形成，是十分必要的，是成功的。

❷ 循环经济促进法立法

我们认为，《循环经济促进法》应该包括必要的行政强制措施、经济激励手段和措施、激发公众参与的手段和措施、政府和有关主体的义务和责任等。具体法律设计包括：

（1）循环经济的发展规划。要将发展循环经济确立为国民经济和社会发展的基本战略目标之一，进行全面周到的规划。将其与环境保护规划相协调后，纳入中央和地方国民经济和社会发展计划，并运用财政预算等手段予以支持。

（2）全社会绿色消费鼓励制度。规定消费者应为回收利用其消费过的物资承担一定的义务，促使公众通过树立与环境保护相协调的价值观和消费观，实行资源的综合利用，从而把危害环境的废物减少到最低限度。

（3）产品回收利用制度。明确规范对产品的回收利用、奖励及相关责任制度。企业在设计、生产产品的过程中，应把产品的再商品化率作为一项重要指标，纳入到企业经济考核指标中来。

（4）循环经济发展激励制度。主要包括建立完善循环经济多元化的投资机制；实行资源回收奖励制度；鼓励废旧物资回收和再生利用的产业发展；调整相关的税收、信贷、财政等政策。

（5）相关的中介组织服务制度。通过一些具有媒介性质的组织机构，将有回收产品和包装废物意愿的企业联成网络，并发布废品回收信息，使个人、企业、政府联结为一体。

（6）公众参与制度。明确规定公众参与建立循环型社会的内容、渠道、方式，鼓励和支持公众的创造精神，逐步建立起公众参与、公众受益、公众监督下的生态文明。

（7）规定中央政府和地方政府的各项责任。各级政府及有关部门除了制定和实施有关的规划外，还要明确在发展循环经济中的其他职责，以各负其责，把促进和保障循环经济发展的任务落到实处。

（8）要求重点污染企业必须实施循环经济。要制定强制实施循环经济的企业名录，将一些大量消耗资源、严重污染环境的重点企业列入名录之中，要求其必须实施循环经济，并制定有关的处罚、奖励措施。

（9）循环经济的科技支撑和示范制度。鼓励依靠科技进步采用降低原材料和能源消耗的无害或低害的新工艺、新技术，鼓励产业界的积极创新和开发。要求各级政府部门加大相关的科技投入和政策扶持力度。

七 循环经济与天人调谐

文化包括三大研究领域，即人与自然的关系，人与人的关系，人自身的身心关系。人与自然的关系是重要课题，也是人类安身立命的重要命题。中国汉代著名思想家司马迁曾说，"究天人之际，通古今之变，成一家之言"，这里所讲的"际"，就是关系。自古以来，探索人与自然关系的学问，也称为天人之学，与义理之学、会通之学并称为三大学问，其主导精神都是主张天人调谐的。可以说，天人调谐是中华文化的重要特征，继承与发展中国传统文化的天人调谐理念，对当代的经济发展模式、生态环境治理以及构建和谐社会，都将具有重要的启迪。

发展循环经济作为人类实现可持续发展的一种全新的经济运行模式，符合天人调谐的理念。天人调谐，是我国自古以来研究天人之学的一条主线，是中国天人之学的精华，也是中国传统文化的精华。中国古代大多数思想家在人与自然的关系问题上都主张一种整体观的理论，把人与自然看做一个不可分割的整体。认为：人是自然的一部分，要尊重自然界的内在价值和客观规律，并要发挥人的主观能动性，强调人与自然的协调统一，既改造自然，又顺应自然；既不屈从自然，又不破坏自然。人既不是大自然的主宰，也不是大自然的奴隶，而是自然的朋友，要参与大自然造化养育万物的活动。在提出"天地与我并生，万物与我为一"的朴素整体观的同时，也明确承认人在世界中具有重要的和谐地位。人类和万物一样，是天地自然而然的产物，人类社会是自然发展的结果，人是自然的一部分。同时，人具有重要的地位，"盈天地之间者唯万物"，这万物之中，只有人，才可与天地相提并论，合称"三材"。天、地、人作为各自独立的形态虽或有别，但作为一个宇宙生命的整体，合德并进，圆融无间，才是天人调谐的最高境界。中国古代典籍指出，天有天之道，地有地之道，人有人之道。天地之道，即指自然界阴阳刚柔的变化法则、规律。人道指的是道德准则和治国原则。人道应当效法天道，也就是说，人要服从普遍规律，通过认识和效法天道，就可以从中汲取教益，引申出人事所遵循的原则。

中国传统文化主张天人调谐，反对泯灭人的天赋特殊性，反对返回原始状态来追求天人调谐，强调人的特殊性与能动性，重视人类自身的生存与发展，要善用自然规律为自身服务，同时，要克尽人类对天地万物"参赞化育"的责任。提出："天行健，君子以自强不息。"指出人类要刚健有为，积极进取，努力奋斗，自强不息。"地势坤，君子以厚德载物。"指出人类要具有居下负载万物的品格，醇厚品德，承担重任。"风雷益，君子以见善则迁，有过则改。"更为难能可贵的是迁善改过。关键是有知过之心，能深刻反省，知道反悔。《周易》一书出现过33次"悔"字，强调只要知道反悔，迁善改过，就可以"无咎（灾害）"或"无大咎"。

天人调谐思想是一种处理人与自然关系的和谐模式，一方面强调天、地、人相统一，另一方面强调人的特殊性，将人与自然的关系定位在一种积极的调谐关系上，不主张片面征服自然。中国传统文化认为人兼有刚柔两重禀性。阳刚之性要求人"自强不息"，即发挥主动的创造精神；阴柔之性则要求人"厚德载物"，即以宽大的胸怀接纳万物。在对自然的实践中，"自强不息"就是要积极地参加自然的演进；而"厚德载物"则是要求在人类活动不超出自然的限度，如此，才能达到"与天地合其德，与日月合其明，与四时合其序"的人与自然和谐为目标的境界，这是一种以人与自然和谐为最高目标的道德规范。

"和"是中国传统文化的重要特征，也是中国文化的宝贵遗产，其内涵十分丰富，充满了大智大慧的深刻哲理。"和而不同"的"和"，一是主张多样，二是主张平衡，"同归而殊途，一致而百虑"，提倡宽厚之德，发扬包容万物，兼收并蓄，淳厚中和的"厚德载物"的博大精神。聚集不同的事物而得其平衡，叫作"和"。"和"能产生新事物，五声和，则可听；五色和，则成文；五味和，则可食，推及施政，则必须协调各种利益，综合不同意见，化解复杂矛盾。"和而不同"，则和实生物。如果只是相同的事物叠加起来，不可能产生新事物，就不可能生机勃勃，而出现"同则不继"的现象。

将"和谐"用于人际关系,"宽则得众",以宽和的态度待人,就会取得众人的信任。"居上不宽,为礼不敬,临丧不哀,吾何以观之哉?"

将"和谐"用于政治,则能"政通人和",促进历史发展,文化繁荣。我国春秋战国时期出现的百家争鸣的光辉时代,是和当时的"和谐"的文化政策和"养士"政策密切相关的。"和谐"能促进新事物、新思想的产生,能出现百花齐放,姹紫嫣红的局面。反之,只能是万马齐喑,鸦雀无声。

将"和谐"用于经济,则能促进生产发展,经济繁荣。我国许多朝代的开初,为了给人民一个恢复和发展生产的机会,都实行一段休养生息的政策。这种"和谐"政策,确实对生产的恢复和发展,起过良好的作用。

将"谐和"用于外交,则"协和万邦",既维护自己国家的独立,又不向外扩张;既不侵犯别国,也绝不允许别国侵犯。这是中国爱好和平、促进共同发展的优良传统。

将"和谐"用于人与自然的关系,则"各得其和以生,各得其养以成"。人类发展只有合理地利用自然界,与自然界保持和谐,才能维持和发展人类所创造的文明,才能实现与自然界共生共荣、协调发展。

中国传统文化提倡的"和谐"理论是十分深刻的。它作为一种调节社会矛盾使之达到适度、适时、适当的和谐状态的深刻哲理,为中华民族带来了稳定和祥和。

中国传统天人调谐思想是解决人与自然和人与社会矛盾重要的价值标尺,深厚的理论和资源。宋代学者张载有著名的"横渠四句"——"为天地立心,为生民立命,为往圣继绝学,为万世开太平",这四句话充分体现了中国传统文化的"仁者气象"和"天地情怀"。今天我们继承中国古哲先贤所倡导,近代以来被否定、被抛弃的天人调谐思想,立足当代世界科学文化发展水平,进一步发展、深化天人调谐思想,使之成为全人类共享的精神财富,就是要通过发扬光大天人调谐思想,通过全人类的共同努力,最终使人类永久性摆脱能源危机、生态危机、发展危机、生存危机,摆脱为争夺资源、财富、地位而形成的政治危机、社会危机、心理危机,实现人类与自然的和谐共处。

中共十六大提出在本世纪头20年全面建设小康社会的目标，其中包括，可持续发展能力不断增强，生态环境得到改善，资源利用效率显著提高，促进人与自然的和谐，推动整个社会走上生产发展、生活富裕、生态良好的文明发展道路。为实现这一宏伟目标，就必须加快转变经济增长方式，将循环经济的发展理念贯穿到区域经济发展、城乡建设和产品生产中，使资源得到最有效的利用，走出一条科技含量高、经济效益好、资源消耗低、环境污染少、人力资源优势得到充分发挥的工业化道路，使经济社会与环境资源得到协调发展。永恒发展是中国传统文化的精华和至宝，中国改革开放以来举世瞩目的发展，既得益于中华传统文化的深厚底蕴和精神支撑，也是对传统文化的继承和发展。加深传统文化和现代文化的融合与互动，构建有现代意义、现实品格的中国新文化，对从文化的深度，认识科学发展观的重大意义，具有极大的推动作用。

（根据主讲人在2005年4月中央和国家机关司
局级领导干部"资源节约型、环境友好型"
社会建设专题研究班上的讲课录音整理）

建设**资源节约型**和**环境友好型**城市

诸大建

演讲时间：2008年4月7日

作者简介：诸大建，管理学博士，同济大学经济与管理学院教授、博士生导师。同济大学可持续发展与管理研究所所长，同济大学公共管理系主任。兼任联合国全球绿色新政咨询专家、瑞士达沃斯《世界资源论坛》国际专家委员会专家、教育部社会科学委员会管理学部委员、住房与城乡建设部可持续发展与资源环境专家委员会委员、国家发展和改革委员会和环保部循环经济政策研究咨询专家、2010年上海世博会环境顾问、上海市城市规划委员会专家、上海市政府决策咨询特聘专家等。2004—2005年为美国哈佛大学和芝加哥大学高级研究学者，1994—1995年为澳大利亚墨尔本大学高级访问学者。主要研究可持续发展与管理、城市发展与管理、宏观政策与管理等。

内容提要：建设资源节约型和环境友好型城市是贯彻落实科学发展观、建设生态文明的具体体现，也是我国城市可持续发展的重要战略举措。本讲座围绕这一主题，从我国城市化的数量、质量和管理等方面，讨论了为什么要建设"两型"城市；从空间利用集约化、物质过程循环化、生活方式服务化等方面，阐释了什么是"两型"城市；从问题分析、目标分析、领域分析和政策分析等角度，构建了建设"两型"城市的对策框架。

非常高兴围绕资源节约型和环境友好型（以下简称"两型"）城市建设这一话题，给各位市长提供一些信息、数据和观点。作为学者与政策研究者，我在这里给大家介绍一个大的背景和看法，但愿可以为你们制定城市发展战略提供一点参考。我想讲三个问题，归纳为"挑战、模式、对策"六个字：一是挑战，讨论中国为什么需要建设"两型"城市；二是模式，讨论什么是"两型"城市；三是对策，讨论如何建设"两型"城市。

一　挑战：为什么要建设"两型"城市

关于为什么的话题，给大家一个总体上的背景，包括三大挑战：一是中国城市化的数量问题，二是中国城市化的质量问题，三是中国城市化的管理问题。

挑战一：中国城市化的数量问题

一个大的背景是：世界上超过一半的人口将居住在城市之中。如果说20世纪后期是经济全球化时代的话，那么21世纪初期将进入全球城市化年代。中国巨大的人口数量对城市化发展有着巨大的需求，加快城市化是中国未来发展的一个重要目标。我们经常提到一条关于城市化率和经济增长的三段式曲线（见图1），横轴表示人均GDP增长的数量，竖轴表示城市化率，城市化率就是在城市稳定居住的人口占所有人口的比重。中国的城市化也同样有一个三段式曲线：城市化率在30%以下的称为初步城市化阶段，就是从0%—30%，往往是工业化以前或工业化初期状态下的人口比例，还不是城市化的国家。30%—70%左右称为城市化的快速发展阶段，或者叫实现现代化的阶段。当城市化率达到70%以上之后，城市化率的增长就比较缓慢。如今发达国家基本已经实现70%以上的城市化率了，而我国正处在30%—70%的城市化率发展阶段，据估计在2010—

2015年间中国城市化可以达到50%，即在数量上进入城市时代。

中国现在讲起来基本上是两个化，讲得再细一点就是三个化。一个是工业化，那是以经济产业为主导的发展，另外一个就是城市化，以人口集中到城市为表现的。还有一个问题，就是怎么提高我们的福利，我们把它叫做狭义的现代化。广义的现代化就包括工业化、城市化和人的发展了，狭义的现代化我们就把人的那部分单列出来，叫人的现代化。中国要实现现代化基本上就是"三化"：工业化、城市化和人的现代化。当然，我认为建设"两型"城市就是走一种新的道路，所以我们又把它叫做新型城市化。

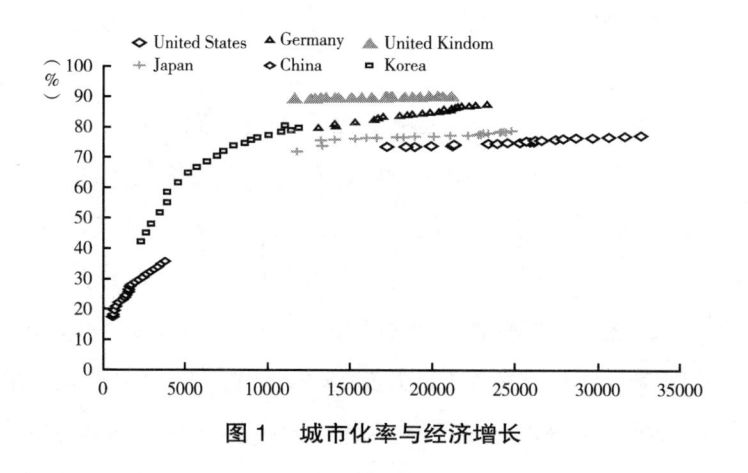

图 1　城市化率与经济增长

图1表示的城市化与经济增长的相关性，2000年，中国的城市化率大概还不到40%，按照户籍人口计算的话，城市化率是36%。大家会说图上2000年中国的GDP怎么会有5000美元左右？因为这个GDP不是按照汇率计算的，而是用的购买力平价（PPP）。购买力平价国际上认为更能够反映一个国家的钱能够买到的东西，更能够反映生活的实际能力。所以，按照这个标准来测算，中国那时候已经是人均4000多美元了。而发达国家比如美国，到了人均1.5万美元以后，城市化率是明显变慢了，至今也就不到80%；日本、德国、英国的情况也类似，城市化率达到70%以后就变缓了。

我们现在就关心中国城市化率从30%上升到70%的情景，这相当于中国到2030年城市化的基本状况。2000年，中国的人口大约是13亿，当时的城市化率是36%，城市663个，城市人口大约4亿左右。而近年来，中国人口的城市化增长基本上是每年一个百分点。如果按照这个趋势计算的话，一年就增加了1300万人口，相当于每年增加一个上海。这里我保守一点计算，如果每年增长1000万人口，那么，到2020年中国的人口将增加到14亿—15亿，大约是2000年的1.2倍，城市化率大约是56%—60%，城市人口将可能达到8亿，是2000年的两倍。到了2020年，我们不叫农村的中国，而是叫城市的中国了。美国诺贝尔经济学奖获得者约瑟夫·斯蒂格利茨教授曾经说过："美国的高科技和中国的城市化将会是影响21世纪全球发展的两大重要事件。"所以，研究城市问题将是21世纪中国的主要问题。

当然，中国在城市化发展道路上也曾走过弯路。20世纪50年代末，中国的城市化率就已经达到20%，但后来我们对城市化的认识存在误区，甚至认为城市化带有资本主义色彩。所以走了一条"逆城市化"甚至是"反城市化"的道路，改革开放以前把大量的城市人口输出去，到农村去，到"三线"去，这就是我们改革开放以前城市化历程的基本教训。改革开放以后，我们就一直在"补课"，尤其是2000年以后，城市化水平出现了高速增长的态势。前面已经提到，假如中国的城市化率每年增长1%，那就意味着从2000年到2020年，我国新增的城市人口将达到3亿—4亿。而中国的基本国情是土地稀缺、空间紧张，那建设什么类型的城市好呢？2005年我在美国哈佛大学做访问学者期间，曾经作过中国可持续城市化的一个报告。欧洲人和美国人一听中国城市的发展规模都有点被吓倒了。因为中国的城市人口动不动就是50万和100万，长三角、珠三角地区人口超过100万的城市已经几十个了，人口达到1000万的城市也已经好几个了，而在欧洲，人口超过100万的城市没几个，一般的城市人口都是几十万。哈佛大学位于美国波士顿的剑桥市，剑桥市的人口只有10万左右。我当时在作报告时打比方说，如果4亿人进城的话，相当于20年中要造4000个剑桥、700个波士顿（剑桥所在的波士顿人口大约60万）、140个大波士顿都市圈（大波士顿人口大约300万），这些数据把听报告的欧美人吓了一跳。所以，人家国外的规划师一听中国的尺度就不得了，我们是13亿人口，这个规模不得了。

而且，从需求角度来看，到2020年城市发展将带来严重的资源压力。就土地资源而言，以年均增加1811万人计，如按现行规划标准估算，大约每年需要城镇建设总用地1800km²，合270万亩。18年合计需要3.2万km²左右新增土地，相当于目前全国所有城市建成区的1.07倍左右。就水资源而言，目前在我国660个城市中，约有400个城市缺水，人口继续增加将加剧水源的紧缺。按人均日生活用水量210升计，每年新增人口用水量14亿m³，18年合计需要用水252亿m³。就能源而言，按人均每年生活用能350千瓦时计，每年城镇新增建筑能耗64亿千瓦时。我国到2020年城镇民用建筑还将增长150亿m²。其中约80亿m²需要采暖，大型公共建筑将在10亿m²以上。按照目前的建筑耗能状况，为满足这些建筑的需求，到2020年，我国需要在2004年的基础上增加采暖用标煤1.4亿吨/年，建筑用电4000亿—4500亿度/年。

所以，现在的关键问题就是我们需要建设什么形态的城市。因为什么样形态的城市对于资源节约和环境友好有着非常重要的影响。如今，各地领导都非常关注规划，但有时候领导看规划图很漂亮就赞赏不已，实际上规划图纯粹是技术性的，更关键的是城市发展的战略思路，政府的决策者更重要的是制定战略。所以，当你在决定城市发展的时候，你的思想是什么很重要，规划是体现你的思想的，你有什么样的思想，就决定了你的城市是什么样。所以，建设"两型"城市的第一个关口在于我们城市的决策者。现在经常讲老百姓要省一点水、省一点电。但是比较起来，城市规划与政策才是资源节约和环境友好的源头，而城市规划与政策的思想来自于决策者。

挑战二：中国城市化的质量问题

上面讲的是中国城市化的数量问题，下面我想讲中国城市化的质量问题。应该说，城市已经成为经济社会问题的主要发源地，城市更是资源消耗和环境破坏的主要来源，中国城市的生活质量和城市环境更是让人担忧。2004年7月，《经济学家》杂志报道了世界银行的一组数据：在世界上20个空气污染最严重的城市中，有16个在中国。前几天报纸上也报道过，城市应该建设成适宜居住的。每年联合国相关研究机构都会评选全球不适宜居住的城市有哪些，结果评下来不适宜居住的城市很多是在中国。哪里不适宜呢？除了就业、教育、医疗等民生和社会问题之外，不适宜居住的很大部分因素就是资源和环境。

我们已经看惯了中国城市的GDP高速向上增长的情景。但从中国城市的资源投入情况来看，1978年以来我们所有的资源投入都是加速往上走，而且资源投入的增长幅度大于GDP的增长幅度，如果把GDP曲线和资源投入曲线放在同一张图上加以描述的话，你就会发现这两条曲线都是往上走的，而且资源投入曲线往上走的斜率大大超过GDP增长曲线。这说明了什么？说明我们的城市发展是粗放式的，是依靠消耗更多的资源来换取经济的增长和城市的发展。我们很多领导一提到环境保护，会说"我们既要金山银山，更要碧水青山"。这样的话，我觉得这个"更"字讲得太过了，我们还谈不上"更"的问题，我们现在水能够变清已经算很好了，天变蓝已经算很好了，不要说水更清、天更蓝了。

下面看一组数据，关于中国不同规模地级以上城市资源消耗情况（如图2所示），总体上蛮有意思的，两头高一点，而且小城市消耗得更多。你看中国最浪费资源的是人口10万—20万的城市，然后是人口20万—50万、50万—100万、100万—200万的城市，基本上可以看出，随着城市规模的变大，资源消耗就会逐步降低的，这里有一个集聚效应。但是城市的集聚效应和规模经济又有一个临界点，超过一定比例以后，城市又开始有问题了，比如说城市人口在200万—500万之间，人口超过500万以后资源消耗又上去了。为什么？你想一下，人口规模500万以上的城市，基础设施的物流线条就拉长了，拉长以后货物运在路上的时间就长了，就增加了资源和环境消耗的分量，所以你就发现城市规模有个临界点，太小的城市太分散，没有规模经济效应，过大的城市又有问题。所以，中国的城市质量存在着严重的挑战。

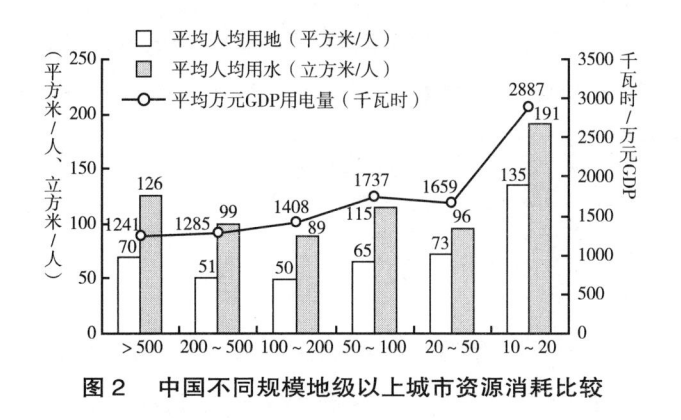

图2 中国不同规模地级以上城市资源消耗比较

此外，我国的资源状况也对未来城市化进程提出了很大的挑战。如果说我国可用的国土空间和国土资源像美国一样，我们可能还不用太着急建设"两型"城市，但是中国的实际情况跟美国不能比。比如，我国的人均淡水资源量为2200m^3，仅为世界人均水平的1/4；人均耕地面积为1.4亩，不足世界人均水平的40%；人均森林占有面积1.9亩，仅为世界人均占有量的1/5；人均煤炭探明可采储量为88吨，为世界人均水平的62%；人均石油探明可采储量为1.8吨，仅为世界人均水平的7%；人均天然气探明可采储量为1715立方米，仅为世界人均水平的6%等等。这个告诉我们什么？一方面我们城市所消耗的资源大大的；另一方面我们的资源供给小小的，这里存在一个喇叭口，我们的城市是粗放型的，但是我们的资源供给能力是非常低的，所以你就明白了为什么中央高层要提出18亿亩耕地是生命线，必须严防死守。

刚才谈的是经济系统输入端——资源的投入情况，下面我们再看一下系统输出端——环境的排放情况。"十五"计划结束以后，温家宝总理指出我们国家有两个涉及资源和环境的指标没有实现，其中之一是原来希望二氧化硫的排放量实现零增长甚至负增长，但实际的结果是正增长、高增长。据测算，我国的二氧化硫环境容量1200万吨，但实际上我们的排放量是1995.1万吨，大大超过了我们的容量。同样，我国水环境的化学需氧量（COD）容量是800万吨，但实际上，我国的七大水系加起来排放了1445万吨，接近容量的一倍。各位领导想一想，刚才讲了未来我国的城市还要增加3亿—4亿人口，而现在的环境容量已经是超过了，如果城市经济再往上增长，这种趋势还能持续下去吗？这也是为什么要提出建设"两型"城市的原因之一。

3 挑战三：中国城市化的管理能力问题

各位领导都是从事城市管理实践的，我特别想讲管理的挑战。刚才讲的是数量的挑战和质量的挑战，其实最要害的是管理能力上的挑战。也就是说，我国城市供给的短缺与城市质量不高，主要是由于城市规划、建设与运营管理方面存在问题。

我给大家看一个公式，I=PAT，这个公式可以用于分析国家，也可以用于分析城市。其中I表示环境影响，代表着城市发展带来的资源消耗和污染影响有多大。如果你让I不增大甚至变小，那么你的管理就是有绩效的；如果你让I大幅度地往上走，那么你的管理就是低效的。那么，I取决于什么变量呢？三个变量，一是城市增长的人口P；二是经济增长的富裕程度A，代表我们的生产和消费模式是怎么样的；三是技术和管理水平T，看你能不能用一些资源节约、环境友好的技术手段和政策手段、管理手段来抵消掉P和A增长所带来的影响。所以，这里实际上就管理了三个内容：一是管理人口P的增加；二是管理A，就是管理经济；三是管理T，就是技术、工程和政策。对于中国而言，现在要控制I的水平有一定的难度，因为大大小小的城市人口都在增加，所以P在往上走；因为我们现在还处于经济增长阶段，所以A也是要往上走的。这样，中国唯一能够做的事情就是，一手抓上什么样的工程项目，例如在城市中造高架还是造地铁、造高楼还是造别墅等等，这是技术问题。另一手抓政策，比如说现在资源稀缺了，我们的政策到底是鼓励使用水、鼓励滥用地还是用高价格来控制用地和用水，水价应该怎么定，排放应该怎么定，这就是我们的管理手段。所以，P、A和T这三个因素推动了一个城市的发展，并且在发展过程中产生了环境影响，这就是我的分析框架。

这个框架可以给我们提供一点启示。刚才我讲P是往上走的，A是往上走的，如果要使I不增加，大家就知道我这个T要非常有效率，T就是资源节约、环境友好的技术和管理，只有这样才能把P和A增长所带来的环境影响给抵消掉，使得I不增加。但是我们现在的管理水平仍然是粗放的，仍然是资源不节约、环境不友好的。管理水平其实就表现为经济增长对资源和环境的影响程度。看一下数据，2005年，我国的GDP占世界的4.4%，但我们的石油消耗占世界的7.4%、原煤消耗占世界的38%、粗钢消耗占世界的27%、氧化铝消耗占世界的23%、水泥消耗占世界的46%，这就说明，我们用大大超过GDP的资源投入换来了4.4%的GDP。中国城市人口肯定是要上升的，消费增长要改善生活，那也是必须的。所以就要通过管理和技术把它改善一下，但是我们的技术和管理仍然是粗放的，这样一来整个I就在高速上升。

表1　管理快速发展中的环境影响

年　份	人口P（10亿）	财富A（人均GDP）	科技T（环境影响/人均GDP）	环境影响I（倍数）
2000	1.3（1.0）	800（1.0）	（1.0）	1.0
2020	1.4（1.1）	3000（3.75）	（1.0）	4.0
2050	1.5（1.15）	10000（12.5）	（1.0）	14

这里，我用这个公式来测算一下中国远景（如表1所示）。以2000年为基准年来计算环境影响，2000年中国人口是13亿，人均GDP是800美元，科技影响为1；那么，中国到2020年，人口增长到14亿—15亿，相当于2000年13亿人口的1.1—1.2倍，这里人口就按增加1.1来测算，人均GDP按照"翻两番"的目标，就是从800美元翻到3000美元左右，这里算精确一点就相当于2000年的3.74倍，也就是说，A是由一个A变成三四个A。假如科技和管理水平不改变的话，仍然是1，即资源环境消耗的模式仍然不改变，那么总的环境影响效应为1.1乘于3.75，总的环境影响是4倍，也就是说，2020年的环境影响将是今天的4倍。如果继续按照这个趋势发展，2050年的中国人口预计是15亿，相当于2000年的1.5倍，GDP是人均1万美元，相当于2000年的12.5倍，如果我们的发展模式不

改变，管理模式不改变，那么2050年的环境影响就相当于2000年14倍的水平。换句话说，需要14个中国来支撑2050年中国的人口、经济和消费。

所以说，中央提出贯彻落实科学发展观、建设资源节约型和环境友好型社会的要求不是简单的口号，而是实打实的。各位领导算一算你所在城市的环境影响，如果按照现在这个模式，比中国整体的增速还要快，城市的人口现在是4亿多，2020年要增加到8亿，那么这个P要从1倍增加到1.6—2倍，城市的GDP增长实际上比全国快得多，我们仅仅以国家作为基准值按照4倍来核算，这样4倍乘上1.6，整个环境影响就是6.4倍，所以说城市的资源环境影响比全国的消耗更大，所以中国要建设"两型"社会的龙头就在城市。

实际上，应该看到"两型"发展的城市是有竞争优势的城市，而不是被动发展的城市。建设"两型"城市不但不会妨碍发展，而且还具有四个竞争优势：第一，资源节约就是生活质量。资源节约可以导致生产和消费耐用性、高质量的产品和服务，而不是生产和消费一次性、低质量的产品和服务。低质量的产品往往会损耗资源，只有资源节约才可能提升生活质量。第二，资源节约就是增加就业。资源节约可以从大量使用自然资本的经济模式转移到大量使用人力资本的经济模式上来。利用人力和劳动来替代消耗资源的方法，可以增加就业的机会。第三，资源节约就是风险预防。从物质流的角度看，污染治理是降低风险，而资源节约却是预防风险。我国在末端治理上做了很多工作，但是成效甚微。这是因为我国缺少物质流输入端的资源节约。经济过程主要包括资源进入、资源加工、生产消费和污染排放。目前我国发展模式首先是发展经济，然后拿出几个百分点的GDP去治理污染。因此，我国治理污染是"先污染后治理"。如今发展城市要转换思路，首先将大量的资金投入，改变城市的模式，使得城市变成资源节约型城市，从而达到控制污染排放总量的目的。前端资源使用减少必然导致后端污染排放相应减少。因此，将后端被动治理的思路转移到前端预防风险，可以大大减少被动环保的精力，可以更加主动地发展经济。第四，资源节约是产业升级。在城市发展中，经济增长的速度和规模需要长时期维持，但是土地、能源、水资源等供给不可能进一步提高。在这种情况下，我们就不得不在城市空间中采取"腾笼换鸟"的方式，用高资源生产率的产业、企业和产品置换低资源生产率的产业、企业和产品。

因此，新型城市化是与我国当前新型工业化相适应的城市化战略，本质上是一种城市可持续发展道路，它所强调的是城市的内涵式增长和质量提升，是一种高级的城市化途径。所以，资源节约和环境友好是一个竞争战略，也是一个优势战略，更是一个后发战略。以上内容就回答了为什么（Why）要建设"两型"城市。

二　模式：什么是"两型"城市

一个城市的发展实际上涉及三个方面：一是城市空间布局，二是产业定位，三是与民生相关的消费模式。这三个方面也为我们建设"两型"城市提供一点线索，那就是要分别实现这三方面的"脱钩（decoupling）"发展：空间利用集约化、物质过程循环化、生活方式服务化。

脱钩一：空间利用的集约化

就空间布局而言，城市怎么体现资源节约环境友好呢？在前面第一个挑战中我就讲到，到2020年中国城市人口要新增三四亿，那什么样的形态才是能够实现资源节约和环境友好的？一个基本的观点就是形态上和空间上的紧凑式、集中式发展。这里包括四个层面的含义：首先是属于最大层面的国土安排，二是城市关系，三是大都市区，四是城市社区。

（1）国土：功能分区

先从第一大方面来看中国的国土，从北边的黑龙江的瑷珲拉一条线到云南的腾冲，就从地理上把中国分成东部和西部，这与行政意义上的东部跟西部是两个概念。在中国，这条线以东的区域比较有利于经济社会发展，能够集聚人口并适宜居住，而这条线以西的大部分国土都是不利于经济发展，生态非常脆弱。而我们所谓的"西部城市"比如成都、重庆实际上都在这条线以东。应该说，中国经济发展可依托的空间资源主要是这条线以东，这条线以东的区域集聚着全国95%的人口，而这条线以西的区域只有5%的人口居住。这就告诉我们，中国的城市化要实现资源节约和环境友好，实际上真正的国土安排是不均衡的，只能在东部发展。这也是国家提出重点开发、优化开发、限制开发和严禁开发等四大功能分区的原因，这条线以西的大部分区域都是属于严禁开发的，主要不在于资源环境比较好才保护，而是因为本身的生态比较脆弱。

  我国的情况跟美国不一样，美国的国土虽然比较宽阔，但城市发展也是比较紧凑的，主要分成四大块，一是东北部地区，从波士顿一直到华盛顿，这一条是最早的城市带；二是中西部的城市带，以芝加哥为中心的五大湖地区；三是西部城市带，从温哥华往下南到旧金山；四是南部城市带，包括亚特兰大、迈阿密和德州等。这些城市带加起来所占美国国土大约是20%，但是创造的GDP却占到美国的85%以上。所以，中国的城市化要实现资源节约和环境友好，在国土上是不均衡安排的，这是个基本的国家背景。所以刚才那条线以东的地方是重点发展区和优化发展区，这条线以西的地方大多数是限制的或者是部分限制或者是严禁发展的地区。

  （2）区域：城市集群

  如果要实现地理东部的集中发展，那又需要怎样的城市化模式。原来我国提出以小城镇为主导，后来提出以中等规模城市为主导，再后来又提出大城市为主导，现在提出要实现城市整体协调发展，形成所谓城市区域，所以第二个观点就是城市区域化或发展城市集群。中国要大力发展城市集群，这和发展产业集群是一致的。改革开放以来，20世纪80年代以深圳为代表的珠三角都市圈开始崛起。90年代以后，以上海为中心的长三角都市圈受到全国瞩目，浦东开发带动了长三角16个地级城市的发展。今天，我国大力发展以滨海新区为中心的环渤海经济圈，其范围包括天津和北京。三个年代带动了三个都市圈的发展。同时，我国还要发展以沈阳、大连、哈尔滨为中心的东北三省城市群；从郑州到武汉这一区域的中部城市群。西部有两个区域，一个是重庆成都和贵阳以及四川盆地西南这个区域，另一个是西北区域。应该说，城市集群可以用较少的资源消耗，换取较大的就业和社会发展以及经济产出，对国家有很大的经济效应和社会影响。

所以要实现资源节约和环境友好的第二个大问题，就是城市要变成区域化的大中小连片的发展。这个规律也是从国际上传导过来的，刚才我讲了美国有四个片，其中东部的都市带，占美国的国土不到五六个百分点，GDP产出却占全美国的20%—30%。所以，中国未来也是以区域为中心，每个区域有龙头城市带动不同级别的城市成片发展，这就是城市群发展的含义。例如，长三角经济圈包括江苏、浙江、上海（两省一市）。长三角都市圈现在人口占全国的11%，GDP占全国的20%，土地占全国的1%。因此，长三角地区是以1个百分点的土地，容纳了11个百分点的人口，创造20多个百分点的GDP。如果中国有7至10个这样的城市群，就可以容纳我国80%以上的人口，创造90%以上的GDP。因此，中国城市集群发展就可以既节约资源又能够提高福利。

（3）城市：城乡一体

下面讲城市层面，什么叫资源节约和环境友好？当然，中国的城市跟国外的城市不一样，国外的城市概念是指建成区，像纽约就七百平方公里左右，基本上都是建成区，市长就管这个区域。而我们的城市概念不是这样，我们是行政区的概念，像重庆这个城市还要管很多农民。所以中国的城市跟国外的城市横向很难比较。一个城市如何体现资源节约和环境友好，分为三大块：一是建设用地，工业用地、居住用地、交通用地包括园林绿化用地都统称为建设用地；二是农林用地；三是生态保护自然用地。上海城市的合理布局应该是三个三分之一。上海外环线以内的区域属于中心城，大概是600多平方公里，现在上海居住人口2000多万，原来这600多平方公里居住了1000多万人，中心城的人口密度太大，面临的问题就是中心城向郊区导出人口，这个导出是集中性地导出还是发散性地导出，还是周边有集聚性的新空间，有三种方案（如图 3 所示）。哪一种方案符合资源节约和环境友好的要求呢？

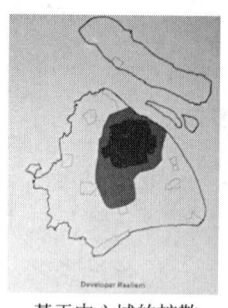

基于中心城的扩散　　基于各区县的扩散　　紧凑型的城市扩散

图 3　上海城市空间扩展的三种情景

第一种模式是基于城市中心的扩散。这个方案最容易实施，但并不是资源节约和环境友好的方式。沿着城市发展称为城市蔓延性扩展。城市中心是经济区，周边则是居住区，两者间通过交通工具连接。这种方式会导致城市变成扁担形式。居民早晨进城上班，晚上从城市里面走出来。城市蔓延的面积越大，居民早晚花在上下班路上的时间就越多。交通耗时增加不但会影响生活质量，而且会增加无效的交通，造成能源消耗的增加。所以，城市一层一层的蔓延是有限的，不可以无限制地蔓延下去。因此，上海外环线用 500 米的绿化带隔断，不让城市中心区无限制蔓延。这种模式能够使城市紧凑型发展。

第二种模式是基于各区县的扩散。这个方案就是要大力发展上海周边的二级城市。城市最大的优点是集聚经济和规模经济。基础设施配套要求人口集聚。服务的人口越多，其投入产出效益就越好，资源就更加节约。因此，这种模式会导致二级城市都是小规模，产业、医疗、教育等配套设施都没有规模效应和集聚效应，从而导致资源浪费。

第三种模式是紧凑型的城市扩张。上海要沿着经济交通轴线，建设几个大型的二级城市。例如，往南京方向的嘉定地区要建设容纳 80 万—100 万人口的新城；往杭州方向的松江新城，也将成为一个大型的二级城区；在洋山深水港周围建设二级城市临港新城；通过杭州湾跨海大桥，往宁波方向，在杭州湾的北部再建设一个二级城市等等。

根据上海城市发展的这三个方案，我们可以得出我国城乡一体化是紧凑型的，并且要分成三类区域，让建成区变成一个中心，周围有生态保护。这样的城市才是既有生活质量，又是资源节约的。这就是为什么我国要大力发展紧凑型城市和大都市带的根本原因。

（4）社区：功能混合

再小一个层面就是城市的组团。大家都知道城市无非包括四种主要功能：居住、工作、休闲和交通功能。为了满足这四种功能，城市在规划时要对其进行布局。但是，过去的城市规划曾有过将四种功能分开建设的观点。居住区要远离工作和休闲区，工作区也要远离休闲区。三个功能区两两用交通连接起来。这种模式比较适合工业型城市。但是在第三产业高度发达的经济中心城市，这种功能分区的建设格局要打破。现在的城市需要功能混合。如果功能分割，其距离就要拉开，交通路线就要增强，那么必然导致城市的空间越来越大。这就不是资源节约和环境友好的城市。人口紧凑的城市有利于发展第三产业。这是由于人口密度大导致人流量大，消费产业可以集聚。因此城市组团要有20万以上的人口，这样配套设施才能跟上。现在城市要求居住休闲紧凑一点，其标准是：步行可以到达的、自行车可以到达的、3—5分钟小巴士可以到达的形成组团，每个城市都要几个居住组团，这样可以方便地就近消费、购物和休闲。只有组团和组团之间需要用快速公交和轨道交通连接，并且每个组团之间通过生态隔离带隔离开。因此，我国要发展的"两型"城市是要走一条"以资源低消耗利用、土地资源集约利用、废物减量化"为基本特征，紧凑型、多功能的新型城市发展道路。这样的城市既适宜居住又节约资源，二者是不相冲突的。

那么，城市化在空间和土地利用上怎么样体现资源节约和环境友好呢？从最大的层面到最小的层面就是这四种思路。从世界上主要城市的人口密度和能源消耗的统计数据分析显示：人口密度越大，能源消耗就越小。以小轿车为主要交通的美国城市，例如德克萨斯、凤凰城，都是能耗较高的城市；以公共交通为主的城市，例如中国香港、曼谷、柏林、东京、新加坡、名古屋、维也纳、伦敦、布鲁塞尔、巴黎等城市的能耗较少，而且很多被评为适宜居住的城市。特别是北欧城市，不仅有一定的人口密度，较低的资源消耗，而且有较高的社会福利。所以，中国的城市不管愿意不愿意，被动还是主动，实际上不得不走这种城市发展道路。我们经常讲世界上的城市有三种类型：一个是美国和加拿大型、一种是欧洲型、一种是亚洲型。亚洲的城市基本上是人口多、空间少，不得不走紧凑型、集中型的发展道路，这是可操作的一条线索。

脱钩二：物质过程循环化

各位领导都很关注城市的产业发展。工业化这一块怎样实现资源节约和环境友好呢？大思路无非只有三个：产业结构的选择、产业的加工程度、效率的提高。第一，产业结构的选择。产业结构的一般规律，就是产业的重型化程度与资源消耗、污染排放程度密切相关，产业的重型化程度越大，资源消耗和环境排放的程度就越大，反之就越小。所以，产业结构直接影响着一个城市的资源节约和环境友好程度。第二，在产业结构选定以后，就需要考虑在同类行业里面该怎么发展，也就是加工程度的高低。比如说宝钢现在是希望走向精钢型，就是成品型的加工多一点，而不是毛坯型的多一点，这就可以降低它的资源消耗和环境排放。第三，从产品的工艺入手努力提高资源的利用效率。对于在座的各位领导而言，在招商引资、发展产业的时候，需要考虑的是前两个方面，第三个是企业家需要操心的事情。当前，发展城市经济的一个大思路就是发展循环经济，第一个脱钩是通过城市紧凑式发展来实现资源节约和环境友好，而第二个脱钩则是通过经济模式的循环来发展城市经济进而实现资源节约和环境友好，同时提高GDP总量。

传统工业经济是一种由"自然资源—产品和用品—废物排放"流程组成的开放式线性经济，具有高消耗、低效率、高排放的特征。人们通过生产和消费把地球上的物质和能源大量地提取出来，然后又把污染和废物大量地扔弃到大气、水体、土壤、植被中。线性经济，正是通过不断地加重地球生态系统的负荷来实现经济增长的。从根本上说，当前的人口膨胀、资源衰竭、环境退化等全球危机，正是工业化时代以线性经济模式负面效应的积累性爆发。因此，我们要将经济发展从单通道变成闭路循环。循环经济倡导3R原理（减量化、再利用和资源化）。其中，减量化（reduce）原则属于输入端方法，旨在减少进入生产和消费流程的物质量；再利用（reuse）原则属于过程性方法，目的是延长物品在消费和生产中的时间强度；资源化（recycle）原则是输出端方法，通过把废弃物再次变成资源以减少最终处理量。

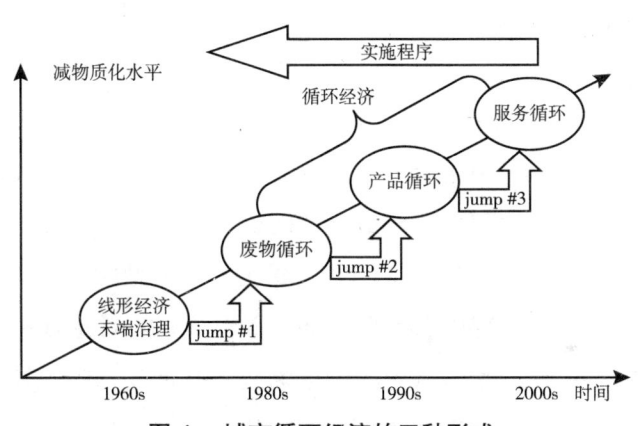

图 4 城市循环经济的三种形式

随着时间的推移和实践的拓展，循环经济的减物质化水平在持续提高。如图4所示，该模式发端于20世纪80年代以来对废物进行循环的做法，随着20世纪90年代产品的循环以及2000年以后资产的循环（也称服务经济[Service economy]）等做法的兴起，循环经济的内涵与类型得到了进一步的丰富和发展。强调了既要从低水平的基于生态效率的废物的循环（减少消耗与污染），又要走高水平的基于生态效果的产品的循环和服务的循环（避免消耗与污染）等形式。

（1）废物的循环：从末端处理到废物利用

废物的循环主要是指借助技术与管理的手段对生产中和消费后的废弃物进行回收利用，是循环经济"3R"原则中资源化（recycle）原则的具体体现，也是德国和日本等国家发展循环经济的重要方面。这种做法有效地减少了废弃物的最终处理量，相对于传统的末端治理有明显的进步。废物循环的实践兼顾企业、园区及区域三种规模。具体而言，首先是要在单个企业内部建立起闭环（Closed-loop）的制造流程，尽可能减少单个企业的废弃物产生量和排放量。其次是通过建立生态产业园区（Eco-industrial Park），把不同的工厂连接起来形成共享资源和互换副产品的产业共生组合，从而在更大的范围内实施循环经济的法则。最后，从城市和区域的角度出发，要在处理环节上建立起集中化的资源化利用产业，例如从传统的垃圾填埋场转变成为以静脉产业为主要内容的复合性的废弃物资源化园区等。

循环经济原则之一就是尽可能多地再生利用或资源化。美国绿色设计专家麦克唐纳指出资源化有两个方面的表现：一是工艺型的资源化，即把废弃物返回到经济过程中的生产端，在那里粉碎之后再融入新的产品之中。有两种不同的资源化方式：最合意的资源化方式是原级资源化，即将消费者遗弃的废弃物资源化，将废弃物变成不同类型的新产品；二是生态型的资源化，指经济过程中所利用的物质养分应该设计成能够返回到自然界的生态循环之中，即被土壤中的微生物或者其他动物吸收掉。例如，肥皂水和其他清洁剂能够被设计成为有新陈代谢功能的生物养分，当这些物品被消费后经过排水管道和湿地，最后来到江河湖海中的时候，依然维持着生态系统的平衡；将塑料制品回成油料，从中提炼出汽油、柴油的纯度要比从原油中直接提炼要好得多。这方面已经有不少案例，比如日本北九州循环经济产业基地将塑料变成牛仔裤、毛衣和西装；上海市松江区佘山将废石坑变五星级酒店；将苏州河老厂房变成创意产业基地。这些老建筑原来都是发电厂、自来水厂之类的，我们将外立面整旧如旧，但是建筑物里面装饰得非常时尚；国外也有将旧火车站变成博物馆的。

（2）产品的循环：从一次寿命到多次寿命

产品的循环主要是指在产品使用过程中，通过尽可能多次使用以及尽可能多种方式地使用来取代过去一次使用的做法，从而延长产品的使用寿命。产品在使用后进入维修中心或是回收中心，如果可以直接通过简单的维修即可再使用，则不用再进入回收中心。只有当产品使用后损坏严重，无法通过简单的维修从而实现再利用，则要返回至产品的回收中心，而后根据产品的损坏情况来决定是返回至产品制造商、零部件制造商还是原材料供应商进行相应的资源化再利用。产品循环的最终目标是实现最后填埋的废弃物排放量的最小化甚至趋近于零（所谓零废物）。

  循环经济原则之二就是尽可能多次及尽可能多种方式地使用人们所买的东西。通过再利用，人们可以防止物品过早成为垃圾。一是废物的循环：资源化处理生产与消费中的废弃物。生活中，人们把一样物品扔掉之前，应该想一想在家中和单位里是否有可能再利用它。确保再利用的简易之道是对物品进行修理而不是频繁更换。人们可以将合用的或可维修的物品返回市场体系供别人使用或捐献自己不再需要的物品。例如，在发达国家，一些消费者常常喜欢从慈善组织购买二手货或稍有损坏但并不影响使用的产品。像纸板箱、玻璃瓶、塑料袋这样的包装材料也可以再利用以节约能源和材料。可再利用的饮料瓶可以消毒、再罐装、返回到货架上去，有时候甚至可以多达50次循环。二是产品的循环：通过延长产品寿命预防废弃物产生。在生产中，制造商可以使用标准尺寸进行设计，例如标准尺寸能使计算机、电视机和其他电子装置中的电路非常容易地更换，而不必更换整个产品。人们还需要鼓励再制造工业的发展，以便拆解、修理和组装用过的东西。例如，某些欧洲汽车制造商正在把轿车设计成各种零件易于拆卸和再使用的，大众汽车将绿色汽车定义为汽车零部件可以95%以上进行拆卸再利用。

  施乐公司响应了美国环保局提出的"Design for Environment"计划。选用毒性小、无毒的原材料，对产品系统的零部件采用标准化设计，采用环境无害包装，将经营的重点由生产新打印机产品转向为已出售使用的打印机提供维护和保养。随着技术的不断进步，他们在维修中用一些新部件来取代一些已经不再使用的部件。然而并不改变机器的其他部分。在施乐公司，产品的完整概念让位于一种源自零件组装的运作机制。在这个机制中，每个部件的使用寿命和强度都得到优化。在随后的数年间，施乐公司通过对物质和能源的管理，绝大部分的废弃物得到再利用。废弃物排放减少，环境污染降低，取得了良好的环境绩效和经济绩效。施乐公司的循环利用模式如图5所示。2000年施乐公司宣布不再生产全新的机器。

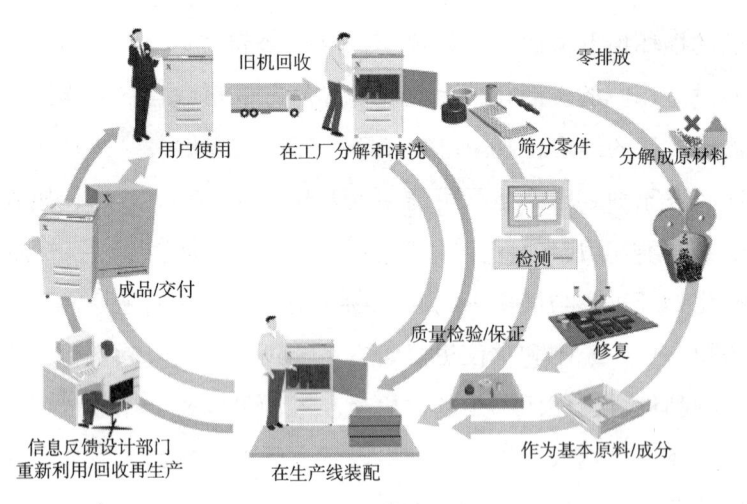

图 5　产品循环：施乐复印机的案例

（3）服务的循环：从销售产品到提供服务

服务的循环主要是指企业把其制造出来的产品视为资产来加以经营和管理，推行"从销售产品到提供服务"的发展理念，通过建立一种产品服务系统（Product-service System，简称 PSS）来实现资产的循环。其基本前提是"产品的价值根植于其给消费者带来的收益和效用"，即产品的真正价值所在应该是"使用价值（Utilization value）"而非"交换价值（Exchange value）"，这实际上也是线形经济和循环经济所强调的不同所在。在线形经济模式下，交换价值处于中心概念；而在循环经济模式下，使用价值处于中心概念。从产品到服务可以有三种经济类型：纯粹的产品、产品的服务以及纯粹的服务。产品与服务的合理组合构建了所谓的产品服务系统，可以借此来实现企业的经济利益、消费者的需求满足和社会的较低的环境影响这三大目标。比如，通过实施资产的循环，消费者不再倾向于自己拥有洗衣机或汽车这类耐用品，而是倾向于使用街头洗衣房和享用公共交通。

循环经济原则之三就是从销售产品到提供服务，这反映了循环的最高水平。原则三使制造业变成服务业。这样，厂商提供的不是产品而是服务。例如洗衣机，厂商免费将洗衣机提供给消费者，洗衣机产权归厂商，使用权归消费者，消费者无须为机器的维修、保养、升级换代操心，只需打个电话，让洗衣机商提供相关的上门服务，消费者唯一要支付的就是洗衣服的金额。因此，消费者从消费商品变为消费服务，这不仅提高了消费质量，而且消费者也得到了干净的衣服。这种消费模式也可以用在手机商和汽车销售商等。但是，这种资源节约的经济模式恰恰经常被我们所忽视。

刚才讲了循环经济有三种形式，我这里总结一下。其实，实现资源节约和环境友好的目标，有一个非常重要的思想。比如，茶杯这个产品，它有两个属性，一是物质载体，它是杯子；二是这个物质载体的附加值，它的功能，可以装水。消费者购买的是杯子的功能，讲得通俗一点就是附加值。当资源消耗转化成为附加值的程度越高，经济收益就越高。对于一个城市而言，招商引资时引进的企业创造的附加值越高，那么城市的福利就越高，经济发展水平就越高，对土地等资源的消耗就越少。所谓的发展是硬道理，其实就是要把分子的GDP"蛋糕"做大，同时控制好分母的资源环境消耗，提高资源生产率，实现让GDP变"大"的同时也变"轻"。

3 脱钩三：生活方式的公共化

第三方面是生活方式的公共化。政府要大力发展公共用品，提倡公共交通的生活模式，这是资源节约和环境友好的表现之一。这里我以公共交通为例展开介绍。对于消费者来说，交通是可以选择的。由于公共模式比私人模式要节约能源，所以城市要大力发展公共物品和公共服务、公共空间。如果城市没有公共空间和公共绿地，全是商业大楼，会导致人们感到情绪压抑。如果人行道很挤，车行道很宽，那这不是"以人为本"的城市模式，是"以车为本"的发展模式。虽然开私家车会给个人带来舒适感，但是这种个人舒适会带来了整体的不舒适。如果人人都采用公共交通，不仅可以提高生活质量，而且可以使生活更舒适。

我国现存的生活模式是一种以占有为主导的消费模式，认为生活好就是拥有更多的物质产品。如今，我们要建立新的消费观念，是以服务导向的消费观念。例如服务导向的交通观念，如图6所示，纵轴表示物品拥有程度，横轴表示共享程度。第一种模式是传统的私人拥有小汽车。小汽车是出行方便的标志，表示生活质量提高；第二种模式是出租车的私人租用模式。当我们需要时支付租用费用，平时不需要担心车辆的维修保养等费用；第三种模式是公交的公共租用模式，例如公交车、轨道交通等；第四种模式是集体拥有模式，例如公司班车，车辆的产权是公司的，但是公司全体员工可以使用。所以，我们拥有四种生活模式，不同情况可以选择不同类型的出行方式。当周末出城旅游休闲的时候，我们可以使用私人拥有的小汽车；当平时上下班的时候，我们可以使用集体拥有的公司班车；当需要处理特殊紧急事情的时候，我们可以使用私人租用的出租车；一般时候可以选择公共分享的公共交通出行。这种生活节约的模式更加系统也比较容易实行，是"两型"城市的突出表现形式。

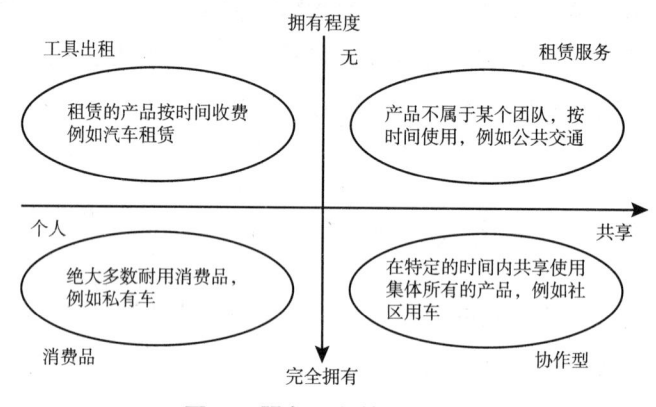

图6　服务导向的交通观念

三　对策："两型"城市的管理推进

思考"两型"城市建设的时候，我们要做四个分析：问题分析、目标分析、领域分析和政策分析。问题分析包括社会经济目标、资源消耗分析、环境压力分析和发展能力分析，其目的是把握问题的现状和发展趋势，主要使用资源生产率和环境指标；目标分析包括有惯性情景、理想情景、适宜情景和生态效率目标，其目的是明确要达到的目标，通过情景分析，提出高方案、中方案、低方案进行选择比较；领域分析包括生产领域、消费领域和处理处置领域，其目的是分析出主抓领域；"两型"城市的主抓领域就是城市领域、生产领域和消费领域；政策分析包括规制性政策、市场性政策和参与性政策。图 7 反映了如何提高城市资源生产率的战略研究方案。

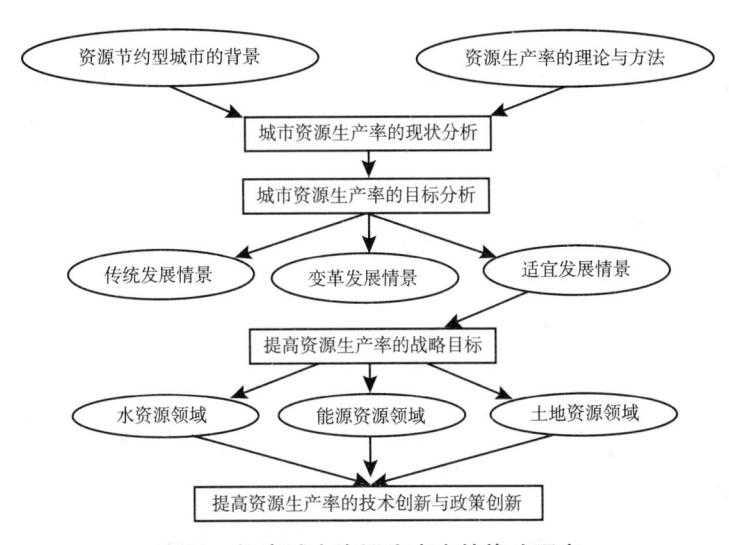

图 7　提高城市资源生产率的战略研究

问题分析

我国人口总量接近 13 亿，占世界 20%。GDP 总值为 2 万多亿美元，占世界 4% 多。但是我国的资源消耗为 50 亿吨，其中原油 2.52 亿吨，占世界的 7.4%，其中进口依赖达到 34%；氧化铝 1168 万吨，占世界的 25%，进口依赖率达到 50%；钢材 2.71 亿吨，占世界的 27%；铁矿石 3 亿吨，占世界的 30%，进口依赖率达到 50%；原煤 15.79 亿吨，占世界的 31%；水泥 8.36 亿吨，占世界的 40%。表 2 反映了中国资源生产率的当前状况。我国物质强度是 51.01，是发达国家的 20—25 倍，而资源生产率只相当于德国的 0.58%。因此，我国的经济发展是资源消耗大，经济附加值低的发展模式。

表 2　中国资源生产率的当前状况

	中国	日本	奥地利	荷兰	德国	美国
人口（百万）	1250	127	8	16	82	273
面积（千平方公里）	9597	378	84	41	357	9364
人口密度（人/平方公里）	134	336	98	466	235	30
GDP（10亿美元）	980.2	4078.9	210.0	384.3	2079.2	8351.0
人均 GDP	3291	24041	23808	23052	22404	30600
地均 GDP（亿美元/千平方公里）	1.02	107.9	25.0	93.7	58.2	8.9
TMR（百万吨）	50000	5461	560	1056	6150	21840
人均 TMR（吨/人）	40	43	70	66	75	80
NAS（吨/人）	16	9.7	11.5	8.3	11.5	7.7
物质强度（公斤/美元）	51.01	1.34	2.67	2.75	2.96	2.62
资源生产率（美元/吨）	19.6	746.3	374.5	363.6	337.8	381.7

2 目标设定

2000 年中国提出，2020 年我国人均 GDP 要达到 3000 美元，比 2000 年翻两番。城市化率要从 36%（2000 年）上升到 55% 以上（2020 年），城市可以容纳 7 亿至 7.5 亿人口。通过科学预测，中国在 2020 年人均 GDP 将达到 5000 美元左右，2040 年将达到 10000 美元。这样，$P_{2020}=1.1P_{2000}$；$A_{2020}=4-6A_{2000}$；如果 $T=1$，那么，根据之前提到的 $I=PAT$ 方程式，则有 $I_{2020}=4.4-6.6I_{2000}$。这就表示，2020 年的能源消耗将是 2000 年的 4.4—6.6 倍；2020 年的二氧化碳排放量也将是 2000 年的 4.4—6.6 倍。因此，我们要从"以需定供"转化成"以供定需"。以需定供是我们现有经济增长与资源消耗的认识与政策。这些政策都是基于以需定供战略的（这里经济是自变量，资源是因变量），即先决定经济增长的速度和规模，然后要求从资源上予以保证。例如，土地、能源、水不够了，或者到上级政府去申请，或者到外部去扩张。这在资源丰裕的时代和国度是可以办到的，但是现在已经是资源稀缺的时代和背景，不管内部还是外部都没有资源增量供给的空间，因此发展战略必须转向有多少资源决定多大的经济增长和规模的问题，即以供定需的问题（变成了资源是自变量，经济是因变量）。

我们将 $I=PAT$ 转变成 $I'=P'A'T'$。按照传统的以需定供思维，有

P'A'T'=0.01+0.10−0.04=0.07。即在经济增长和人口增长的情况下，环境压力平均每年增长7%。因此20年将翻两番，有$I_{2020}=4I_{2000}$；按照未来的以供定需思维，有I'=0.035，即$I_{2020}=2I_{2000}$，有0.035=0.01+P'−T'。即要么在经济增长10%的同时，提高资源生产率到0.075；要么在资源生产率在0.04的情况下，降低经济增长在0.065；要么同时降低经济增长和提高资源生产率，从现实的情况看第三种情况是可以考虑的。表3反映了我国适宜发展的C模式。

表3　中国适宜发展的C模型

	资源环境管理指标	2000年	2020年	2050年
经济	GDP总量 人口 人均GDP	1万亿美元 12.76亿 800美元	4万亿美元（2000年的4倍） 15亿（2000年的1.2倍） 3000美元（2000年的4倍）	16万亿美元（2000年的16倍） 14亿 12000美元（2000年的16倍）
社会	城市化率 人类发展指数	36% 0.721	55% 0.8	80%（2000年的2倍） 0.9
能源	能源消费总量，其中： 矿物燃料 再生能源 能源生产率（GDP/吨能源）	14亿吨 90% 9%	29亿吨（2000年的2倍） 70%（平均每年减少1%） 30%（平均每年增加1.0%—1.5%） 2000年的2倍	30亿—50亿吨（2000年的2倍） 50%（平均每年减少1%）
材料	不可再生原料 材料生产率（GDP/吨材料）		增加100%(2000年的2倍) 2000年的2倍	+0%（相当于2000年）
水	用水总量 人均用水量 水生产率（GDP/每立方米）	5531亿立方米 430立方米 1.95美元	6800亿立方米（2000年的1.2倍） 464立方米（2000年的1.1倍） 37美元（世界平均水平）	+0%（相当于2000年） +0%（相当于2000年） 93.3美元（英国1991年水平）
土地	建设用地(住宅和交通) 农业用地 林业用地 土地生产率 （GDP/单位土地）		年增加3%—4%（2000年的1.5—2倍） 生态型农业（基本农田16亿亩） 转向自然型林业（增加生态用地）	
排放	二氧化碳 二氧化硫 氮氧化物 农用杀虫剂 环境生产率 （GDP/污染排放）	8.81亿吨碳 1620万吨容量 1880万吨容量	12亿吨碳（2000年的1.5倍） 4000万吨（2000年的2.5倍） 3500万吨（2000年的1.8倍） 减少50%（2000年的一半）	+0%（相当于2000年）

3 领域研究

"两型"城市的领域研究有三个方面：城市发展、生产模式和消费模式。其所对应的资源有水资源、能源资源、土地资源和重要原材料。例如，对于能源资源，在城市发展领域，我们要关注建筑节能；在生产模式领域，我们要关注工业节能；在消费模式领域，我们要关注交通节能。

如图8所示，提高资源生产率的对象—过程—对策模型有三个纬度。建设"两型"城市对象包括能源、土地、水和材料。空间层面包括企业、园区和城市。过程包括输入、循环和输出。模型形象地反映出研究领域的各个纬度。

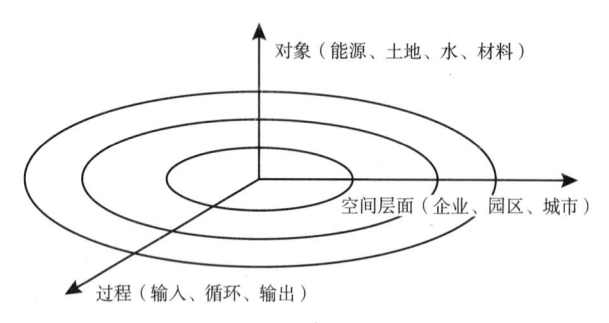

图8 提高资源生产率的对象—过程—对策模型

4 对策举措

（1）"两型"城市的治理模式

政府、企业和社会在促进"两型"城市建设方面分别起着不同的作用（如表4所示）。对于政府层面而言，主要是进行政策支持和制度约束，政府应该在企业和社会无法有效运作的领域发挥作用。编制发展"两型"城市中长期规划并制定指导目前行动的实施细则，制定相关的法规和政策，出台支持循环经济的各种鼓励政策，加快循环经济在各个层面上的试点及示范工作，搭建技术平台，并且加强舆论宣传，在全社会形成资源节约和环境友好的良好氛围。

表 4　主体矩阵：减物质化的三个主体

	输入端	循环端	输出端
企业生产	产业活动中的物质投入	产业领域的物质循环利用	产业领域废物处理
社会消费	消费领域中的物质投入	消费领域的物质循环利用	消费领域废物处理
政府活动	公共领域的物质投入	公共领域的物质循环利用	公共领域废物处理

企业层面，在进行注重环保的生产活动的同时，在排放者负责和扩大生产者责任的基础上，进一步推动废弃物等的合理循环使用及处理，构建与消费者之间的信息网络和推动信息公开。

社会层面，公民作为消费者和该地区的居民，自身也是废弃物等的排放者，应该意识到自己也给环境增加压力，在行动上加以注意，同时为推动循环型社会的形成应该重新审视自己的生活方式。

由政府、市场、社会组成的"两型"城市治理结构，不仅要求城市管理主体的多元化和实行参与式的管理，同时要求城市管理的手段也要具有相应的变更。要求将传统的行政命令性的城市管理手段，与市场向导型的管理手段和公共结合型的管理手段整合起来。以城市环境问题为例，人们已经认识到，由于对直接管理手段的成本不断加深了解，便要求可行的成本和多用市场手段。在环境保护中重视利用市场也传递出这样一个信息：政府必须与私营部门合作。既然承认现存机构的局限性，就要力求节省这些甚感不足的行政与管理能力。推进"两型"城市的政策矩阵（如表5所示），这是基于治理理论的多元政策工具的组合。

表 5　基于治理理论的公共政策体系模型

	规制性政策	市场性政策 利用市场	市场性政策 创建市场	参与性政策
资源管理 3R循环 污染控制	法律法规	减少补贴	明确产权	信息公开
	规划计划	环境税	民营化和权力分散	公众参与
	标　准	使用费	配额交易	
	禁　令	押金—返还制度		
	许可证和配额	专项补贴		
		绿色采购		

在"两型"城市治理过程中,需要利益协调有三个方面:一是获取信号。信号是有关社会和环境恶化的信号,或者来自科学的监测,或者大众的呼声和反馈,随着公共管理依靠广大公众和知识精英,从而可以吸收更多的这类信息;二是平衡利益。我们对各种利益进行平衡,需要加强受益者和削弱破坏者,这是政府、市场、社会层面都要干的事情;三是付诸实施。健全的程序和广泛的参与能够有助于实施可持续发展的高水平决定,程序中必须包括事前评估,必须有当众参与,而公众审核也会有所助益。

(2)建设"两型"城市的政策工具

根据世界银行推荐的政策矩阵,我们有三类政策可以选择:通过制定标准、法规来改进传统的政府管制型管理手段,通过创造市场、利用市场建立,以市场为基础的环境管理,通过信息公布、公众参与等措施来激励环境管理过程中的公众参与。把这三类政策与"两型"城市相结合,我们可以建立发展减物质化的三类政策(如表6所示)。通过取水限制这样的管制性政策、提高水费等的市场性政策和宣传节水等参与性政策,可以帮助企业、政府和公众主动去节约资源和节约能源,达到减物质化的目标。在循环端,通过设定回收比率等管制性政策、给予循环产业补贴等市场性政策和通过宣传回收废弃物好处等参与性政策来提高公众意识、引导企业进行科技创新,从而循环使用资源等。在输出端,通过限制水质标准等管制性政策、排水收费等市场性政策和公众知情等参与性政策,可以帮助企业减少排放量,主动进行技术创新,从而减少污染物的产生。

表6 减物质化的三类政策

	输入端	循环端	输出端
管理性政策	例如取水限制	例如设定回收比率	例如限制水质标准
市场性政策	例如提高水费	例如循环产业补贴	例如排水收费
参与性政策	例如宣传节水	例如宣传回收废弃物好处	例如公众知情

如表7所示,我们可以对水资源、土地资源、矿产资源、渔业和森林

等资源利用方面，在输入端通过利用市场、创造市场、政府法规和公众参与等手段来制定相应的政策。例如，对水资源，可以利用减少补贴、收取和提高水资源税、创造市场，帮助企业水资源使用量减少。提高水质量标准，制定水使用配额等强制性政策，法律法规和标准，可以使企业和居民减少水的使用量。制定水效率标准来使企业提高用水效率，淘汰一些高耗水的企业和工艺、生产方式。

表7　输入端资源管理的实例

主题	利用市场	创造市场	政府法规	公众参与
水资源	减少补贴 水资源税	水市场	水质量标准 水使用配额	水效率标准
土地资源	取消土地转化补贴 取消未开发土地税收	可转让开发权	土地使用标准 建立环境敏感区	
矿产资源	对矿区废物收费 采矿特许权		废物与尾矿控制 采矿禁令	能源效率标志
渔业	渔业投入税 产品税 捕鱼许可证	可交易的配额	渔业标准 捕鱼禁令 捕鱼配额	
森林	森林产品税 木材费 公园入门费 树苗补贴	土地授权 可交易的再造林信用	伐木法规 伐木出口禁令 伐木配额	生态标志

如表8所示，我们可以对废水排放、废气排放、固体废物排放和危险物排放等污染物的排放方面，通过在输出端利用市场、创造市场、政府法规和公众参与等手段来制定相应的政策。例如，对废水排放，可以利用废水排放费、排污水费和对环境投资的减税或补贴等市场手段，以及可交易的排放许可证等创造污水市场来助使污水排放的减少、制定废水排放标准、制定工业废水排放配额等强制性政策、法律法规和标准来使企业减少废水排放和加强废水回收利用，通过让公众知情来提高公众参与意识，给企业增加社会压力，帮助企业提高用水效率，淘汰一些高排放的企业和工艺、生产方式。

表8 输出端污染管理的实例

主 题	利用市场	创造市场	政府法规	公众参与
水污染	废水排放费 排污水费 对环境投资的减税或补贴	可交易的排放许可证	废水排放标准 工业废水排放配额	社区压力 公众知情计划
空气污染	较少能源补贴 排放税或排放费 能源税 矿物燃料开采特许权	可交易许可证	空气质量与排放标准配额	公众知情计划
固体废物	废物处置费 押金返还制度	可交易的再循环物质	填埋标准	工业废物交换计划
危险废物	减少农用化学品补贴 废物处置费 农药税 产品税	环境义务	包装处理标准 禁用某些农药	标志

表9显示环境问题的主要类型。这些类型所反映的典型问题。问题产生的原因、主要影响和产生部门。

表9 环境问题的主要类型

类 型	典型问题	原 因	主要影响	部门
贫困的相关问题	水源水质不佳 缺乏卫生设施	低起点 快速都市化 收入不均	健康问题	住房
生产的相关问题	SO_x 水污染 工业固体废物	快速工业化 重视程度低 缺乏管理	工业污染 健康问题 地区性生态系统的退化	工业
消费的相关问题	CO_2 NO_x 地方性废物	大规模消费的生活方式 地方性环境意识低	全球变暖 健康问题 资源过度开采	运输 商业 住房

（3）建设"两型"城市的科技创新

要从资源消耗型的科技体系转变到环境友好型的科技体系，实现有利于环境奇迹产生的创新。一般而言，提高资源生产率的科技创新有四种方式：一是过程创新，即更合理地生产同一种产品。例如，原材料的变更和钢的连续浇铸，或者说采用更清洁的生产技术。二是产品创新，即用更少的投入生产同样的或同价值的产品。例如，用轻便型小汽车取代传统型小汽车，用晶体管收音机代替电子管收音机。三是产品替代，即产品概念的变革和功能开发，即向社会提供用途相同但种类不同的产品或服务，例如从用纸交流变为采用 E-mail，用公交车代替私家车。四是系统创新，它追求结构和组织的变革。例如，租用而不是购买冲浪板，通过智能交通系统更合理地调度交通，实现产品经济到功能经济的转换。需要说明的是，这四种方式在提高资源生产率的效果方面是依次递增的。从另外的角度看，这四种创新方式又可归为两大类型，其中前两种方式属于一般性的系统优化，后两种方式属于系统创新。对此，国外已经尝试在城市道路交通领域加以运用。总之，对于中国而言，要大幅度地提高资源生产率，就必须更多地关注"产品替代"和"系统革新"这两种系统创新方式。

表 10 表示资源生产率提高的四个阶段，这是建设"两型"城市科技创新的重要体现。常规的减物质化一般需要 3 到 10 年，可以提升 2—5 倍的资源生产率。常规的减物质化不涉及跨部门的政策设计，它主要包括两点：（1）对现有生产工艺的改进，只是工艺性的改善。需要 3 年至 5 年的时间可以提高 1—2 倍的资源生产率。例如在汽车上安装催化转化器；（2）对现有产品技术的变革，主要指部件性的改善，是对同一个产品进行再设计。需要 5 年至

表 10　提高资源生产率的四个阶段

阶段 1（倍数 2）： 过程创新 product improvement	更合理地生产同一种产品	例如原材料的变革 例如钢的连续浇铸 一般而论：采用更清洁的生产技术
阶段 2（倍数 5）： 产品创新 Product redesign	用更少的投入生产同样的或同价值的产品	例如用轻便型小汽车取代传统型小汽车 例如用晶体管收音机代替电子管收音机 一般而论：零部件的变更＼提高再生循环率＼改善拆卸性＼零部件的再利用等
阶段 3（倍数 10）： 产品替代 Function innovation	产品概念的变革和功能开发，即产品不同用途相同	例如从用纸交流变更为采用 E-mail 例如用公交车代替私家车 一般而论：采用替代型的产品
阶段 4（倍数 20）： 经济转型 System innovation	革新社会系统，追求结构和组织的变革	例如租用而不是购买冲浪板 例如更合理地调度交通 一般而论：从产品经济到功能经济

10年的时间可以提高2—4倍的资源生产率。例如淘汰CFC，用电动车替代汽油车。

战略的减物质化可以提升10—20倍的资源生产率，但是需要10—20年的实践。变革的减物质化涉及跨部门的政策设计。（1）替代性的改善是用另一种方式来实现功能，可以达到10倍的资源生产率。例如用生物工程的新型蛋白质食品替代肉类，用信息技术替代物理输送，用地铁交通代替私车交通；（2）系统性的改善要求超越具体的产品进行思考，可以提高20倍的资源生产率，例如从城市规划角度实现出行功能。

由于时间关系，今天就讲到这里，谢谢大家！

责任编辑:阮宏波
装帧设计:肖　辉
责任校对:王　惠

图书在版编目(CIP)数据

资源节约型、环境友好型社会建设/燕乃玲　朱远　编.
　—北京:人民出版社,2010.3
（中浦院书系·大讲堂系列）
ISBN 978-7-01-008750-4

Ⅰ.资…　Ⅱ.①燕…②朱…　Ⅲ.自然资源-资源利用-中国　Ⅳ.F124.5

中国版本图书馆 CIP 数据核字(2010)第 037866 号

资源节约型、环境友好型社会建设

ZIYUAN JIEYUE XING HUANJING YOUHAO XING SHEHUI JIANSHE

燕乃玲　朱远　编

人民出版社 出版发行
(100706 北京朝阳门内大街 166 号)

北京中科印刷有限公司印刷　新华书店经销

2010 年 3 月第 1 版　2010 年 3 月北京第 1 次印刷
开本:710 毫米×1000 毫米 1/16　印张:16.5
字数:245 千字　印数:0,001—5,000 册

ISBN 978-7-01-008750-4　　定价:32.00 元

邮购地址 100706　北京朝阳门内大街 166 号
人民东方图书销售中心　电话 (010)65250042　65289539